레드 & 블랙

중국과 아프리카, 신 자원로드 열다

나남
nanam

나남신서 1636

레드 & 블랙

중국과 아프리카, 신 자원로드 열다

2012년 7월 25일 발행
2012년 7월 25일 1쇄

지은이_ 김동환 · 배수강
발행자_ 趙相浩
발행처_ (주) 나남
주소_ 413-756 경기도 파주시 교하읍
출판도시 518-4
전화_ (031) 955-4601 (代)
FAX_ (031) 955-4555
등록_ 제 1-71호(1979.5.12)
홈페이지_ http://www.nanam.net
전자우편_ post@nanam.net

ISBN 978-89-300-8636-3
ISBN 978-89-300-8001-9
책값은 뒤표지에 있습니다.

나남신서 1636

레드 & 블랙

중국과 아프리카, 신 자원로드 열다

김동환 · 배수강 지음

나남
nanam

Red & Black

How did China Form Resource Road in Africa

by

Dong Hwan Kim · Su Kang Bae

nanam

There are only two types of people today,

those who are talking about China and those who are not.

– 마이크 무어(Mike Moore)
전 WTO 사무총장

머리말

“뿌린 대로 거둔다”는 속담은 세월도 비켜가는 진리다. 현명하게 잘 뿌려두면 거둘 것도 많아지지만, 엉성하게 뿌리면 당연히 수확도 없다. 이 진리를 뒤엎을 수 있는 유일한 것이 ‘재수’, 다시 말해 ‘운’인데, 불행히도 국가 간의 대외적인 자원개발정책에서는 재수라는 것이 통하지 않는다.

한국이 자원빈국임은 누구나 다 안다. 생존을 위한 성공적인 자원 확보는 필수다. 그렇다면 지금까지 해외자원 획득을 위한 씨앗을 현명하게 잘 뿌려 왔을까. 아직 곳간이 차오를 기미는 보이지 않는다. 이것이 우리의 현실이다. 뿌려온 씨앗의 양도 많지 않을 뿐만 아니라 방법마저도 엉성해서 싹이 트다가 마는 경우가 허다하다. 반면, 중국은 자원부국임에도 자원의 보고이자 마지막 이머징마켓으로 불리는 아프리카에서 엄청난 자원을 성공적으로 수확하며 선두를 달리고 있다.

왜, 우리는 중국처럼 아프리카에서 자원을 얻지 못하는 것일까.

어떻게, 중국은 아프리카의 마음을 훔쳤을까.

국내의 여러 학자들은 21세기의 신 자원로드를 개척한 중국 정책을 연구하며 우리나라에서 시도해 볼 만한 유사한 정책들을 쏟아냈다. 하지만 결과는 여전히 실속이 없었다. 정책이 중국과 유사하지 않아서가 아니었다. 그들의 연구 범위가 21세기에만 머물러 있었기 때문이었다.

20세기부터 시작된 중국의 대 아프리카 정책을 연구하고, 중국이 펼쳤던 자원관련 중・장기적 대외 정책을 접할 때마다 놀라움과 동시에 두려움마저 느꼈다. 중국은 확실히 뿌린 대로 거두고 있었다. 아프리카에 정성을 쏟아 부은 그 세월과 노력은 어떠한 국가도 감히 상상할 수 없을 만큼 굉장했다. 비록 애초부터 반세기 후의 자원획득을 노리고 뿌려둔 씨앗은 아니었지만 중국은 기민한 대처와 유연한 태도로 엄청난 가치의 열매를 거두어 낸 것이다.

한국의 문제점은 이러한 중국의 대 아프리카 정책을 온전히 이해하지 못한 채 아프리카 원조의 규모로만 중국의 정책과 비슷한 모양새를 내려고 하는 것이다. 아프리카에서 거두는 중국의 자원 수확은 단순한 거대 원조에 따른 결과물이 아님을 이해해야 한다. 수십 년의 세월을 걸쳐 만들어진 아프리카와 중국 간의 자원로드는 타산적 상호의존성에 기초한 산물이다. 한국이 아프리카에 자원로드를 뚫기 위해서는 이를 잘 이해하고 업그레이드 된 전략을 짜야 할 필요가 있다. 해외 자원 획득을 위한 씨앗을 잘 골라내어 현명하게 뿌리고 정성껏 길러 내기 위한 전략 수립에 한 줌의 미네랄 같은 책이 되길 바란다.

2012년 6월
김동환・배수강

In loving memory of Myung Yeon Jeong

(June 18, 1929 ~ April 12, 2008)

&

Hyuck Lim Jeon

(January 21, 1916 ~ May 25, 2010)

이 책의 원활한 출판을 위해 지원을 아끼지 않으신 국제전략자원연구원 강석환 부원장님께 감사드린다. 책의 구상단계부터 참여한 존경하는 동료이자 둘도 없는 친구이며 평생을 함께 할 사랑하는 아내 김윤정에게 고마운 마음을 전한다. 애초 정보의 조각 모음 수준에 머물던 원고를 풍부한 지식과 현명한 조언을 바탕으로 책으로 거듭날 수 있게 도와준 경이로운 그녀의 능력에 다시 한 번 깊이 감사드린다.

광화문에서 김동환

For Li, Sang Seol with love

(January 5, 1944 ~ July 5, 1993)

무심코 지나칠 수 있었던 주제를 함께 연구하자고 제안한 김동환 박사가 고맙다. 주말마다 사라지는 아빠가 뭘 하는지 궁금했을 아들 성재군, 그런 아들을 다독였을 아내 문설 씨의 인내심에 감사드린다. 책을 내 준 나남출판사 고승철 주필의 세심한 배려와, 주말에 편하게 글을 쓰도록 배려해 준 임정우 형에게 고개 숙인다. 신동아팀 동료들의 격려는 항상 든든하다. 누구하나 고맙지 않은 사람 있으랴. 내가 아는 모든 분들이 참 고맙다.

충정로에서 배수강

나남신서 1636

레드 & 블랙

중국과 아프리카, 신 자원로드 열다

차 례

2부 변화의 기원

서 론

중국과 아프리카의 21세기 자원로드 사통팔달로 뚫리다

우리에게는 '비단길'로 알려진 '실크로드'(*silk road*)는 중국인들에게 '쓰처우즈루'(絲綢之路)라고 불리며 중국 선조들의 개척정신이 남긴 위대한 유산으로서 우대받고 있다. 인류 역사상 가장 오래된 국제통상로이며 그에 걸맞도록 유구한 세월 동안 빼곡하게 기록된 역사를 지닌 실크로드의 가치는 비단 중국인들에게뿐만 아니라 세계적으로도 중요하다. 그도 그럴 것이, 당시 중국은 실크로드를 통해 자국 최고의 발명품과 상품을 중앙아시아, 서부아시아, 유럽을 거쳐 아프리카까지 공급하였고, 역으로 그 지역의 특산품을 국내에 들여오기도 했다. 고대의 실크로드는 단지 세계를 연결하는 무역로의 기능만 했던 것이 아니라 동·서양의 경제·문화·예술 교류를 촉발시킨 전략적 교통 채널로서의 기능도 함께 했던 것이다.

중국은 1978년 개혁과 개방 이후 이끌어 낸 폭발적인 경제성장력을 바탕으로 새로운 실크로드 개척에 무섭게 전념하기 시작했다. 중국 경제성장의 기반을 공고하게 떠받치는 새로운 실크로드, 즉 '자원로드'

(*Resources Road*) 라고 할 수 있는 이 루트는 아시아, 중동, 남미, 호주 등 전 세계 자원부국을 향해 뻗어 나가고 있다. 특히 아프리카를 향한 움직임은 타국과의 비교를 불허할 정도로 적극적이다. 1990년대 후반부터 중국의 보따리상들은 아프리카에 대거 진출함으로써 과거의 실크로드를 그대로 재현한 신(新) 실크로드를 개척해냈다. 이를 통해 2000년대 들어서는 아프리카를 물품 수출 및 직접 투자가 가능한 '신흥시장'으로 탄생시켰으며 철저한 경제관념에 입각한 실용주의(*pragmatism*) 정책으로 안정된 에너지 공급원으로서의 역할도 함께 하도록 이끌어냈다. 과거 실크로드의 영광을 21세기에 자원로드를 통해 재현하고 있는 것이다.

곁가지에만 치우친 불균형한 국내 연구

중국이 경제적으로 급부상하면서 학계에서는 중국과 아프리카의 관계를 연구한 논문, 보고서가 대거 발표되었다. 또 최근에는 특정 단체와 경제연구원뿐만 아니라 언론사에서도 중국과 아프리카에 관한 출판물을 유행처럼 쏟아 내고 있다. 그중 찾을 수 있는 한 가지 분명한 특징은 중국의 자원외교를 비롯한 성공적인 고(高) 수요 에너지 분야를 조명한 연구들과 출판물들이 2000년대 이후의 사건만을 집중적으로 다뤘다는 것이다. 이런 경향은 아프리카의 경제적 중요성과 개발 협력의 전략 수립 필요성에 따른 중국 벤치마킹 연구 그리고 중국의 대(對) 아프리카 정책을 연구한 정치 · 경제 · 외교 분야의 정책 자료 등에서도 마찬가지다.

예를 들어, 외교통상부나 국민경제자문회의에서 발행한 각종 관련 자료에는 '중국과 아프리카의 관계는 반둥회의에서 시작'되었다고 할 뿐, 반둥회의 전후를 기점으로 아프리카 국가와 관계를 맺게 되는 과정이나 그러한 배경에 대한 설명이 전혀 없는 등 문제의 핵심은 놓치고 곁가지에만 신경 쓰는 수준에 머물러 있다. 따라서 2000년대 이전의 중국과 아프리카의 정치 · 경제 · 외교 관계에 대한 전반적이고 구체적인 연구 자료를 국내에서 찾아보기란 굉장히 어려운 실정이다.

중국과 아프리카의 초기 정치 및 경제 관계는 이미 1900년대 중반부터 시작되었으나 이 시기에 대한 연구가 없다보니 실제로 이로 인한 부작용마저 나타나기 시작했다. 예를 들어, 아프리카에서의 중국의 경제적 영향력 확대 현상이 마치 2000년대 이후부터 부각되기 시작한 중국 수뇌부의 집중적 자원외교, 개발협력 및 원조 등에서 전적으로 기인한 것으로 오인되고 있는 것이다. '중국, 아프리카의 최대 교역 대상국으로 부상', '중국, 아프리카로부터의 석유, 천연가스, 광물 등의 천연자원 수입비중 증가', '중국 · 아프리카 협력포럼'(FOCAC: Forum on China-Africa Cooperation) 등 중국이 일궈낸 아프리카와의 경제 관계가 과연 불과 10여 년 만에 이루어낸 성과였다고 단정지을 수 있을까.

해답을 구하기 위해서는 중국의 과거이념으로 시작된 국제 관계가 어떤 과정을 통해 경제 분야로 파급되었는지에 대한 논의가 반드시 필요하다. 양측의 현재 관계는 결코 단기간의 '에너지 확보를 위한 원조정책'(*aid-for-energy strategy*) 및 경제협력의 결과로 맺어진 결실이 아니며, 어떠한 국가도 엄두 내지 못할 만큼의 노력이 수십 년간 지속된 결과라는 사실에 주목해야 할 필요가 있다. 현재 중국이 과시하고 있는 양 국가 간의 결속은 1955년 순수한 이념 목적으로 시작된 국제관계가 반세기(半世紀) 이상 지속되는 과정에서 일어났던 수많은 외교정책의 실패, 아프리카 식민지 각국의 무장독립운동지원, 경제적 희생, 인적 네트워크의 축적 등이 빚어낸 냉전(*Cold War*)의 산물이며 2000년대에 들어서면서 중국의 경제 성장에 동반하여 비로소 가시적 규모로 나타난 성과이다.

냉전-이념적 순수성

중국은 6·25전쟁 후부터 1970년대 중반까지, 국가의 존립 및 '지역 내 강국'(*regional power*)으로서의 입지 강화를 위한 노력의 일환으로 핵무기 개발에 성공하였고 베트남을 비롯한 주변 국가의 문제에 적극 개입하였다. 또 이념적 순수성을 철저하게 유지하기 위해 소련의 보호로부터 독립하여 독자 노선을 추구하면서, 같은 공산국임에도 불구하고 소련과 이념적으로 대립하여 중소분쟁(中蘇紛爭)이라는 충돌을 수십 년간 지속하는 결과를 낳기도 했다.

중국의 '순수한 이념적 목적'(*purely ideological purpose*)은 아프리카라는 새로운 국제무대에서 단일 국가로서는 유일하게 미국을 필두로 한 서방진영뿐 아니라 사회주의 진영의 종주국 소련과도 대립하도록 했다. 냉전의 두 축인 초강대국, 미국과 소련을 동시에 견제하는 '자주적인 힘'(*autonomous power*)을 과시한 것이다. 또 '프롤레타리아 국제주의'(*proletarian internationalism*)에 과도하게 집착하여 미국, 소련과는 전혀 다른 형태의 대 아프리카 정책을 펼쳤다. 이 정책은 '이념적 경제관계'(*ideological economic relation*)라는 기존의 경제관념을 완전히 상실하는 기이할 정도의 전무후무한 국제관계를 탄생시키기도 했다. 예를 들어, 아프리카와의 소규모 무역뿐 아니라 대규모의 명확한 국제 무역에서조차 '이윤 추구' 개념이 전혀 대두되지 않았고, 오로지 중국의 일방적 희생이 수십 년간 지속되는 구조가 공고해졌던 것이다. 당시 냉전이라는 거대한 시대적 흐름으로 모든 경제관계가 '원조' 또는 '지원'이라는 개념으로 대체되어 '수익', '흑자' 등의 단어는 통용될 틈조차 없었다. 따라서 중국과 아프리카의 관계는 냉전(*Cold War*)의 이념과 탈냉전(*post-Cold War*)의 실용이라는 시대적 구분이 명확하다는 특징이 있다.

탈냉전-실용주의

1963년 저우언라이(周恩來) 총리와 천이(陳毅) 부총리는 55일간 아프리카 10개국(UAR, 알제리, 모로코, 튀니지, 가나, 말리, 기니, 수단, 에티오피아, 소말리아)을 방문하며 반제국주의, 반식민주의, 반신식민주의, 반인종차별주의(*anti-racism*), 반팽창주의(*anti-expansionism*)를 공개적으로 천명하는 등 모든 발언과 행적을 이념과 결부시키는 모습을 보였다. 또 냉전 당시, 중국의 대 아프리카 정책의 도마에 올라와 있었던 것은 대만과의 관계였다. 대만 대사관 폐쇄나 단교 조치를 진척시키기 위해 아프리카에 쏟아 부은 외교적, 물리적 에너지는 대단했다. 그러나 탈냉전 이후 중국의 대 아프리카 정책에서 대만 문제는 아예 언급조차 되지 못하는 수준이 되어버렸고 그 자리는 '자원'이라는 경제 문제가 대신하게 되었다.

이를 반영하듯 중국 수뇌부의 아프리카 방문 목적은 에너지와 투자를 위한 자원외교로 변경되었다. 1996년 장쩌민(江澤民) 주석은 아프리카 6개국(이집트, 케냐, 에티오피아, 말리, 짐바브웨, 나미비아)을 방문, 2004년과 2009년 후진타오(胡錦濤) 주석과 원자바오(溫家寶) 총리는 22개국을 방문한 후 국제 이슈에 대한 공동대응, 투자, 관세 및 무역 등 경제협력을 강조하였을 뿐 이념에 관련된 발언이나 발표는 전혀 하지 않았다. 이것은 중국과 아프리카의 관계에서 이념적 목적이 퇴색하였거나 완전히 배제되었다는 것이 재확인된 것이나 다름없었다.

2006년 11월 4일 베이징에서 열린 제 3회 중국·아프리카협력포럼은 탈냉전 이후 중국 수뇌부가 실용주의적 사고를 바탕으로 이룬 성공적 자원외교의 성과를 자축하는 상징적인 무대였다. 아프리카 53개 국가 중 대만과 수교한 오직 5개국을 제외한 48개 국가가 모두 이 회의에 참석하였다. 한 국가가 마련한 회의에 대륙 전체가 움직이는 사상 초유의 역사적인 이벤트로써 세계 외교사에서조차 유례를 찾기 힘든, 중국 자원외교의 성공을 확인하는 자리였다.

또 중국은 세계 최대의 외환보유고를 바탕으로 국영기업을 주력으로 앞세워 대체로 환경 규제가 느슨하거나 아예 없는 국가를 대상으로 맞춤형 FDI(*Foreign Direct Investment*)에 집중하고 있다. 의류, 섬유산업에 대한 직접투자는 마다가스카르, 모리셔스, 레소토, 가나, 케냐, 보츠와나 등에서 이루어지고 있으며 식품과 음료는 우간다, 카메룬, 탄자니아, 자동차는 남아프리카 공화국, 통신은 가나와 남아프리카 공화국에 편중되고 있다. 이 모든 것이 개혁·개방 이후 실용주의에 입각한 정책으로 도출한 성과물이다.

중국인의 아프리카 이주

찰스 다윈(Charles Robert Darwin, 1809. 2. 12~1882. 4. 19)의 사촌이자, 우생학(*eugenics*)의 창시자이며 명성 높은 아프리카 탐험가였던 프랜시스 골턴 경(Sir Francis Galton)은 1873년 6월 5일 〈더 타임스〉(*The Times*)지에 보낸 편지에서 다음과 같이 언급했다.

> 내 제안은, 중국 이주민들이 그들의 삶을 단지 유지하는 것뿐만 아니라 거대하게 증식시켜서 그 자손들이 결국에는 열등한 흑인종을 대체하게 될 것이라는 믿음을 바탕으로, 대영제국 정책의 일환으로써 중국인의 아프리카 정착을 장려하자는 것입니다. 지금은 게으르고 헛소리나 지껄이는 야만인(흑인)이 차지하고 있는 일부 아프리카 연안이 몇 년 이내에 중국의 반쪽짜리 속국이 되거나 자신들의 법률 하에서 완벽한 자유를 누리거나 한 채로 부지런하고 명령하길 좋아하는 중국인에게 점령될 거라고 예상합니다.

현재의 시각으로는 명백한 인종차별적 발언이긴 하지만 138년이 지난 지금, 그가 예지한 내용은 놀랍게도 점차 현실이 되어가고 있다. 중국인들의 아프리카 이주가 폭발적으로 늘어나 '침공'이라는 표현이 무색할 정도가 되었기 때문이다. 근래 중국과 아프리카의 관계를 떠올리면 석유, 가스 등 천연자원이 연상되는 것은 어쩌면 너무도 자연스러운 현상일 것이다. 그러나 최근 그리고 미래의 중국과 아프리카의 관계에서 가장 문제가 될 수 있는 요소는 바로 '중국인의 아프리카 이주'가 될 것으로 보인다. 2000년대 들어 급격하게 증가하고 있는 중국인의 아프리카 이주로 인해 민족적, 문화적 충돌이 발생하고 있다. 그럼에도 불구하고 관련 학자를 비롯한 미디어는 오직 석유, 광물 등 여전히 자원 부문에만 관심을 가지고 있으니 제대로 된 통계나 연구조차 찾기가 쉽지 않다. 일부의 주장에 따르면 중국정부가 인구문제 해결을 위해 2030년까지 최대 3억 명에 달하는 자국민을 아프리카로 이주시킬 것이라는 다소 극단적인 전망도 나오고 있다. 이 토픽에 관한 자료가 부족함에도 반드시 살펴 볼 필요가 있는 이유는 바로 현재의 추세만 본다면 이주 계획이 ('극단적인 전망'이라는 표현이 무색해질 정도로) 대단히 순조롭게 진행되고 있기 때문이다.

불균형한 관계: 세계의 부정적 시각

2000년대 들어 중국과 아프리카의 관계가 경제적인 통합과정을 거치게 될 것이라는 전망이 현실화되고 있다. 실제로 중국의 대 아프리카 정책은 자원과 무역, 중국 기업들의 비즈니스와 소프트론(*soft loan*, 대출조건이 까다롭지 않고 상환기간이 길고 금리가 낮은 차관), 각종 투자 프로그램을 통해 아프리카라는 신흥시장과 통합되는 시작단계에 있다고 볼 수 있다. 이를 통해 아프리카인에게 중국의 위상을 드높이는 동시에 가장 든든한 지원자라는 인상을 심어 주고 있다.

그러나 EU는 정반대의 시각을 갖고 있다. 중국이 '자원 포식자'의 위치를 점하고 있으며 아프리카에 대한 중국의 대규모 지원은 윈-윈 협력이 아닌 자국의 경제적 이익 추구를 위한 일방적이며 불균형한 관계라는 비난의 목소리를 높이고 있다. 또한 짐바브웨의 무가베(Robert Gabriel Mugabe)와 수단의 오마르 하산 아흐마드 알-바시(Omar Hassan Ahman Al-basier)를 비롯한 독재자에게 무기를 판매하고 다르푸르(Darfur) 사태와 같은 인권문제에는 신경을 쓰지 않는다는 것도 비난받아 마땅하다는 시각이다. 2008년 4월 유럽의회(European Parliament) 는 '억압적 체제와 악정을 행하고 있는 아프리카 국가에 대한 중국의 조건 없는 투자는 인권 남용을 지속시키는 데 기여하고 있다'는 중국 비난 결의안을 채택하기도 했다.

아프리카의 일부 시민사회단체는 중국 기업의 자원개발 행위에 대해 "서방국가의 식민지 정책 이후 제 2의 아프리카 자원에 대한 약탈"이라고 비난하는 등 서방국가와 보조를 함께 하고 있다. 또 중국의 저가 상품이 아프리카 시장에 물밀듯이 쏟아져 들어오면서 가격 경쟁력을 잃은 현지 제조업과 영세 상인의 피해가 막심하다는 불만을 토로하고 있다.

최근 중국의 아프리카 정책에 대한 미국의 움직임도 심상치 않다. 행정부 수뇌부들까지 직접 중국을 겨냥한 비난 발언을 서슴지 않기 때문이다. 특히 중국의 조건 없는 차관 제공, 대규모 투자, 현금 지원은 미국의 대 아프리카 원조 전략의 필수불가결한 정치적 목적의 기반을 약화시킨다는 우려를 낳고 있다. 그동안 차관 수신국의 정부가 법치주의, 정책의 투명성, 반부패 대책, 환경기준 준수, 인권 등 다양한 국제규범을 준수하는 것을 차관 제공의 조건으로 협정서에 명문화한 미국으로서는 중국의 이른바 '묻지마 차관 정책' 때문에 난처한 입장에 처한 것이다. 2005년 G8 (서방선진 7개국+러시아) 에서 아프리카에 4백억 달러 부채탕감을 실시했음에도 중국의 양허성차관(*concessional loan*, 개도국의 경제 · 사회 · 복지 증진을 주목적으로 공여하는 유상원조로서 금리가 낮음) 을 포함한 각종 차관 제공으로 아프리카가 또 다시 새로운 부채를 안게 되는 악순환에 빠지게 되었다고 비난했다.

타산적 상호의존성(*calculating interdependence*)

그렇다면 서방국가들이 주장하는 중국과 아프리카의 관계는 실제로도 불균형한 상태인가. 중국의 대 아프리카 정책이 자원 포식자로서의 목적만 있는지, 과연 윈-윈을 목적으로 한 정책은 없는지 반드시 살펴볼 필요가 있다. 이에 대한 정확한 해답을 찾기 위해서는 양측의 경제 분야, 즉 무역, 투자, 인적자원 이동에 대한 통계 자료와 각종 지표를 살펴보는 것이 균형적인 판단을 내리는 데 적잖은 도움이 될 것으로 보인다. 또 미국, EU, 중국을 제외한 오로지 아프리카인의 중국에 대한 인식은 어떠한지를 밝혀 보는 것도 중요하다. 물론 아프리카의 독재자들과 정치권은 중국의 투자와 지원을 무조건 환영하겠지만 일반 국민의 인식도 과연 그들과 동등한 노선에 있는 것인지 반드시 밝혀 볼 필요가 있다는 것이다.

실제로 이미 중국의 아프리카 자원외교와 시장진출에 대한 서방국가의 비난에 아프리카 정치인과 부패한 관료들은 공개적으로 중국을 변호하거나 지지하고 나섰다. 예를 들어, 2011년 4월 16일 워싱턴에서 개최된 국제통화기금, 세계은행 회의에 참석한 아프리카 각국 장관들은 중국의 차관 지원과 인프라 투자가 자국의 경제에 큰 도움을 준다고 강조했다. 토고의 재무장관 아지 오테 아야스(Adji Oteh Ayas)는 아프리카 국가가 중국의 재정원조에 갈수록 의존적이게 되는 현상이 "매우 좋은 일"이라고 강조하면서 서방의 비판이 어느 정도 정당하다고 해도 중국의 원조가 아프리카에 나쁜 것은 아니라고 주장했다.

차드의 재무장관 가테(Gata Ngoulou)도 유사한 주장을 펼쳤다. 최근 중국의 지원으로 시멘트 공장과 석유 정제플랜트를 완공했다고 밝히면서 "만약 우리가 전통적인 파트너(EU)에게 지원을 요청했다면 거절당했을 것이다"라고 말했다. 아프리카 국가의 상환 능력이 불투명하다는 것을 알고 있는 EU가 중국처럼 쉽게 지원을 하지 않았을 것이라는 의미다. 실제로 아프리카 대부분의 국가들이 국제금융기구로부터 차관을 제공받기에는 그 조건과 절차가 복잡하다. 특히 양허성차관의 경우 심사가 더 까다롭고 이마저도 신청국가들이 많아 대기기간이 너무 오래 걸린다. 따라서 조건이나 단서도 달지 않고 저리로 빌려주는 중국의 재정 지원을 마다할 이유가 없는 상황이다.

2000년대 들어 중국과 아프리카가 급속한 경제관계 진전을 보이면서 아프리카 내부적으로 다양한 부작용과 문제점이 속출하고 있으나, 한 가지 명백한 것은 시간이 흐를수록 너무나도 절실히 서로를 필요로 한다는 부분이다. 중국은 세계 최대의 외환보유고를 자랑하나 경제성장을 지탱해 줄 자원이 부족하고, 아프리카는 자원은 풍부하나 경제발전의 기본이 되어 줄 인프라에 투자할 만한 능력과 기술이 없다는 태생적 한계를 지녔다. 따라서 서방국가의 비난과 견제에도 불구하고 양측의 이해타산관계가 정확하게 맞아 떨어짐으로써 양측의 우호적 관계는 장기적으로 계속 유지될 것이다. 그러나 현재와는 다르게 미래에는 중국의 꾸준한 경제성장이 아프리카 자원에 대한 의존성을 더욱 높일 것이며, 여기에 EU와 미국 외에도 인도, 브라질, 일본, 그리고 한국을 비롯한 신흥 공업국까지 아프리카에 진출하게 된다면 오히려 아프리카 국가의 영향력이 중국에 비해 상대적으로 확대되는 상황으로 전개될 것으로 보인다.

약 600여 년 전 정화(鄭和, 1371~1433)는 명나라 영락제(永樂帝)의 명을 받아 7회에 걸쳐 대선단(大船團)을 이끌고 아프리카까지 도달했다. 당시의 최첨단 상품이라고 할 수 있었던 도자기를 나누어 주고 그 지역의 보석, 광물 등 진귀한 물건들을 가득 싣고 중국으로 돌아왔다.

그중 소말리아에서 데리고 돌아온 동물은 당시 중국인들에게 신선한 충격이었다. 생전 처음 보는 목이 기다랗고 노란 점박이 동물이 오죽이나 인상 깊었으면 중국 전설 속 동물의 이름을 붙여 '기린'(麒麟)이라 부르고, 그 모습을 그림으로 남겼을까. 15세기, 아프리카는 중국에게 그만큼 멀고 낯선 곳이었을 터. 그러나 21세기 현재, 상황은 달라졌다. 아프리카는 더 이상 이국적인 환상의 땅이 아니라 환상적인 경제동반자로 자리했다. 중국의 정치인과 국영기업은 '중국수출입은행'(中國進出口銀行)이라는 금고를 등에 업고 아프리카에 도자기 대신 달러를 뿌리고 그 대가로 석유, 철광석, 목재, 구리, 코발트, 마그네슘, 백금, 우라늄, 금, 은, 농산물 그리고 수많은 물품과 원자재를 싣고 온다.

현재 중국과 아프리카의 타산적 상호의존성 관계는 '차이나프리카'라는 표현으로 귀결될 정도로 급속하게 가까워졌다. 영국 태생의 미국 시인인 위스턴 휴 오든(Wystan Hugh Auden)이 자신의 시 〈어느 날 저녁 외출하여〉(*As I Walked Out One Evening*)를 통해 노래한 영원할 것 같던 사랑을 안타깝게도 이제는 끝낼 수밖에 없을 만큼…!

그대여, 나는 그대를 사랑, 사랑하리라
I'll love you, dear, I'll love you
중국과 아프리카가 합쳐질 때까지
Till China and Africa meet,
강이 산을 뛰어 넘고
And the river jumps over the mountain
연어가 거리에서 노래할 때까지
And salmons sing in the street
그대여, 나는 그대를 사랑, 사랑하리라
I'll love you, dear, I'll love you

이 책의 구성

이 책은 그동안 국내에서 쉬이 다루지 않았던 냉전기간 중국과 아프리카의 관계를 프리즘을 통해 들여다보듯, 여러 가지 면에서 접근해 보고자 한다. 다만 냉전과 탈냉전의 반세기(半世紀)가 넘는 기간 동안 아프리카 전역에서 중국과 관련되어 일어났던 수많은 사건을 이 책에서 모두 다루는 것에는 한계가 있음을 미리 밝혀둔다. 예를 들어, 중국의 첫 아프리카 수교국인 이집트와의 외교관계만 조명하는 데도 책 한 권으로는 모자랄 정도의 분량이 필요하다. 따라서 정치, 경제 그리고 역사적으로 중요한 핵심사건을 중점적으로 살펴볼 예정이다.

또 국제학에서 통용되는 무거운 주제의 '이론'(*theory*)이나 '~주의'(*~ism*)는 가능한 한 가볍게 다루거나 생략할 예정이다. 언론, 방송, 도서, 인터넷 등에서 자주 회자되는 진부한 표현과 의미도 마찬가지다. 예를 들어, 누구나 중국의 대외정책을 논할 때 적어도 한 번씩은 언급해 보았을 '화평굴기'(和平堀起), '도광양회'(韜光養晦) 등의 표현은 이 책에서만큼은 자제하고자 한다.

추가적으로 아프리카 에너지 자원의 대표 격인 석유에 관한 내용도 이미 정보가 과포화 상태에 달하므로 다루지 않을 것이다. 그 대신, 이 책에서는 냉전기간 아프리카에서 중국의 개입과 역할이 중요했던 사건임에도 불구하고 미처 조명받지 못하였거나 간과되었던 부분을 짚고 넘어가고자 한다. 수에즈 위기(*Suez Crisis*)를 예로 들자면, 국제적으로 대사건이었음에도 불구하고 미국을 필두로 한 서방국가와 소련만이 화두에 오를 뿐 실제로 중요한 역할을 담당했던 중국의 개입에 대해서는 지금껏 언급 자체가 없었다. 물론 당시 중국의 국제적 인지도가 너무 저조했기 때문에 크게 주목받지 못한 이유가 크다고 할 수 있으나 이제는 중국을 제외하고는 국제관계의 설명이 어려울 정도가 되었으니 중국을 중심으로 한 새로운 시각으로 낡은 정보를 업데이트해야 할 필요가 분명히 있다.

먼저 본문 1부 '아프리카의 수호자'는 6·25전쟁이 휴전되고 난 이듬해인 1954년부터 마오쩌둥 시대가 막을 내리는 1976년까지 약 20여 년간 중국과 아프리카 사이에 발생한 중요한 사건을 조명할 예정이다. 중국의 대 아프리카 정책 중에서도 특히 초기단계 이해에 도움이 될 4개의 장(*chapter*)을 구성하여 냉전기간 중의 중국과 아프리카의 정치·경제・문화 교류 등을 다루고자 한다. 1장에서는 1950년대 시작된 중국과 아프리카의 근대적 관계의 기원을 추적하고 공식적인 첫 만남과 첫 수교가 이루어진 국제적 배경, 그리고 수에즈 위기 등을 다룰 것이다. 2장에서는 중국이 이념적 순수성 유지를 위해 아프리카에서 미국과 소련이라는 초강대국들과 무섭게 경쟁하던 과정을 살펴볼 것이며, 3장에서는 아직 학계에서는 정립된 사례가 없는 중국과 아프리카의 '이념적 경제관계'가 무엇인지 실제 사례를 바탕으로 전개하면서 해당 용어를 정의내려 보고자 한다. 또 냉전시기 중국이 아프리카의 풍부한 자원을 바라보는 시각과 그 평가에 대해서도 반드시 살펴볼 필요성이 있다. 4장은 냉전기간 지속된 중국의 아프리카에 대한 이념적 순수성이 창조한 긍정적인 결과, 즉 아프리카 주요 정치인들과 맺어진 '인적 네트워크'를 조명할 예정이다.

2부 '변화의 기원'은 5개의 장으로 구성되어 1990년대 들어 철저한 경제관념, 즉 실용주의에 입각한 변화된 중국의 대 아프리카 정책을 다루고자 한다. 먼저 5장에서는 마오쩌둥 사망과 냉전종식 이후 중국의 부분적인 체제변화와 대외정책의 급격한 변화, 그리고 천안문사태를 계기로 다시 변화되는 대외정책을, 6장에서는 중국이 아프리카 자원에 대해 인식을 전환하게 된 계기와 자원외교를 비롯한 다양한 아프리카 접근법에 대해 분석할 것이다. 7장에서는 중국과 아프리카의 무역, 투자 등 경제 현황과 중국인들의 과도한 아프리카 이주 때문에 발생하는 다양한 문제를 다루고자 한다. 8장에서는 불균형 및 '타산적 상호의존성'에 대해 살펴보면서 서방국가들의 중국 견제, 즉 포식자로서 자원 탐닉에만 몰두할 뿐 아프리카 인권과 삶의 질 개선에는 무관심하다고 중국을 비난하는 그들의 시각을 해석해 보려고 한다. '타산적 상호의존성'이라는 새로운 이론을 통해서 중국이 진정 자원 탐닉에만 몰두하고 있는 것인지 제대로 분석해 볼 필요가 있기 때문이다. 9장에서는 앞서 거론했던 핵심적인 결과물의 도출을 바탕으로 시사점을 논의하고 아프리카에서 후발주자인 한국이 나아가야 할 길을 제시하며 끝을 맺는다.

이 책의 저술 목적은 1955년부터 2000년대까지의 세분화된 시대상황을 배경으로 중국과 아프리카의 근대적 관계의 기원을 추적하고, 이를 통해 중국의 대 아프리카 원조정책의 초기단계를 이해하는 데 있다. 이 목적을 크게 두 가지로 나누어 본다면 다음과 같다.

먼저, 중국과 아프리카의 정치, 경제 관계를 냉전기간과 탈냉전 이후로 구분, 대조하여 드러나는 명확한 차이점을 분석함으로써, 중국의 변화된 대 아프리카 정치, 경제정책에 대한 이해를 돕고자 한다. 이로써 중국이 선점한 아프리카라는 신흥시장에 후발주자로 뛰어든 한국이 현재 천연자원 획득과 수급을 위해서 심혈을 기울이고 있는 자원외교정책에 통찰력과 시사점을 제공하는 데 그 목적이 있다. 투자와 수출입을 포함하는 통상관계 전반에 걸쳐 한국의 국가적 영향력을 확대시키고 국가안보 차원에서 원활한 자원획득을 계획하는 데 긍정적으로 작용할 것이라고 기대한다.

다음으로, 지금까지의 종적을 바탕으로 보았을 때 국내의 일부 지방자치단체와 정치인 및 정부관련 기관에 의해 되풀이되는 짝퉁 자원외교를 미연에 방지하여 비싼 시행착오의 가능성을 사전에 차단할 수 있길 바라는 목적이 있다. 국민의 혈세로 채워진 국고의 낭비를 줄이는 데 일조하는 것으로써 국익 도모에 이바지할 수 있을 것이라고 믿어 의심치 않는다.

끝으로, 국내 출간 도서 중 냉전기간 중국과 아프리카의 '이념적 경제관계'와 '타산적 상호의존성'이라는 용어의 정의(*definition*)를 처음으로 소개할 기회를 갖게 된 책이라는 점에서 가슴 뿌듯한 보람을 느낀다. 다만, 한편으로는 국제학적 시각으로 접근하다보니 경제학, 경영학, 통상학적 시각에서 보았을 때 미흡한 부분이 적지 않을 것으로 생각된다. 그러나 이 책을 계기로 중국과 아프리카의 냉전과 탈냉전 관계 비교에 대한 다양한 분야에서의 연구가 이어질 수 있기를 바라며, 궁극적으로 한국의 대 아프리카 자원외교 정책방향 설정에 지침서로써 미약하게나마 도움이 될 수 있기를 희망한다.

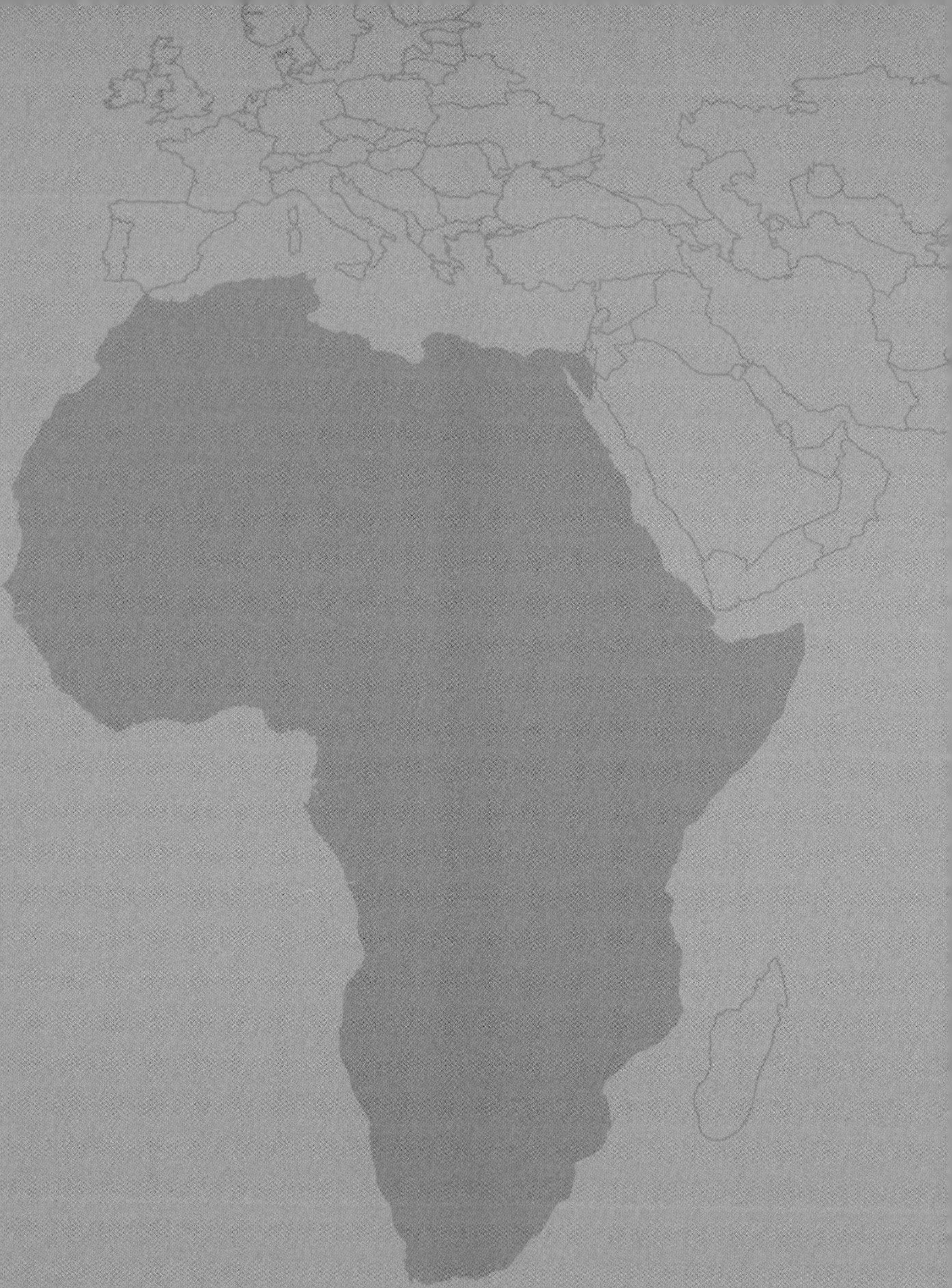

1부

아프리카의 수호자

1

아프리카와의 첫 공식 접촉

1. 6·25전쟁 이후 중국의 국내·외 정책

1954년 중국은 6·25전쟁(1950~1953)을 끝으로 거의 30년 만에 전쟁 없는 해를 보내게 된다. 중국공산당(CCP: Chinese Communist Party)은 이를 계기로 산적한 국내외 문제를 해결하기 위해 각 성(省)과 자치구의 행정체계 개선 및 법률제정에 박차를 가하는 동시에 크게 3가지 핵심 분야, 즉 '국가안보', 'CCP 통제력 강화', '경제개발' 정책에 주안점을 두고 총력을 기울였다.

먼저 '국가안보' 정책을 통해 미국뿐만 아니라 일본과 아시아 태평양 국가를 겨냥한 소련(Soviet Union)과의 유대강화 그리고 발밑에서 벌어지고 있는 인도차이나전쟁(Indochina war, 1946~1954)에 집중하고자 계획하였다. 특히 1954년 1월 18일 발효된 '한미상호방어조약'(ROK-U.S. Mutual Defense Treaty)과 1954년 9월 8일 미국을 중심으로 아시아 태평양 지역 8개국(미국, 영국, 호주, 프랑스, 뉴질랜드, 파키스탄, 필리핀, 태국)이 참여한 반공(*anticommunism*) 군사동맹인 '동남아시아조약기구'(SEATO: Southeast Asia Treaty Organization)가 결성되자 중국의 안보불안감이 높아졌다. 무엇보다 국경을 맞대고 있는 파키스탄까지 SEATO에 참여함으로써 중국 수뇌부의 소련 방문은 잦아질 수밖에 없는 상황이 되었다.

당시 저우언라이(周恩來, 1898. 3. 5~1976. 1. 8) 총리(재임기간 1949~1976) 겸 외교부 부장(재임기간 1949~1958)은 1년 4개월 만인 1954년 7월 28~30일에 모스크바를 다시 방문해 스탈린(Joseph Vissarionovich Stalin, 1879. 12. 18~1953. 3. 5) 사망 후 처음 소집된 소련연방 공산당 중앙위원회 회의에서 제1서기로 선출된 흐루시초프(Nikita Khrushchev, 1894. 4. 17~1971. 9. 11)를 예방하고 미국의 주도로 결성된 한반도와 아시아 태평양지역의 집단 반공체제 형성 기류에 대한 중국의 우려를 전달했다. 또한 흐루시초프의 중국 방문을 성사시키기 위해 부단한 노력을 기울인 결과, 저우언라이의 모스크바 방문 후 단 두 달 만에 흐루시초프와 국방부 장관 불가닌(Nikolai Bulganin)의 베이징 방문이 1954년 9월 29부터 10월 12일까지 약 2주간 이루어지게 되었다. 중국은 흐루시초프의 방문을 통해 1억 3천만 달러의 차관 상환 연장과 1950년 스탈린의 지원 거부로 지지부진했던 대만(Taiwan) 수복에 대한 논의를 시도하였다. 이 가운데 중국의 가장 큰 성과는 소련과의 중·소 공동선언(Sino-Soviet Joint Declaration, 1954. 10. 12) 발표다.

소비에트 연방과 중화인민공화국은 동남아시아에 형성된 공격적인 군사블록을 단호히 규탄하였다. 그것은 아시아 각국의 독립 및 안보 그리고 아시아 태평양지역의 평화에 직접적으로 대항하며 제국주의가 후원하는 목표이기 때문이다. 소비에트 연방과 중화인민공화국은 상대국의 주권과 영토보전을 위한 상호존중, 불가침, 상대국 내정 불간섭, 호

1954년 10월 중국을 방문한 흐루시초프를 영접하는 마오쩌둥.
출처: RIA Novosit(러시아 통신사) 미디어 도서관.

혜평등 그리고 생산적인 국제협력을 위한 폭넓은 가능성을 위해 개방한 평화적 공존의 원칙 엄수에 근거를 두고서 양국 관계를 지속할 것을 아시아와 태평양 그리고 다른 국가들에 공표해야 할 필요가 있다고 여겼다.

중·소 공동선언은 중국에게 6·25전쟁 후 중국을 조여 오는 미국의 각종 압박에 대한 무형의 경고인 동시에 시기적으로도 매우 적절한 조치였다. 또 중국의 안보가 공산주의 종주국인 소련과의 동맹을 통해 확고해졌다는 것을 다시금 상기시켜 주면서 중국의 대외적인 위상을 높여주는 큰 이벤트였다고 할 수 있다.

한편 1954년 소련 외에 중국 안보정책의 중심에는 인도차이나전쟁이 자리 잡고 있었다. 제 2차 세계대전 중 일본에 빼앗긴 식민지를 재점령하려는 프랑스와, 일본 패망 후 꼭두각시 정부를 전복하고 완전한 독립을 꿈꾸는 베트민(Viet Minh), 즉 호치민(Ho Chi Minh, 1890. 5. 19~1969. 9. 3)에 의해 결성된 베트남독립동맹(League for the Independence of Vietnam) 사이의 치열한 전쟁이 막바지로 치닫던 상황이었다.

중국은 1950년부터 인도차이나전쟁에 깊이 개입하고 있었다. 프랑스와 베트민이 각각 미국과 중국에서 무기와 각종 군수물자를 지원받아 대리전 양상을 띠고 있었기 때문이다. 미국은 1950년부터 1954년까지 프랑스에 400여 명의 군사 고문단과 총 전비의 65%에 달하는 30억 달러를 쏟아 부었고, 중국은 인도차이나전쟁을 6·25전쟁의 연장선으로 인지함으로써 반드시 승리하고자 했다. 게다가 베트남은 북한의 존재 개념과 동일하게 이념적, 체제적 '완충지대'(*buffer zone*)로서의 지정학적 가치가 매우 높았다. 또한 경제적으로도 새로운 경공업 개발지대인 윈난(雲南)성과 광시(廣西)성이 베트남과 국경을 맞대고 있기 때문에 지원을 중단한다거나 중간에 손을 뗄 수 있는 선택의 여지가 전혀 없었다.

1946년 11월 북베트남 주둔 프랑스군의 베트민군 공격은 곧장 전면전으로 확대되었다. 개전 초기부터 현대식 무기로 무장한 프랑스군은 단 3개월 만에 수도 하노이(Hanoi)를 함락하고 베트민군의 무조건 항복을 요구하였지만 베트민군은 항복을 거부하고 산악지대로 숨어 게릴라 전술을 펼치며 9년간이나 저항을 이어가고 있었다. 중국은 베트민군에 원활한 군수물자 공급을 위해 중국과 베트남 간의 도로와 철도를 보수하거나 새로 건설하였다. 이를 통해 1951년부터는 매달 10~20톤의 물자를 공급하였고 1952년에는 250톤, 1953년에는 6백 톤, 1954년에는 무려 1천 5백~4천 톤까지 늘렸다. 게다가 총 1만 5천 명의 중국군사고문단(CMAG: Chinese Military Advisory Group)을 파견하였으며 이 중 적어도 수천 명은 6·25전쟁에 참전한 전투경험 있는 베테랑들이었다. 중국의 지원 덕분에 1950년 3개 사단에 불과했던 베트민군은 불과 2년 만에 7개 사단으로 늘었고 중국제 무기로 무장한 채 고도의 훈련까지 받을 수 있었다.

1954년 5월 7일 디엔비엔푸전투에서 승리한 베트민군 깃발 게양.
출처: AFP 통신사.

1954년 5월 인도차이나전쟁의 승패를 결정지은 '디엔비엔푸전투'(Battle of Dien Bien Phu)에서 프랑스군은 6천여 명이 전사하고 1만 명이 항복하는 수모를 겪었다. 이 전투로 프랑스는 프렌치인디언전쟁(French & Indian War, 1754~1763) 이후 식민지 지배 역사상 가장 큰 패배를 맛본 것이다. 이 충격의 여파로 프랑스는 인도차이나의 식민 지배야욕을 완전히 접고 전쟁에서 손을 떼게 되었다. 디엔비엔푸전투에서 베트민군이 승리할 수 있었던 배경에는 프랑스군보다 우세한 화력을 갖출 수 있도록 만들어 준 중국의 전폭적인 지원이 있었다. 실제로 전투가 벌어지는 8주 동안에만 중국은 4,620톤의 석유, 1,360톤의 탄약, 소화기(小火器), 로켓, 무반동포(대전차 무기), 스탈린 오르간(Stalin Organs, 다연장 로켓포), 105mm 곡사포(6·25전쟁 때 미국으로부터 획득) 등 46톤의 무기와 1,700톤의 쌀이 포함된 총 8,286톤의 군수물자를 966km나 떨어진 지역에서 공급했다. 또한 중국 고문단이 6·25전쟁에서 경험한 고지전 전술과 대피호 구축을 비롯한 다양한 전술훈련이 승리의 기반을 마련해 주었다. 베트민의 인도차이나전쟁 승리는 곧 중국의 승리였다고 해도 무리가 아니다.

중국은 국가안보에 이은 두 번째 핵심 전략인 '중국공산당 통제력 강화'를 위해 헌법을 제정하였다. 중화인민공화국 수립 후 공산당은 국민당(KMT: Kuomintang of China, Chinese Nationalist Party)의 육법전서(Book of Six Laws)와 사법제도를 곧바로 폐기했으나 이를 대체할 근대적 법체계 또는 법률제도가 없었고 단지 1949년 9월 29일 제 1회 중화인민정치협상회의(CPPCC: Chinese People's Political Consultative Conference)에서 규정한 '공동강령'을 임시헌법으로 삼아 지난 5년간 적용했다. 최초의 헌법이 제정되기 두 달 전, 민주적인 절차를 거쳐 제정되었다는 당위성을 부여하기 위해 전국적으로 1억 5천만 명의 당원들을 동원하여 각종 모임과 회의를 통해 헌법에 포함될 의견들을 개진하도록 하였다.

중국 최초의 사회주의 헌법은 1개의 서문(序文)과 4장 106조로 구성되었고 사회주의 건설이라는 국가 목표를 명시하였다. 또 공산당 정권의 성격을 '인민민주독재'(People's democratic dictatorship)로, 국가 최고권력기관을 단원제(*unicameral system*)인 '전국인민대표대회'(NPC: National People's Congress)로 규정하였다. 그러나 분명한 것은 중국의 헌법이 1936년 제정된 소련의 헌법을 바탕으로 완성되었다는 사실이다. 실제로 일부 조항은 토씨 하나 틀리지 않게 소련 헌법을 중국어로 번역해 그대로 사용하였고 대부분의 다른 조항도 소련의 법학 전문가들이 참여해 중국의 조건에 맞도록 조금씩 수정한 정도였다. 그런 까닭에 중국문화와는 이질적이고 부적합한 조항이 많아 제정 이후 50년간 전면개정 3회, 부분개정 4회의 손질을 하였다.

1954년 9월 20일 성, 자치구, 직할시, 소수 민족이 선출하는 대표들로 구성된 CCP 휘하의 최고 권력기관인 전국인민대표대회 제 1회의에서 비밀투표를 거쳐 중국 최초의 사회주의 헌법을 통과시켰다. 또 NPC는 정부 조직에 필수적인 5개의 다른 법(NPC 기본법, 국무원 기본법, 인민법원 기본법, 인민검찰원 기본법, 지방인민대표대회 및 지방인민정부 기본법)도 통과시켰다. 이로써 소련 공산당(CPSU: Communist Party of the Soviet Union)의 교리가 담긴 프롤레타리아독재(*dictatorship of the proletariat*)와 CCP의 교리가 담긴 인민민주독재를 녹여 만든 사회주의 헌법과 하위 법률을 통해 CCP의 절대권력을 명문화, 합법화하는 중국의 두 번째 전략적 핵심 목표가 달성되었다.

세 번째 목표인 '경제개발'을 위해, 중국은 건설경기 활성화 노력과 토지 개혁의 일환으로 엄청난 수의 농업생산자협동조합(APCs: Agricultural Producers Cooperatives)을 각 성뿐만 아니라 시골지역에까지 설립하였다. 건설경기의 활성화는 '제 1차 경제개발 5개년 계획'(1953~57)의 목표 중 하나인 중공업 육성정책에 포함되며, 이는 1950년 2월 14일 마오쩌둥(毛澤東, 1893. 12. 26~1976. 9. 9)과 스탈린이 서명한 '중소우호동맹상호원조조약'(*Sino-Soviet Treaty of Friendship, Alliance, and Mutual Assistance*)에 근거해 대부분 소련 경제를 모델로 삼아 소련의 기술지원(8만~10만여 명의 소련 엔지니어 및 전문가 파견, 중국인 2만 8천 명의 소련연수)으로 진행되었다. 소련은 중국에 총 156개의 산업 프로젝트를 완성해 주는 데 동의했고 이 중 50개는 1949~52년 사이에, 91개는 1953년 5월까지, 나머지 15개 프로젝트는 1954년 10월까지 마무리 짓기로 하였다. 당시 중국은 6·25전쟁 참전 후 시작된 미국의 금수조치(*embargo*, 1950~1971)로 심각한 경제적 고립 상황에 처해 소련에 대한 의존도가 높아질 수밖에 없었다. 미국은 중국의 모든 해외자산을 동결하였고, 성조기 및 미국 동맹국의 국기가 나부끼는 곳이라면 공중, 바다, 항구 등 어떤 곳도 가리지 않고 중국의 물품 운송, 선적, 하

1954년 제작된 포스터. '우리는 사회주의에 우리의 가장 강력한 힘을 바친다!'
출처: Chinese posters.

역을 일절 금지시켰다. 이것은 미국이 소련에 내렸던 금수조치보다 훨씬 강력한 것이었다. 이 때문에 중국은 거대한 국토와 인구에도 불구하고 수입이 GDP의 5% 수준으로 내려앉았고 그 수입의 65% 이상이 소련이라는 한 국가에 과도하게 집중되었다.

농업생산자협동조합의 설립은 제 1차 경제개발 5개년의 목표에 포함되어 있기는 하나 엄밀하게 논하자면 1949년 이전부터 시작된 토지개혁의 연장선상에 있다고 보는 것이 타당하며 조직적인 대규모 토지개혁의 시작은 1950년 6월 28일 제정된 '토지개혁법' 이후다.

소련의 지원으로 진행된 제 1차 경제개발 5개년 계획의 첫해인 1953년과 1954년은 제조업과 농업부문의 생산가치가 1952년 대비 14.4%, 1954년에는 11.9%나 증가하였다. 이는 경제개발 5개년 계획 평균 증가율 8.6%를 훨씬 초과하는 기록적인 성과였다. 이를 세분화하여 들여다보면 2년간 136개 기업이 목표 이상의 생산을 기록하였다는 것을 알 수 있다. 특히 경제개발의 기반이 되는 핵심 산업품목은 괄목할 만한 생산능력을 갖추어 1954년 연간 목표량을 초과하였다. 예를 들어, 1954년 강철 42만 7천 톤으로 1952년 대비 56% 증가, 전력 53만 킬로와트로 51% 증가, 석탄 1천 3백만 톤으로 26% 증가, 시멘트 65만 톤으로 61% 증가, 기계한지(*machine made paper*) 4만 톤으로 37% 증가, 원목 111% 증가, 자동차 타이어 16만 개로 35% 증가, 설탕 10만 9천 톤으로 30% 증가 등 경제개발 5개년 이전에는 주먹구구식 소량생산으로 정확한 통계조차 잡히지 않았던 품목들이 생산량 증대로 수치가 명확해지기 시작했다. 또 1954년에만 1,400km가 넘는 새로운 철도와 신장(新疆)~티베트(Tibet, 西藏), 칭하이(青海)성~티베트를 연결하는 고속도로를 포함한 총 6,600km가 넘는 새로운 고속도로를 건설하였다. 특히 신장~티베트, 칭하이성~티베트는 경제적으로 큰 교역이 없는 지역임에도 불구하고 건설을 강행한 것이다. 이것은 중국공산당이 자치구와 소수민족 또한 경제적으로 균형 발전시키겠다는 의지를 나타낸 것으로 실용보다는 상징적인 의미가 크다고 할 수 있다.

내수 팽창, 국내 여행객 및 교육 수혜자 증가 등 사회의 모든 분야에서 긍정적 효과가 나타나게 되면서 인민의 생활수준이 향상되기 시작했다. 자동차 생산 공장, 항공기 제작 공장, 전자 튜브 공장, 공작 기계 플랜트, 대교(*bridge*) 건설, 페니실린 공장 등이 모두 이 시기에 사상 처음으로 완공되었다. 이러한 발전은 진정한 사회주의를 위한 중국의 경제적 상징으로 여겨졌으며 사회주의 체제의 우수성을 보여준다는 믿음을 갖게 만들었다. 1954년까지 소련의 정치, 경제 모델의 긍정적인 효과는 일련의 경제성과로 연결되면서 중국공산당은 축제 분위기에 휩싸였다. 마오쩌둥은 제 1차 경제개발 5개년의 초기 성공에 놀라며 "새로운 중국은 한쪽(소련)으로 기울어진 대외정책을 채택할 것이다"라고 말하기도 했다. 아편전쟁(1840~1842)의 패배로 얻게 된 '가난과 무기력함'이라는 중국의 대외이미지를 극복할 수 있다는 희망과 제국주의 열강에 의해 패권의 각축장으로 전락해버린 쓰라린 역사를 다시 쓸 수 있다는 가능성으로 부국강병이라는 목적 달성에 자신감을 갖기 시작한 것이다.

그러나 국가 전체의 발전을 위한 명목은 일부 인민에게 희생을 강요하기도 하였다. 1953년까지만 해도 중공업의 20%, 경공업의 60%가 개인 소유였으나 제1차 경제개발 5개년 동안 민간부문은 사실상 제거되다시피 축소되었고, 현대적인 산업은 모두 공산당 통제 아래 놓였다. 이러한 '산업의 사회주의 변혁'은 많은 민간 기업이 사회복귀 시설이나 공기업으로 전환할 수밖에 없는 압력으로 작용하였다. 나머지 가내수공업이나 수공예 생산시설, 소규모 상점 및 사업체 등은 개인의 손에 남아 있긴 하였으나 대부분 협동조합으로 조직되었다.

소련이 이처럼 중국의 발전모델로서 긍정적인 도움을 주기는 하였으나 무조건적인 지원을 제공한 것은 아니었다. 스탈린 사망 후에도 미국으로부터 중국을 방어해 줄 안보보장, 무기 및 군수물자 지원, 대규모 건설 프로젝트와 기계 및 기술고문단을 포함하는 경제적, 기술적 지원을 받기 위해서는 소련이 원하는 만큼의 대가를 치러야 했다. 중국은 여러 분야에서 소련의 지위와 권리가 우위에 있다는 것을 인정해 줘야 했기 때문이다. 예를 들어, 랴오닝(遼寧)성 랴오둥반도(遼東半島)에 위치한 현재의 다롄(大連)과 서쪽의 뤼순(旅順)을 통합하여 '뤼다'(旅大)라는 새 지명을 부여하고 그 광활한 지역에 소련의 해군기지와 군대의 자유로운 입출항 및 군사활동이 가능토록 권리를 보장함과 동시에 장기간의 조차를 허락해 주었다.

그러나 정작 소련은 중국이 가장 절실하게 바라던 요구에는 등을 돌렸다. 마오쩌둥은 중국의 핵무기 개발을 위해 흐루시초프에게 소련의

1954년 제작된 포스터. '마오 주석은 우리에게 행복한 삶을 선사한다' 출처: Chinese Posters.

기술과 정보를 요청했으나 흐루시초프는 "핵무기 개발은 비용이 너무 많이 들고, 공산진영은 이미 소련의 핵우산 보호를 받고 있으므로 모든 국가가 핵무기를 보유할 필요는 없다고 본다"며 일언에 거절했다. 소련은 공산진영에서 핵무기를 보유한 유일한 국가로서의 지위를 만끽하고 있었기 때문에 절대 이를 놓치고 싶지 않았을 터였다.

게다가 중국은 소련의 몽골에 대한 영향력 유지를 인정해 주면서 동시에 북한에 대한 자국의 영향력 확대를 포기해야만 했다. 당시 북한이라는 존재는 중국이 소련의 동북아시아 지역에서의 직접적 영향력 확대〔헤이룽장(黑龍江) 성, 지린(吉林) 성, 랴오닝(遼寧) 성 포함〕를 견제하기 위해 어쩔 수 없이 6·25전쟁에 참여하여 자국민 수십만 명을 희생시킨 끝에 연합군으로부터 구해낸 국가였기 때문에 북한에 대한 영향력 확대 포기는 중국이 결코 쉽게 내릴 수 없는 굴욕적인 결정이었다.

만약 소련이 아시아 땅에서 미국 및 서방국가와 이념적, 외교적, 군사적 마찰을 빚게 된다면 중국은 소련을 대신하여 전쟁까지 치러야 할, 다시 말해 소련을 위한 '아시아의 가장 큰 완충지대'로서의 역할을 감수해야 했던 것이다.

중국은 6·25전쟁 이후 국내적으로는 공산당 일당 독재체제를 공고히 하고 경제개발에 집중하며 대외적으로는 미국의 경제·군사·외교를 비롯한 다방면의 압박에 대항하기 위해 소련과 일부 친중 아시아, 태평양 국가에 손을 뻗을 수밖에 없는 상황이었다. 결국 당시의 중국에게는 아프리카의 정치·경제·외교·안보에 대해 관심을 가질 만한 이유도, 여유도 전혀 존재하지 않았다.

2. 아프리카와 첫 공식 접촉-반둥회의(Bandung Conference)

인도 독립(1947. 8. 15) 후 초대 총리에 오른 네루(Jawaharlal Nehru, 1889. 11. 14~1964. 5. 27)는 인도민족해방운동의 지도자이자 비폭력·불복종 운동으로 잘 알려진 모한다스 간디(Mohandas Karamchand Gandhi, 1869. 10. 2~1948. 1. 30)를 아버지로 칭하며 존경하였고 그의 철학에 지대한 영향을 받은 인물이었다. 영국 식민지배 시절, 독립운동과 수차례 감옥생활을 거치면서 네루의 영국과 서구열강에 대한 증오와 불신은 극에 달했고 총리가 된 이후에도 이러한 사고는 변함없었다. 1954년 미국의 끈질긴 동남아시아조약기구 참여 요청을 거절한 것도 과거의 경험에서 비롯된 것이었다. 또한 영국, 프랑스, 포르투갈, 네덜란드 등 서구열강들이 일본의 패망 후 아시아 재식민지화를 노리고 벌였던 다양한 국제적 움직임에도 민감하게 주의를 두었으며, 특히 인도차이나전쟁에는 각별한 관심을 두고 있었다.

1954년 제네바 회담(4. 26~7. 21)의 두 번째 주요 의제였던 인도차이나전쟁의 휴전문제를 논의하기 위해 참석한 저우언라이는 인도대표 메논(V. K. Krishna Menon)으로부터 인도방문을 요청받아 이를 수락하였다. 당시 인도는 신생독립국으로서 동서진영에 속하지 않은 채 중립노선을 걷고 있었다. 인도에 도착한 저우언라이는 네루 총리의 환대를 받았다. 두 총리는 수차례 회담을 거치면서 인도차이나전쟁, 냉전, 식민주의 해결방안에 관한 다양한 의견을 교환하였고 특히 네루는 비동맹(*non-alignment*)의 철학이 실천에 옮겨져야만 효과적인 해결방안이 될 수 있다는 결론에 도달하였다.

6월 28일 저우언라이와 네루 두 총리는 공동성명 발표를 통해 인도차이나전쟁의 해결을 위해 군사적 대결구도에서 벗어나 정치적 유대관계를 수립하고 인도차이나를 '평화 및 중립지대'로 만들자는 주장과 세계평화를 강화하기 위해서는 새로운 국제관계 원칙을 확립할 필요가 있다는 전제를 바탕으로 '평화 5원칙'(Five Principles of Peace), 즉 '영토·주권의 상호존중, 불가침, 내정불간섭, 평등·호혜, 평화적 공존'을 지키자는 주장을 강력하게 촉구하였다. 평화 5원칙은 힌디어(Hindi, 헌법으로 규정된 인도의 15개 공용어 중 하나)로 5대 원칙이라는 뜻의 '판크실'(*Panchsheel*)이라고도 불린다. 원래 이 원칙들은 '중국 티베트지역과 인도 간의 무역 및 교류에 관한 중화인민공화국과 인도공화국 간의 협정'(Agreement Between the People's Republic of China and the Republic of India on Trade and Intercourse Between Tibet Region of China and India)의 서문(序文)에 있었던 내용을 재사용한 것이었으며, 이 협정은 1953년 12월 31일부터 1954년 4월 29일까지 베이징에서 열린 회담에서 중국과 인도 양국이 티베트는 중국 영토의 일부분임을 인정한다는 내용에 관한 것이었다.

네루는 저우언라이를 만나기 두 달 전인 1954년 4월 28일 실론(1972년 '스리랑카공화국'으로 개칭)의 수도 콜롬보에서 개최되었던 '콜롬보 회의'(Colombo Conference)에서 참가국인 인도네시아, 버마, 실론, 파키스탄 4개국과 비동맹의 필요성을 이미 확인하였다. 네루는 저우언라이와의 회담 후 비동맹의 필요성을 다시 한 번 확신하고 반식민주의 성향이 강한 인도네시아와 접촉해 알리 사스트로아민지(Ali Sastroamidjojo) 총리를 초청하였다. 두 총리는 아시아, 아프리카 국가들의 모임에 대한 구체적인 논의에 들어가 1954년 9월 25일 공동성명을 발표하고 그해 12월 28~29일 인도네시아 보고르(Bogor)에서 콜롬보 회의 참가국을 재소집하여 아시아·아프리카회의의 준비를 위한 예비회담을 거친 후 최종적으로 아시아, 아프리카 30개국을 선별하여 초청하였다. 이로써 제2차 세계대전 이후 최초로 유색인종으로만 구성된 국제회의가 탄생했다.

1955년 4월 18일부터 24일까지 인도네시아 반둥에서 개최되었던 '아시아·아프리카회의'(AAC: The Asian-African conference)는 '반둥회의'(Bandung Conference)로 더 자주 인용되며, 세계 외교사에서도 중요한 위치를 점하고 있다. 반둥회의에는 세계 인구의 3분의 2를 차지하는 아시아, 아프리카 29개국에서 340명의 대표가 참가했다. 각국 언론사 특파원 655명이 반둥에 파견되어 회의의 진행현황을 세세히 기사화했을 정도로 세계적 관심이 집중된 자리였다. 아프리카는 이집트, 골드코스트(1957년 3월 6일 '가나'로 독립), 라이베리아, 리비아, 수단 5개국이 참가하였다. 영국 통치를 받았던 중앙아프리카연방(Central Africa Federation), 북로디지아(1964년 '잠비아'로 독립), 남로디지아(1980년 '짐바브웨'로 독립), 니아살랜드(1964년 '말라위'로 독립)는 영국의 강력한 반대로 불참하였다. 아프리카 참가국 중 독립국가의 수장으로서 실제 권력을 행사할 수 있었던 인물로는 이집트의 나세르(Gamal Abdel Nasser, 1918. 1. 15~1970. 9. 28) 총리가 유일하였다. 골드코스트는 국무성 장관, 에티오피아는 외교부 장관, 라이베리아는 국무장관, 리비아는 영국 주재 자국 대사를 파견하였고, 수단은 총리가 직접 참석하였지만 수도 하르툼(Khartoum)만 완전히 독립한 상태였을 뿐이었다.

반둥회의 이전까지는 중국과 아프리카 양측 간에, 소련의 후원으로 열리는 국제회의나 기구에서의 비공식 접촉을 제외하고, 외교적인 의미가 부여될 만한 공식적인 접촉이 전혀 이루어지지 않았다. 중국은 1951년 1월 이집트 카이로에서 열린 국제항공운송회의(IATA: International Air Transport Association)와 만국우편연합회의(UPU: Universal Postal Union)에 3명의 대표단을 파견한 것 이외에는 아프리카와 공식적 접촉을 시도하지 않았다. 이 두 회의는 정치적 영향력을 가진 회의가 아니었기 때문에 접촉이 이루어졌다고 해도 정치적으로는 큰 의미가 없었다. 게다가 중국은 아프리카에 관한 자국의 입장 표명도 없었다. 굳이 따져본다면 1950년 6월 〈인민일보〉(人民日報)를 통해 남아프리카 공화국의 말란(Daniel F. Malan)이 이끄는 아프리카백인민족당(Africaner Nationalist Party)의 반공정책과 인종차별 정책(*apartheid*)의 입법안에 대한 비난 논조의 사설을 한 차례 게재한 것이 유일하였다. 당시 마오쩌둥과 남아프리카공화국 북동부에 위치한 트란스발 주(州)의 '트란스발 인도의회'(TIC: Transvaal India Congress) 의장 유수프 모하메드 다두(Yusuf Mohamed Dadoo)가 교신했던 전보내용을 보면 남아프리카공화국에 정착하여 인종차별정책으로 불이익을 받는 소수 중국인의 입지를 우려한 마오쩌둥이 같은 처지에 놓인 트란스발 주의 인도인들과 뜻을 함께하기로 하고 지원을 약속했던 것을 알 수 있다. 이는 중국의 최고 권력자가 최초로 아프리카의 문제에 직접 관여한 사례로 기록된다. 이후 1952년 남아프리카인도인의회(SAIC: South African Indian Congress)는 전보를 통해 중국의 지원을 요청했으나 마오쩌둥이 약속한 지원은 제대로 이루어지지 않았고 저우언라이는 소수민족의 '연대'와 '협력'만을 언급한 답장을 보냈을 뿐이었다. 중국의 남아프리카공화국 지원은 레토릭(*rhetoric*)과 구호(口號) 수준에 머물렀고 반둥회의가 있기 전까지는 인종차별 및 반공정책에 대한 폐지 요구 등의 공식적인 추가 움직임이 전혀 없었다. 아프리카 또한 1953년 남아프리카공화국의 국민의회 회장 월터 시술루(Walter Sisulu)가 모스크바 국제청년축전(The World Youth Festival)에 참가한 후 귀국길에 중국을 한 차례 방문한 것을 제외하고는 전혀 접촉을 시도하지 않았다. 이를 반영하듯 당시 아프리카의 독립 4개국인 이집트, 라이베리아, 에티오피아, 남아프리카공화국 중 어느 한 국가도 중국을 공식적으로 승인하지 않고 있었다.

더욱이 중국은 아프리카 국가들의 반둥회의 참가유무보다는 아시아 24개국이 참가한다는 것에 더 의의를 두고 있었다. 이에 따라 저우언라이(총리 겸 외교부 부장)를 비롯해 천이(부총리), 황화(대변인), 예치추앙(외교무역부 부장), 장한푸(외교부 부부장), 황첸(인도네시아 주재 중국대사), 첸자이강(대표단 고문), 리아오쳉치(외교부 사무관), 자오관화(외교부 사무관), 양치징(공안부 부부장), 타푸성(무슬림 지도자), 왕초주(의정서 서기관) 등 대규모 대표단을 파견하였다.

파견단의 규모가 말해주듯, 지금까지의 주된 인식은 중국이 반둥회의에서 가장 중요한 역할을 담당했으며 회의를 성공적으로 이끌어 제 3세계의 주역으로 발돋움했다는 것이었다. '반둥회의에서 중국 외교가 대성공을 거두었다'고 강조하거나 '중국이 참가하지 않았다면 반둥회의는 의미가 없었다'는 연구결과까지 있을 정도다. 또 당시에 활동했던 미국 정치인들은 회고록을 통해 저우언라이의 활약상과 됨됨이를 높이 평가했다. 이처럼 중국의 외교사를 다룬 대부분의 연구는 중국의 반둥회의 참가와 회의기간 중 역할에 대해 큰 의미를 부여했으며 대체적으로 이에 동의하는 분위기였다. 그러나 이렇게 여론에 휩싸여 주목받던 주류(*mainstream*)의 연구를 면밀하게 따져보면 중국을 반둥회의에서 정확히 '주역'이라고 평가할 수 있을 만한 명백한 사례나 증거를 제시하지 못하고 있다는 것을 알 수 있다.

반둥회의라는 명목으로 아시아, 아프리카 국가들이 처음으로 한 장소에 모인 목적은 아시아와 아프리카 국가 간 친선과 협력을 촉진하고, 공동이익을 극대화하기 위해서이며, 또한 수 세기 동안 서유럽과 북미 제국주의 열강의 식민주의에 고통받아온 아시아, 아프리카 국가의 주권과 지위회복을 도모하고, 비동맹의 집결된 힘을 과시하기 위한 것이었다. 이는 반둥회의 의장을 맡은 인도네시아 수상 알리 사스트로아미지가 회의 첫날의 개회사에서 반둥회의의 목적과 의의를 강조해 언급한 내용이다. 다시 말해, 반둥회의의 중심에는 식민주의와 제국주의에 대한 적개심과 분노가 존재했다. 실제 각 위원회에서 논의된 의제도 대부분 식민주의, 제국주의에 대한 비판이 주류를 이루었다.

반면, 회의의 규모가 거대했던 만큼 국가 간의 파벌이 깊이 형성되었고 통일된 결론을 도출하는 데도 어려움이 뒤따랐다. 정치위원회 세력이 '반공 및 친서방그룹'인 파키스탄, 터키와 '비동맹 및 친공산그룹'인 인도, 중국, 이집트 두 갈래로 나뉘면서 치열한 논쟁이 벌어졌고 무엇보다 회의를 주최했던 콜롬보 그룹 자체가 '친서방'의 파키스탄, 실론과 '비동맹'의 인도, 버마, 인도네시아 두 그룹으로 분열되어 갈등과 반목이 심화되었다.

신화사(新華社) 통신의 1954년 11월 28일, 12월 30일 그리고 1955

1955년 4월 18일 반둥회의 개막을 선포하는 수카르노 인도네시아 대통령.
출처: 주이탈리아 인도네시아 대사관.

년 1월 5일자 기사를 살펴보면, 중국은 반둥회의에서 식민주의와 인종차별정책 등이 주요 의제가 될 것이라고 이미 예상했다. 그럼에도 불구하고 중국은 회의기간 동안 두 그룹 간의 반목을 약화시키거나 해결하는 등의 외교력을 전혀 발휘하지 못했다. 게다가 아시아, 아프리카 국가의 핵심의제에 관한 각국의 의견을 조율하는 데 어떠한 역할도 수행한 사례가 없었다. 참가국 간에 격론이 펼쳐졌던 중요한 의제에 대한 논쟁, 예를 들어 '소련의 동구권 지배를 서방세계의 아프리카와 아시아 식민지배와 동등한 선상에 두어야 할 것인지'에 대해서도 자국의 입장을 전혀 드러내지 않았다. 오히려 핵심의제에 관한 중요한 발언은 생략하거나 아예 발표하지 않는 경우가 대부분이었다. 관련문헌뿐만 아니라 당시 반둥회의를 취재한 각국 언론사(신화사 포함)의 기사에도 인종차별정책, 식민주의, 제국주의에 대한 중국정부의 강경한 입장을 전달한 기사는 존재하지 않는다.

식민주의나 인종차별정책에 대한 핵심의제에 관해서는 오히려 아랍연맹(Arab League), 인도 그리고 옵서버(*Observer*) 자격으로 참가한 남아프리카공화국의 모제스 코테인〔Moses Kotane, 10년 후 아프리카민족회의(African National Congress) 회장에 취임)〕과 마그레브〔Maghreb, 북아프리카 북서부(모로코, 알제리, 튀니지, 리비아를 포함)〕 지역의 대표들, 살라흐 벤 유세프(Salah ben Youssef, 튀니지 민족주의자, 정치가)와 모하메드 야지드(Mohammed Yazid, 4년 후 알제리 임시정부 대변인에 취임)가 적극적 이슈화를 시도하였다. 저우언라이를 비롯한 천이 부총리, 황화 대변인 등 중국 대표단 어느 누구도 반둥회의의 가장 중요한 의제를 다루는 이들에게 특별한 성명이나 지지발언을 하지 않았다. 반둥회의 기간 중국 대표단의 일거수일투족을 대서특필했던 신화사 통신의 기사에서조차 단 한마디의 언급도 없다는 것은 당시 중국의 외교정책 방향을 짐작할 수 있게 해 준다. 중국의 입장은 아프리카 국가의 격렬한 반응에 일반적으로 호응하는 수준에 머물렀던 것이다. 저우언라이의 인종차별정책에 대한 발언도, "중국은 언제나 모든 인종은 동등하다는 것을 존중해 왔다. 새로운 중국은 인종차별을 철저히 방지할 것이다"라는 지극히 원론적인 수준에 그쳤다. 또한 중국은 반둥회의 공동선언문 초안 작성이 완료된 후에도 여전히 참여의사가 없었으나 공산국가, 비동맹국, 반공국가의 구분 없이 28개국이 만장일치로 채택한다는 결정에 뒤늦게 참여하게 된다. 반식민주의와 반인종차별정책 자세를 취했음은 명백하지만 공식적인 지지나 성명은 발표하지 않았던 것이다. 당시 중국은 대만과 미국을 견제하기 위해 동남아 국가들과의 관계개선에 각별한 외교적 노력을 기울이고 있었다. 실제로 저우언라이는 캄보디아의 시아누크(Sihanouk)나 파키스탄의 수상 모하메드 알리(Mohammed Ali) 같은 아시아 대표들과 개인적 접촉을 자주 가졌고 아프리카 대표단과의 접촉은 매우 드물었다.

반둥회의를 평가한 미국의 시각뿐만 아니라 인도의 시각에서도 중국은 인도네시아, 인도, 이집트, 베트남, 골드코스트와 함께 언급되거나 비슷한 지명도를 갖고 있을 뿐 반둥회의를 성공적으로 이끌었다고 할 수 있을 만큼 특별하게 묘사되지는 않았다. 반둥회의에 관한 가장 오래된 연구에서도 참가국의 중요 인물을 나열할 때 수카르노 인도네시아 대통령, 네루 인도수상, 나세르 이집트 대통령, 골드코스트 총리 콰메 은크루마(Kwame Nkrumah) 순(順)이고 가장 마지막으로 언급되는 사람이 중국의 저우언라이 총리다.

당시 중국의 영향력이 어느 정도였는지는 다른 사례를 통해서도 확인된다. 예를 들어, 저우언라이가 반둥회의에 참가했던 모든 국가 대표를 정식적으로 중국에 초대했으나 오직 두 명의 이집트 대표단만 응하였고 나머지 국가는 냉담한 반응을 보였다. 초청을 수락했던 이집트 대표단마저 중국과 이집트의 무역과 문화교류에 관한 내용을 협의하기 위한 실무진이었지 정치와는 무관하였다. 또 반둥회의 직후 북아프리카와 아랍 참가국들과의 관계개선을 위해서도 외교적 노력을 기울였지만 기존 서방국가의 뿌리 깊은 영향력과 중국의 낮은 국제적 인지도 때문에 대상국의 호응은 저조했으며 관계개선에도 별다른 진척을 보이지 못했다. 이처럼 다양한 객관적 사실에 비추어 되새겨 본 중국은 반둥회의에서 옵서버 수준에도 미치지 못할 정도로 영향력이 미미했으며, 국가 인지도 측면에서도 '주역'과는 거리가 멀었다.

지금까지 기술한 사실을 바탕으로 반둥회의에서의 중국을 재조명해 보자면, 당시의 중국은 아프리카 국가를 중요한 외교대상으로 보지 않았다는 결론을 명확하게 도출할 수 있다. 중국은 다른 28개 국가의 공통적인 관심사와는 거리가 먼 미국과의 군사분쟁 해결을 위한 활동에 치우쳐 있었으므로 정작 반둥회의의 주요 의제를 따라잡기에 역부족이었다. 또한, 자국의 친소 일변도의 정책 때문에 반둥회의의 목적 중 하나인 서방 진영과 사회주의 진영 어느 쪽에도 속하지 않는 '비동맹'이라는 의제로부터 자유롭지 못했다. 1954~55년은 중・소 동맹의 '황금시대'(*golden age*)로 정치・경제・군사・외교 전 부문에 걸쳐 두터운 우호 관계를 유지하고 있었기에 중국이 다른 국가들처럼 소련을 비난한다는 것은 상상조차 할 수 없었다. 또한 반둥회의의 최종 공식 공동선언문에서도 알 수 있듯 서방의 식민주의와 미국의 신식민주의(*neocolonialism*) 뿐만 아니라 소련의 동구권 지배를 비난하는 주장도 담고 있었기 때문에 중국으로서는 운신의 폭이 매우 좁을 수밖에 없었다.

중국이 반둥회의의 주요 핵심의제와는 거리가 멀었다는 것은 불과 2년 후인 1957년 시작된 인도와의 국경분쟁으로도 알 수 있다. 중국이 인도와 맺은 평화 5원칙 및 반둥회의 평화 10원칙을 가장 먼저 휴지조각으로 만들어 버린 것이다. 수년간 지속된 국경분쟁은 결국 1962년 인민해방군과 인도군의 대규모 무력충돌로 이어졌다. 인민해방군은 인도군을 패퇴시키고 인도 북동부국경지역(NEFA: North East Frontier Agency)까지 깊숙이 침투해 22개 지역을 무력으로 점령하였다. 인도군은 전사자 1,383명, 포로 4천여 명, 실종자 1천 7백여 명이라는 심각한 피해를 입었다. 중국의 엄청난 배신은 네루 총리를 깊은 충격에 빠뜨려 중국을 신제국주의 및 팽창주의 국가라고 비난하고 자신의 정치신념이었던 비동맹노선을 포기하고서라도 미국에 대규모 군사지원을 요청하게 만드는 결과를 낳았다.

그도 그럴 것이, 당시 중국의 반둥회의 참가목적은 다른 국가들이 추구하는 근본적 핵심의제와 거리가 멀었기 때문에 주역으로서의 역할에는 한계가 있을 수밖에 없었다. 중국이 반둥회의에 참석하게 된 표면적 계기는 인도 네루 총리와의 회담과 초청이었으나 결정적 동기는 따로 있었다. 1953년 1월, 34대 미합중국 대통령에 취임한 아이젠하워(Dwight David Eisenhower, 1890. 10. 14~1969. 3. 28)는 한 달 후인 2월 의회 연설에서 "미국은 중국에 공격적인 자세를 취하지 않을 것이다"라고 언급했다. 아이젠하워는 1943년 제 2차 세계대전 유럽연합국 최고사령관, 1945년 미 육군 참모총장까지 지낸 철저한 군인이었음에도 전직 대통령 트루먼(Harry Truman, 1884. 5. 8~1972. 12. 26)이 대만에 전폭적인 군사지원을 했던 것과는 대조적인 출발을 보인 것이다.

아이젠하워 연설 직후 대만은 안보 불안감에 휩싸여 중국 본토와 가장 근접한 진먼(金門), 마쭈(馬祖)섬 그리고 다천(大陳) 군도에 무기와 병력을 증강했다. 그러나 이는 곧바로 마오쩌둥과 군 수뇌부를 자극하는 결과를 낳았다. 이미 1949년 10월 24~27일 진먼섬 상륙작전의 실패로 국민당군에 의해 인민해방군(PLA: People's Liberation Army) 1만 명이 전멸하다시피 한 사례가 있었기에 복수심에 불타는 군부로서는 더욱 민감하게 반응할 수밖에 없었다. 더욱이 진먼과 마쭈섬은 본토인 푸젠(福建)성에서 불과 9km밖에 떨어져 있지 않아 실로 눈엣가시 같은 존재였다.

결국 1954년 9월 3일 마오쩌둥은 진먼과 마쭈섬에 대한 공격 명령을 내렸다. 바로 '제 1차 대만해협 위기'의 시작을 알리는 포격이 시작된 것이다. 이에 앞서 1954년 8월 저우언라이는 공식 석상에서 중국 고유 영토인 푸젠성 연안의 섬들을 수복하기 위해 인민해방군이 나설 것이라고 언급하였고 "외부 방해자(미국)는 중대한 결과에 직면할 수도 있다"고 미국의 개입을 강력하게 경고했다.

그러나 미국의 대응은 매우 민첩하고 강력했다. 포격 시작 이틀 후인 9월 5일에 이미 미 7함대소속의 항공모함 3척, 순양함 1개 함대, 구축함 3척으로 구성된 지원군이 대만해협에 진입해 진먼섬 수 km 전방에서 대기하고 있었던 것이다. 이로써 중국의 공격은 아이젠하워 대통령의 대만정책에 변화를 가져와 같은 해 12월 국민당 정부와 상호방위조약(Mutual Defense Treaty)을 체결하여 대만을 결코 포기하지 않겠다는 의지를 천명하였다. 또 아이젠하워는 미 의회에 군사력을 동원해 대만과 부속도서를 방어할 수 있는 권한을 요청하였다. 미 의회는 초당적으로 매우 발 빠르게 움직여 1955년 1월 29일 하원에서 찬성 410 반대 3, 같은 날 상원에서 찬성 83 반대 3으로 '포르모사 결의안 137'(Formosa Resolution 137)을 통과시켜 아이젠하워의 요구를 수락하였다. 게다가 상원은 동남아시아조약기구를 동원해 연합작전을 펼 수 있는 권한까지 부여해 주었다.

중국 또한 미국의 군사력 동원 등 일련의 움직임에도 불구하고 진먼섬을 마주한 해안선을 따라 전투기 이착륙이 가능한 공항건설에 착수하였고 포격과 무인도를 포함한 펑후(澎湖) 군도의 상륙작전을 실행에 옮기는 등 공격의 고삐를 늦추지 않았다. 또 1954년 1월에는 전투기 1백여 대와 인민해방군 10개 사단을 증원하는 등 대만의 미국 군사력 동원을 무색하게 만들었다. 다만 중국은 진먼과 마쭈섬에 수만 발의 포격을 가하면서도 미국 함정에만은 포탄이 떨어지지 않도록 극도로 신경 쓰며 미국과의 직접적 충돌은 기피하였다.

1954년 2월 UN 안전보장 이사회에서는 저우언라이를 초청해 포르모사 문제 해결방안을 논의하려고 했으나 중국이 참석을 거부함으로써 논의를 포기했다. 미국은 진먼과 마쭈섬에 미군을 상륙시켜 방어하는 전략을 고려했으나 국무장관 덜레스(John Foster Dulles)에 의해 보다 효과적인 방안이 제기되었다.

1955년 3월 6일 극동방문을 마치고 돌아온 덜레스는 아이젠하워에게 대만해협의 상황이 호전되지 않고 있으므로 '과감한 결단'이 필요하다고 제언하였다. 즉, 핵미사일의 사용을 권고한 것이다. 아이젠하워는 덜레스의 제안에 동의했고 3월 8일 덜레스가 TV 기자회견에서 미 행정부가 핵미사일 사용을 고려하고 있다는 것을 의도적으로 누설하도록 지시했다. 또 아이젠하워 자신도 3월 16일 기자회견을 통해 "총알이나 다른 것을 사용하는 것처럼 원자탄 또한 사용하지 말아야 할 아무런 이유가 없다"고 밝혔다. 2000년 이후에 해제된 미 국무성 비밀자료에 의하면 아이젠하워는 실제로 핵무기를 사용할 의도가 전혀 없었을 뿐만 아니라 국방부의 강력한 핵무기 사용 요청에도 끝까지 반대했던 것으로 나타났다. 아이젠하워가 원했던 것은 단지 언론 플레이를 통해 중국이 핵전쟁도 불사하려는 미국의 강력한 의지와 결심을 두려워하길 바랐던 것이다.

미국이 원자탄 사용 가능성을 언급한 직후 마오쩌둥은 급히 전보를 통해 소련의 지원을 요청했으나 흐루시초프는 소련의 핵우산 범위를 '중국 본토가 침공당하는 경우'로만 한정시키고 대만 및 미국과의 충돌 시에는 핵우산 지원이 포함되지 않는다고 못 박았다. 다급해진 중국은 미국 핵무기 위협의 부당함을 국제사회에 알림으로써 국제적 비난여론을 형성하여 난국을 극복하기 위해 동남아시아 국가의 지지가 필요하다고 판단, 반둥회의에 대규모 대표단을 파견한 것이었다. 그러나 앞서 거론하였다시피 반둥회의의 핵심의제는 반식민주의, 반제국주의, 반인종차별주의였던 까닭에 중국은 별다른 성과를 거두지 못하였고 오히려 회의에 크게 실망하였다. 저우언라이는 회의 참가국의 도움에 대한 기대를 접고 결국 반둥회의 폐막 하루 전인 4월 23일 반둥에서 "중국은 미국과의 전쟁을 원하지 않으며 협상을 통한 문제해결을 강조한다"는 성명을 발표, 5월 1일 진먼과 마쭈섬에 대한 포격을 멈추었다. 아이젠하워의 엄포가 실제로 효과를 발휘한 것이다. 덜레스는 저우언라이의 제안을 받아들여 휴전에 관해 협상하기로 합의하였다. 저우언라이의 미국과의 협상제안 이후 중국은 포격만 멈춘 것이 아니었다. 1954년 11월 22일 6·25전쟁 중 포로로 잡혀 중국 법원에 의해 간첩혐의로 유죄판결을 받아 수감됐던 미 공군 조종사 11명도 송환하였다. 그러나 1955년 8월 폴란드 수도 바르샤바(Warszawa)에서 폴란드 주재 중국 대사와 체코슬로바키아 주재 미국 대사 사이에 진행된 휴전 협상에서 중국은 "포르모사는 중국 내부 문제일 뿐 국제적으로나 UN이 관여할 문제가 아니다"라고 강조함으로써 협상은 실패하였고 결국 1958년 '제 2차 대만해협 위기'로 불이 옮겨 붙게 된다.

중국이 비록 반둥회의를 통한 근본적인 목적인 미국의 핵위협에 대한 비난여론 형성 달성에는 실패하였지만, 당시 제 3세계의 중심 국가였던 이집트와의 공식적인 만남을 통해 예상 외의 큰 성과를 얻을 수 있었다. 이집트야말로 실제 반둥회의의 '주역'이었기 때문이다. 인도의 끈질긴 초청으로 참가했던 이집트는 아프리카에서 가장 강력한 독립국가이자 아랍의 맹주로서 아랍국가연맹(League of Arab States)을 이끌고 있었다. 반둥회의 전체 29개 참가국 중 11개국이 무슬림 국가였고 8개국이 아랍연맹 소속이었으며 아랍연맹의 사무총장 또한 이집트인이었으니 이집트의 영향력은 거의 절대적이라고 할 수 있었다.

이집트가 반둥회의의 주역이었다는 가장 결정적 증거는 역사적인 제 1회 '아시아·아프리카 인민연대회의'(AAPSC: Afro-Asia People's Solidarity Conference)가 수도 카이로에서 개최되었다는 사실이다. 이집트는 소련의 AAPSC 참가 가부(可否)를 결정할 정도의 영향력을 발휘할 수 있었다. 제 3세계의 중심 국가가 아니었다면 불가능한 일이다.

중국이 반둥회의 기간 중 이집트와의 관계 진척을 위해 적극적인 노력을 기울였던 것에서도 이집트의 영향력이 어느 정도였는지 가늠할 수

반둥회의에서 환담을 나누는 저우언라이(왼쪽)·수카르노·나세르.
출처: 국제연대운동(ISM: International Solidarity Movement).

있다. 이집트가 중국의 요청을 받아들여 반미 프로파간다(*propaganda*)를 지지해 준다면 많은 국가들이 반미 핵위협 비난여론 형성에 뒤따라 동참해 줄 것으로 예상하고 이집트와의 접촉에 공을 들였던 것이다.

저우언라이 총리와 이집트 나세르 수상의 대면은 중국 외교사에서도 큰 비중을 차지한다. 반둥회의에서 시작된 두 대표의 만남은 중국과 이집트의 경제, 문화 교류를 촉발시켰고 8개월 후 중국무역대표 사무소의 카이로 개설과 1956년 5월 30일 맺게 되는 양국 수교의 기초 토대가 되었기 때문이다. 즉, 중국에게 반둥회의란 아프리카와의 최초의 '공식 접촉'이라는 점과 중국의 대 아프리카 정책의 '시발점'이라는 점에서 가장 큰 의의가 있다.

3. 아프리카와 첫 수교 - 이집트

1955년 이전, 중국은 아프리카와 정치적으로는 왕래가 없었지만 경제적으로는 초소규모의 무역거래가 있었다. '초'라는 수식어를 붙일 수밖에 없는 이유는 중국의 수출품이라고는 차(茶)가 대부분이었고 수출지역마저 이집트와 마그레브지역에 한정되었기 때문이다. 본격적인 무역관계는 반둥회의 이후 이집트에서부터 시작되었다.

이집트의 수출품목 중 세입의 80%는 면화가 차지하고 있었다. 1955년 풍년으로 면화 수확량이 기대 이상으로 증가했지만 세계 시장가격은 대폭락을 거듭하여 수출길이 막혔고 이집트 정부는 경제적으로 큰 타격에 직면하였다. 반둥회의에 참석했던 나세르는 이집트의 상황을 저우언라이에게 털어 놓았고 저우언라이의 답변은 간단 명쾌했다. "중국 인민이 2인치씩만 옷을 크게 지어 입으면 쉽게 해결될 문제다." 저우언라이의 말 한마디는 곧 현실로 옮겨져 2개월 후인 1955년 7월, 중국은 이집트를 돕기 위해 긴급히 2,450만 달러가량의 면화를 수입했다. 이것은 단일 규모로는 이집트 면화 수출사상 가장 큰 거래라는 기록을 남겼는데, 이것은 단순한 기록 그 이상의 의미를 갖고 있었다.

1955년 이집트는 세계 6위(2%)의 면화 생산량을 차지했다. 하지만 중국은 미국(32%), 인도(19%)의 뒤를 잇는 세계 3위(9%)의 면화 생산대국이었다. 따라서 중국의 면화수입 결정은 경제적인 득실보다는 아프리카·중동 지역의 교두보 확보라는 정치적 목적이 깔려 있었다고 볼 수 있으며 그 결과는 성공적이었다. 면화수입 결정 이후, 한 달이 채 지나지 않은 1955년 8월 22일 이집트 무역 대표단의 베이징 방문이 이루어졌고 아프리카 국가와 최초로 최혜국(最惠國) 대우의 무역협정을 맺게 되었다. 중국은 이를 계기로 같은 해에 시리아(1955년 11월 30

일), 레바논(1955년 12월 31일)과도 최혜국대우의 무역협정이라는 결실을 맺는 데 성공했다. 이집트를 위한 중국의 파격적인 무역거래는 이뿐만이 아니었다. 1955년 8월 22일 중국은 자국의 제 1차 경제개발 5개년 계획 달성을 위해 국내 물량 확보가 필수적이었던 강철을 무려 6만 톤이나, 그것도 세계시장에서 거래되는 가격보다 20% 저가로 이집트에 수출하기도 하였다.

중국의 지원공세에 이집트는 1934년부터 지속된 대만과의 외교관계를 유지하면서 중국에 영사관계를 제안하였다. 저우언라이는 "이것은 두 개의 중국을 '사실상의 승인'(*de facto recognition*)하는 것으로써 수락하기 어렵다"고 거절의사를 밝혔으나, 대신 카이로의 중국무역대표사무소는 개설하기로 합의하였다. 1956년 1월 카이로에 중국무역대표사무소가 공식적으로 개설되자 중국은 곧바로 문화교류(1955년 반둥회의 이후 5월 31일 문화교류협정을 맺음)에 박차를 가했다. 중국인 무슬림단체 대표들이 포함된 중국기예단을 카이로에 파견해 이집트인들의 넋을 빼놓을 정도의 화려한 공연을 펼쳤고 나세르가 직접 관람하기도 했다. 이후 저널리스트, 중국어 교사 등의 왕래와 함께 중국의 다양한 예술단체 대표들이 이집트의 관련단체와 지속적으로 접촉하면서 영화, 전시회, 각종 이벤트와 공연을 비롯해 활발한 문화교류가 이루어지기 시작했다. 현재의 시각으로 본다면 최초의 대 아프리카 소프트 파워(*soft power*)였던 셈이다. 이 같은 문화교류는 중국도 예상치 못할 정도로 급속도의 파급효과를 낳아 수단, 모로코, 튀니지, 에티오피아에서도 앞다투어 중국기예단을 초청하고 다양한 문화교류를 희망해왔다.

아프리카에서 존재 의미조차 없었던 중국은 무역과 문화교류에 힘입어 점차 인지도를 높여가기 시작했다. 특히 나세르가 서구열강들을 견제하기 위한 유일한 대안으로 삼았던 소련 이외에 중국이라는 새로운 카드를 활용하면서 1956년 이집트를 둘러싼 복잡한 국제정치 조류는 중국의 중요성이 부각되는 계기를 만들었다. 나세르가 카이로의 중국 무역대표사무소 개설 불과 5개월 만인 1956년 5월 30일 대만과의 단교 조치를 단행하고 중국과의 국교수립을 강행한 것이었다. 영국의 반발은 말할 것도 없었고 미국은 무기, 차관제공 프로세스를 즉시 중단하며 공식적인 비난 성명까지 발표하였다.

양국의 수교는 중국의 외교사에서도 역사적인 사건으로 분류된다. 중국에게 이집트와의 수교는 크나큰 외교적 승리로 귀결되기 때문이다. 먼저 1950년 4월부터 시작된 미국의 봉쇄정책(*Containment policy*)에 의한 6년간의 외교적 고립에서의 탈피를 의미했다. 1950년 이후 중국은 미국의 봉쇄정책으로 인해 네팔(1955년 8월 1일)을 제외하고 전 세계 어떤 국가와도 외교관계를 수립하지 못하는 외톨이 신세였다. 이집트가 공식적으로 대만의 국가 정통성을 부정하는 첫 번째 아프리카 국가가 되었다는 점도 중국에 큰 의미를 남겨주었다. 이집트와의 수교는 또한 아프리카 국가와의 첫 국교수립이라는 '상징성'과 아랍세계의 중심국가인 이집트를 통해 중동으로의 '진출로'를 함께 확보했다는 것을 의미했다. 중국이 아프리카와 아랍세계로 통하는 데 이집트는 더할 나위 없이 좋은 출입구 역할을 할 수 있었기 때문이다. 이를 증명하듯 중국은 수에즈 위기(*Suez crisis*)를 거치면서 가나, 나이지리아, 튀니지, 리비아, 탕가니카, 에티오피아와 연이어 무역관계를 수립했다. 또한 1956년 11월 중국의 UN 가입 안건에 관한 논의를 연기하자는 미국의 제안에 이집트, 시리아, 예멘이 처음으로 반대표를 던졌다. 이들 3개국의 반미 행보는 중국에게 아프리카와 중동의 중요성을 절실하게 깨닫게 하는 계기가 되었다.

이집트 입장에서도 미국과 영국 등 서방세계로부터 매서운 질타를 받으면서까지 중국과의 외교관계를 수립한 데 나름의 몇몇 중요한 동기가 작용했다. 먼저 제 1차 중동전쟁(1948. 5. 14~1949. 1. 7)이 발발하자 UN은 1948년 5월 중동지역에 무기 금수조치를 도입하였다. 이집트는 만약 소련이 UN의 조치에 참여하게 될 경우 소련을 대체하여 무기를 공급해 줄 수 있는 국가가 필요했는데 중국이 안성맞춤이었다. 특히 1956년 4월 18일 영국을 공식 방문한 흐루시초프가 "소련 정부는 금수조치를 검토할 것이다"라고 언급한 바람에 이집트는 소련을 대신할 새로운 무기공급처 물색에 더욱 다급해져 있었다. 또 이스라엘이 프랑스에게 비밀리에 무기를 대거 공급받아 군비증강에 가속도를 내고 있는 상황에서 이집트는 중국이라는 카드에 기대를 걸 수밖에 없었다.

나세르는 소련이 금수조치에 참여하더라도 분명 상당량의 소련 무기를 중국을 거쳐 공급받을 수 있을 것이라고 굳게 믿었다. 소련이 중국에조차 무기공급을 중단하는 최악의 경우라도 중국이라면 독립적으로 무기를 공급해 줄 것이라고 판단했던 것이다. 그러나 당시 중국은 무기 종류와 질적 수준이 저급했으며 미국이나 소련처럼 방위산업이 발달하지도 않았다. 나세르는 중국이 미국과 한반도에서 전쟁을 치렀고 인도차이나전쟁을 승리로 이끌었다는 전력을 과대평가했던 것이다. 나세르는 중국의 군사적 측면을 맹신해 첫 주중 대사로서 외교전문 관료가 아닌 군비 및 군사산업 책임자인 전쟁부 차관(Deputy Minister of War) 하산 라갑(Hasan Ragab) 장군을 임명하였을 정도였다.

이집트가 중국과 수교를 강행한 또 다른 동기는 중국과 이집트 사이에서 이미 호황에 접어든 무역관계를 더욱 강화시키고자 하는 희망 때문이었다. 무엇보다도 바터무역(*barter trade*)을 통해 자국의 면화와 중국의 강철을 보다 많이 교환하기를 원했다. 또한 이집트가 공산주의 국가인 중국을 국교 상대국으로 승인한 것은 앞으로 국제외교무대에서 중

1956년 9월 17일 마오쩌둥과 주중 이집트 대사 하산 라갑의 환담.
출처: 주이집트 중국 대사관.

립적 정책을 펼치겠다는 강력한 의지를 표명한 것이나 다름없었다. 반둥회의 참석 이후 13개월 동안 나세르는 초강대국의 음모와 패권확장으로부터 자유로워질 수 있는 비동맹에 더 많은 관심을 쏟았다. 이미 영국과 서방세계에 대한 환멸에 치를 떨고 소련에 대한 의구심이 증폭하던 상황에서 나세르는 스스로 제 3의 파워를 구상했다고 볼 수 있다. 즉, 이집트가 '아프리카 · 아시안 블록'의 후원자로서 독립적인 외교정책을 펼치는 데 중국과의 외교관계 수립이 큰 역할을 할 것이라고 믿었던 것이다. 마침 미국의 입장에서 가장 다루기 까다로운 국가가 바로 중국이었기 때문에 이집트가 중국과 수교를 맺으면 차후 미국을 상대하는 데 협상카드(*bargaining chip*)로써 유용할 것이라는 판단을 내린 셈이다.

반둥회의 참석을 위해 1955년 4월 랑군(Rangoon) 공항에 도착한 나세르는 저우언라이의 영접을 받았다. 랑군에서의 두 차례 만남을 통해 나세르는 저우언라이에게 '이집트와 중국의 수교'라든지 '중국의 UN 가입 지지' 등의 정치적 문제는 논의대상에서 제외하겠다고 못 박았다. 저우언라이는 이에 동의하였고 반둥회의에서조차 양국은 정치문제를 거론하지 않았다. 그럼에도 불구하고 반둥회의에서 시작된 중국과 이집트의 단순한 접촉이 문화교류와 경제관계로 파급되어 1년여 만에 수교까지 이어진 과정은 경제논리가 배제되고 이념적, 정치적 논리만 통용되었던 당시 냉전시대의 특징을 잘 반영하고 있으며, 정치학적으로도 주목할 만한 중요 사례라고 할 수 있다.

4. 수에즈 위기 - 나세르의 새로운 피라미드

이집트는 1922년 아프리카에서 가장 먼저 독립에 성공한 국가였지만 정치 시스템은 개선되지 않은 채 입헌군주제가 유지되었고, 영국군대의 주둔도 지속되었다. 1936년 '앵글로 · 이집트조약'이 체결된 후에야 수에즈 운하 지역에 주둔하고 있던 1만 명가량의 영국군대가 모두 철수하였다. 그러나 제 2차 세계대전을 거치면서 영국의 중동본부가 카이로에 설치되었고 자연스럽게 영국군대의 재주둔이 이루어졌다. 따라서 이집트는 정치 · 경제 · 외교 · 국방 등 전 부문에서 영국의 강력한 영향력을 벗어나지 못했다. 영국의 폭정과 무하마드 알리 왕조(Muhammad Ali Dynasty, 1805~1952)의 마지막 국왕 파루크 1세(King Farouk I)의 정치적 무능, 그리고 제 1차 중동전쟁의 쓰라린 패배로 이집트란 국가가 영국의 꼭두각시에 불과할 뿐 국정능력이 전혀 없다는 사실이 표면화되면서 민심과 군부의 이반이 극에 달하였다.

1952년 7월 23일 나세르와 나기브(Muhammad Naguib) 장군이 이끄는 민족주의자들의 단체인 '자유장교단운동'(*Free Officers Movement*) 90명은 기어코 쿠데타를 일으켰다. 반왕정, 반제국주의, 반부패 등의 기치를 내걸고 시도한 무혈혁명이었고 단 두 명의 사상자만 발생했을 뿐이었으며 파루크 1세를 축출하는 데도 성공하였다. 자유장교단은 혁명지휘위원회(RCC: Revolutionary Command Council)를 구성하고 8월 27일 가장 먼저 토지개혁법을 발표하였다. 또 12월 10일 헌법 폐지, 1953년 1월 정당을 해산시켰다. 쿠데타 성공 후 1년이 채 지나지 않은 6월 18일 이집트는 공화국임을 선포하고 나기브는 초대 대통령 및 총리(1953. 6. 18~1954. 11. 14)를 맡았으며, 나세르는 부총리와 내무부 장관직을 겸임하였다. 그러나 자유장교단을 결성하고 쿠데타를 성공시킨 실세였던 나세르는 1954년 나기브를 대통령직에서 물러나게 하고 가택에 연금시킨 후 본인이 총리직을 차지하였으며 결국 1956년 6월 23일 대통령 선거에 단독 후보 출마하여 99.95%의 지지율로 당선되었다. 나세르의 국정운영 목표는 뚜렷했다. 첫째, 영국의 영향력으로부터 완전한 독립을 이루는 것, 둘째, 이집트군의 현대화를 통해 이스라엘을 해체시키는 것, 셋째, 나일강 계곡에 새로운 댐을 건설해 경제발전에 도움이 되도록 하는 것이었다.

한편, 이집트의 혁명 성공에 가장 깊은 우려와 민감한 반응을 보인 국가는 당연히 영국과 미국이었다. 영국의 입장에서 이집트는 영 연방 국가들 간의 석유자원 공급 통로로써 매우 중요한 의미가 있었다. 특히 수에즈 운하를 통과해 들여오던 거의 공짜에 가까운 이라크 석유는 영국경제의 근간이었다. 또 영국 본토, 지중해, 중동, 인도, 말레이시아, 호주, 극동으로 연결된 해상 무역통로로써의 기능에도 문제가 빚어질 수 있었다. 영국이 이집트 혁명으로 무엇보다 우려했던 부분은 소련의 중동진출이 확실히 되는 시점에서 혁명세력이 친소련 노선을 선택할 경우 석유 수송로가 잠재적 위협에 빠질 수도 있다는 가능성이었다.

미국 또한 영국과 크게 다르지 않은 이유로 이집트의 국내 정세를 주시했다. 서방국가들의 중동 석유 의존성은 점차 높아지고 있는데 소련은 이를 훤히 꿰뚫고 확장정책으로 점차 이집트에 접근했으므로 아랍의 맹주인 이집트에 대한 트루먼과 아이젠하워 행정부의 관심이 최고조에 달해 있을 수밖에 없었다. 미국은 중동을 대표하는 이집트가 반공주의 노선을 선택하기만을 절실히 바랐던 것이다. 이를 반영하듯 당시 백악관에 제출된 국무성, 국방성의 각종 보고서와 기밀서류에는 "이집트 군사정부와 유대강화를 실시하지 않을 경우 미국이 중동에서 전략적 취약성(*strategic vulnerability*)에 빠질 것"이라는 경고가 빠지지 않았다. 또 이집트 주재 미국 대사 캐퍼리(Jefferson Caffery)는 자유장교단운동의 쿠데타 성공 직후 나기브 장군과 접촉하는 등 신군부의 대외정책 파악에 전력을 다했다. 정보부서의 움직임도 빨랐다. 미 국무장관 덜레스의 친동생인 CIA 국장 알렌 덜레스(Allen Welsh Dulles)는 부임 이후 가장 규모가 큰 작전들을 시도하기 시작했다. 예를 들어, 자유장교단운동의 쿠데타 성공 직후 가장 먼저 자체적으로 지원방안을 논의하고 중동 비밀작전의 총책임자인 루스벨트(Kermit Roosevelt)를 카이로에 급파해 나세르 및 혁명지휘위원회와 접촉하게 했다.

혁명지휘위원회는 이집트가 제 1차 중동전쟁에서 열악한 무기체계 때문에 패배했던 쓰라린 경험을 되풀이하고 싶지 않아 미국에 첫 번째 요구로써 군사적 지원을 제시하였고 여기에는 '전투기 대대'(20대)도 포함되었다. 분명히 무리한 요구였음에도 불구하고 미국 대사 캐퍼리는 혁명지휘위원회와 양해각서를 체결하였다. 이러한 노력의 결과로 캐퍼리는 1952년 8월 워싱턴에 보고한 전문에서 "이집트 신군부의 기류는 점점 친서방 쪽으로 기울고 있다"는 긍정적인 메시지를 전할 수 있었다.

그러나 미국, 영국과 혁명지휘위원회 간의 정상화 관계 경로에는 두 가지 큰 걸림돌이 놓여 있었다. 첫째, 수에즈 운하 근처에 산재한 영국의 군사기지였다. 반제국주의 성향이 강한 혁명지휘위원회는 자국에 주둔한 외국군대의 철수를 줄기차게 요구했다. 둘째, UN의 무기 금수 조치와 미국 내 유대인들의 강력한 로비 때문에 이집트의 요구대로 무기를 제공하기 어려운 상황이었다는 것이다. 그리고 1949년 "아랍-이스라엘 간의 충돌과 관련되는 모든 국가에 무기를 팔지 않는다"는 미국, 영국, 프랑스 간의 삼국협정(Tripartite Agreement)도 문제였다.

이집트의 끈질긴 요구 끝에 첫 번째 걸림돌은 해결되었다. 1954년 10월 19일 나세르와 영국 외무부장관 앤소니 너팅(Anthony Nutting) 간에 맺어진 앵글로·이집트협약에 따라 이집트 내 9만 명 규모에 달하는 모든 영국군대를 1956년 6월까지 철수 완료하기로 하였다. 다만 영국 선박이 수에즈 운하를 자유롭게 항해할 수 있어야 한다는 조건과 운하를 위협하는 요소가 발생할 때는 영국군대를 재배치할 수 있다는 조건을 추가하였다.

하지만 두 번째 걸림돌인 무기공급 건은 쉽게 해결될 기미가 보이지 않았다. 오히려 미국의회는 1954년 '상호안정보장법'(Mutual Security Act)을 제정해 미국에게 원조받은 무기는 오직 합법적인 방어와 국내의 안보문제에만 사용될 수 있으며, 국제적 공격용도로는 불허하도록 무기원조수혜국에 명백한 확약을 요구할 수 있다는 조항을 삽입해 놓았다. 이것은 삼국협정과 같은 조건으로 무기를 지원받는 국가들로서는 수용하기 어려운 조항이었다. 또한 미국의회는 미국의 무기는 군사고문단(MAAG: Military Assistance Advisory Group)과 함께 지원되어야 하며, 군사고문단에 훈련뿐만 아니라 무기원조수혜국들이 약속을 잘 이행하는지 감시하는 임무도 함께 부여했다. 게다가 미 행정부는 무기 제공에 더 많은 조건을 달았다. 예를 들어, 미국이 주도하는 군사블록에 참여하도록 강제한다든지, 특히 이스라엘에 대항해 무기를 사용하지 않을 것을 종용하는 등 이집트가 받아들이기에는 무리가 따르는 조건들이었다. 미국은 결국 차선책으로, 무기구입에 사용할 수 있는 금액을 5백만 달러로 제한하고 나머지 금액을 모두 경제개발에 사용할 수 있도록 총 4천만 달러를 제공하겠다고 제안했다. 그러나 나세르는 무기구입을 위한 금액이 터무니없이 적다고 여겨, 지원금 4천만 달러는 모두 경제개발에 사용할 것이며 단 1달러도 무기구입에는 사용하지 않을 것이라고 주장했다. CIA는 나세르를 설득하기 위해 3백만 달러의 현금을 밀반입해 제공하였으나, 나세르는 이 돈을 카이로 중심에 있는 라디오타워 건설에 사용해 버렸다. 결국 미국으로부터 무기공급이 제대로 이루어지지 않는 상황이 3년 이상 지속되면서 이집트는 무기구입을 위해 프랑스, 벨기에, 스웨덴과 동유럽을 샅샅이 뒤지기 시작했다.

1955년 2월 28일 가자지구에 침입한 이스라엘군에 의해 자국 군인 38명이 사망하자 나세르의 분노는 극에 달했고 2,700만 달러 상당의 무기를 미국에 급히 요청했으나 거절당했다. 이는 나세르가 곧바로 소련과 접촉하게 만드는 결정적 계기가 되었다. 나세르는 4월 6일 전쟁부차관 하산 라갑을 카이로 소련 대사관 무관(Military attach)에게 보내 무기공급 가능성을 타진하기에 이른다. 정확히 6일 후 소련은 이집트에 무기를 공급하기로 결정하고 9월 12일 양국은 무기협정을 맺었다. 다만 소련이 UN의 금수조치와 서방세계와의 불필요한 마찰을 피하기 위해 직접 무기를 제공하지는 않고 체코슬로바키아를 통해 미그(Mig-15) 전투기 15대, 탱크 150대, 잠수함, 군함까지 포함된 무려 2억 5천만 달러에 달하는 무기를 공급하기로 약속했다.

이집트의 소련무기 구입 소식은 이스라엘을 전쟁준비 상태로 몰아넣었고, 중동에서 소련의 영향력이 축소되길 간절히 원했던 미국과 영국을 충격에 빠뜨렸다. 이는 단순한 무기공급 수준을 넘어 소련의 실질적인 첫 번째 중동진출 성공을 의미했기 때문이다. 미국과 영국은 신속히 이집트를 친서방 노선으로 다시 돌려놓기 위해 무기 대신 나세르와 이집트 국민의 숙원사업이었던 나일강 상류 댐 건설에 드는 비용을 지원하기로 하였다. 1955년 12월 16일 세계은행(World Bank)은 아스완 하이댐(Aswan high dam) 건설을 위해 2억 달러의 차관을 5.5%의 이자율을 적용해 기꺼이 지원하기로 했다. 여기에 미국과 영국은 무상원조 7천만 달러와 함께 공사 진척상황에 따라 추가로 1억 3천만 달러의 차관을 더 지원해주기로 하였다.

그러나 1956년 5월 이집트가 중국과 수교를 맺자, 7월 18일 미국의회는 이집트에 차관 지원거부 결정을 내렸고 19일에는 미 국무장관 덜레스가 노골적인 불쾌감을 표시하며 “이집트는 강대국을 상대로 위험한 게임을 펼치고 있다”며 아스완 하이댐 지원계획을 전면 중단한다고 발표하였다. 나세르는 이에 대한 반발로 7월 26일 아스완 하이댐 건설비용을 충당하겠다는 명분으로 수에즈 운하를 운영하던 앵글로·프렌치 수에즈회사(Anglo-French Suez Canal Company, 본사는 파리에 위치)의 국유화를 선포하는 동시에 소련의 댐 건설지원 제안을 받아들였다. 소련의 아스완 하이댐 건설지원 제안은 이미 1954년 1월 이집트 무기구매사절단 대표 라잡(Rajab)이 모스크바를 방문할 때 이루어진 것이었다. 당시 라잡은 무기구입을 위해 동유럽 구석구석을 뒤지고 있었고, 소련은 이집트에 대한 경제지원에 ‘무제한’이란 단어를 서슴없이 사용할 만큼 중동 진출을 열렬히 갈망하던 터라 양국의 이해관계가 정확히 일치했다. 나세르는 서방진영에게 지원을 받으면서도 소련이라는 대체 카드를 수년간 숨겨왔던 것이다.

당시 수에즈 운하는 매우 중요한 국제무역 통로였고 면화를 제외한 이집트 정부의 주요 수익원이기도 했다. 수에즈 운영회사가 거두어들이는 연간 통행료 수익만 5천 1백만 달러에 육박했을 정도였는데 회사는 이 중 1천 7백만 달러를 이집트 정부에 지불하고 나머지 3천 1백만 달러를 가져갔다. 매일 운송되는 석유량만 약 150만 배럴(*barrel*)에 달했고 그중 120만 배럴이 모두 서유럽행이었으며, 이는 서유럽 전체 석유공급의 약 3분의 2에 해당하는 엄청난 양이었다. 게다가 운하를 통과하는 선박의 3분의 1은 영국 소유였으며, 4분의 3은 나토국가들의 소유였다. 반면 미국선박의 통행은 전체 순 톤수(*net tonnage*)의 오직 2.7%에 불과해 다른 국가들에 비해 상대적으로 매우 적은 편이었다. 차후 미국이 무력사용을 자제한 이유 중 하나도 다름 아닌 운하를 이용하는 자국선박이 매우 적었기 때문이었다.

영국과 프랑스는 즉각적으로 나세르의 결정에 비난을 쏟아냈고, 운하의 통제권을 수에즈회사에 귀속시켜야 한다고 압박했다. 당시 영국과 프랑스의 석유 비축분이 각각 고작 6주와 5주에 불과했던 것으로 보아 나세르의 수에즈 운하 국유화 시도는 양국이 전혀 예측조차 하지 못했던 결과임을 알 수 있다. 수에즈 운하 국유화 선언 후 영국수상 에덴(Anthony Eden)이 아이젠하워에게 보낸 첫 전신에도 영국의 다급함이 그대로 나타난다.

> 보시다시피 이집트에 대한 경제적 압력으로는 우리의 목표를 달성하기가 어렵습니다. 지금 즉각 이집트가 깨달을 수 있을 만한 최대한의 정치적 압력을 가해야 합니다. 나와 동료들은 우리가 무력을 사용할 준비가 되었다는 확신을 나세르가 느낄 수 있도록 해야 한다는 것에 최종적으로 동의하였습니다.

에덴 수상의 전신을 읽은 아이젠하워는 가장 먼저 국무장관 덜레스

1956년 7월 26일 수에즈 운하의 국유화를 선포하는 나세르.
출처: 수에즈 운하 공사(SCA: Suez Canal Authority).

를 런던에 급파하였다. 영국의 무력사용 가능성을 완화시키고자 수에즈 운하 국제운영위원회 개최를 추진하도록 하기 위해서였다. 1956년 8월 16일 런던에서 개최된 첫 수에즈 운하 국제운영위원회에는 총 25개국이 참석하였다. 여기에는 1888년 '전 세계 어떤 국가의 선박도 수에즈 운하를 자유롭게 이용할 수 있다'는 합의가 이뤄졌던 콘스탄티노플조약(Constantinople Convention) 참여국과 주요 운하 사용국이 포함되어 있었다. 9월 3일, 호주 수상 멘지스(Robert Menzies)는 국제운영위원회 회담에서 18개국이 승인한 '수에즈 운하 사용 국가연합'을 창설해 운영을 맡기자는 제안을 갖고 이집트를 방문하였다. 그러나 나세르는 6일 만에 이 제안을 단호히 거절하였다. 9월 19일 런던에서 두 번째 회담이 소집되었고 동시에 영국과 프랑스는 UN에 수에즈 문제가 해결될 수 있도록 도움을 요청하였다. 제 2대 UN 사무총장 함마르셸드

(Dag Hammarskjold)와 멘지스는 수에즈 운하 운영 6원칙을 마련해 이집트에 제안했으나 나세르는 이마저도 거절하였다.

나세르가 UN의 제안을 거절한 직후부터 영국과 프랑스는 처음부터 무력사용 가능성을 배제했던 미국과의 정보 및 의견교환을 중단하였다. 양국은 이집트 침공을 위해 이미 9월 초부터 사이프러스(Cyprus)에 군대를 집결시켜 두었고, 이스라엘 군대 또한 영국과 프랑스의 지원을 바탕으로 요르단 국경에 병력을 집중시키고 있었다. 한편, 무력 가능성을 배제했던 미국도 U-2기와 통신감청을 통해 이들의 동향을 이미 파악하고 있었다.

1956년 10월 29일 이스라엘의 이집트 시나이반도 공격을 시작으로 전쟁은 시작되었다. 10월 30일 영국과 프랑스는 최후통첩으로 나세르에게 문제가 해결될 때까지 자국군대가 수에즈 운하를 '일시적으로 점유'할 것과 이스라엘군과 이집트군이 수에즈 운하로부터 각자 10마일씩 함께 물러나자고 제안하였으나 나세르는 이 또한 거절하였다. 다음날인 10월 31일 영국은 이집트 주요 공군기지와 군 요충지를 폭격하였고, 11월 5일 영국과 프랑스는 수에즈 운하의 입구인 포트 사이드(Port Said)와 포트 푸아드(Fort-fouad)에 공수부대를 투입해 강제 점령했다.

나세르는 과연 무슨 이유 때문에 강대국을 위험하게 저울질하고 수에즈 운하의 국유화로 서방국가의 비난을 각오하고서라도 아스완 하이댐의 건설을 강행했던 것일까. 먼저, 사회적 측면의 이유로는 자국의 문명을 수장(水葬)시켜 버린 막강한 파괴력의 홍수를 제어하기 위해서였다고 볼 수 있다. 나일강의 홍수는 이집트 문명이 찬란하게 발달할 수 있는 여건을 조성해 주었으나 현대에 이르러서는 팽창한 도시와 그 사회 속에서 급증한 인구에 반복적으로 막대한 인명과 재산 손실을 야기하는 자연재해의 상징이 되었다. 따라서 이집트는 나일강의 수위 조

1956년 프랑스군에 항복한 이집트군 포로(포트 푸아드 해변). 출처: BBC.

절이 가능한 댐 건설이 시급했다. 영국 또한 식민지 통치시절부터 홍수 피해를 감소시키기 위해서 1899년 아스완 댐을 착공하여 3년여 만에 완공하였으나 홍수 방지에 실패, 1907~1929년과 1929~1933년 두 차례에 걸쳐 높이를 증축하였으나 여전히 제대로 기능하지 못했다.

정치적 측면에서는 나세르가 댐 건설을 통해 권력을 과시하고자 했다는 것을 이유로 들 수 있다. 권력을 쟁취한 지 얼마 되지 않은 나세르는 과거 무소불위의 권력을 행사했던 파라오의 피라미드 건설과 같이 신정부를 상징하는 건축물을 통해 새로운 업적을 남기고자 했다. 이를 통해 자신이 강력한 권력을 거머쥐고 있다는 것을 국내뿐만 아니라 아랍권 및 세계 국가들에게 보이길 원했다. 새로운 댐 건설은 영국이 건설한 기존의 아스완 댐보다 담수량이 무려 26배나 되고 기자(Giza)의 대피라미드(Great Pyramid)보다 17배나 많은 돌을 쌓아야 하는 이집트 역사상 가장 큰 건설 프로젝트였기 때문에 나세르의 의도와 맞아 떨어졌다.

아스완 댐은 국가의 경제발전을 위해서도 반드시 필요했다. 새로운 댐 건설로써 경작지를 6분의 1 이상 확장, 농업부문의 수출을 최대 50% 증가시키며, 장차 10년간의 국민소득을 30%가량 높일 수 있을 것으로 예상되었기 때문이다. 게다가 1950년대에 접어들면서 홍수조절 기능뿐만 아니라 관개·상수도·공업용수·식수·수력발전 등을 충족시킬 수 있는 거대한 규모의 다목적 댐의 건설이 반드시 필요했다.

이집트가 영국의 엄청난 반발과 무력사용이라는 최악의 경우를 충분히 예상했음에도 불구하고 협상에 응하지 않았던 이유는 언제든지 활용할 수 있을 것이라고 믿었던 소련과 중국이라는 카드를 손에 쥐고 있었기 때문이다. 과거에는 무기사정이 열악해 제무력 가능성을 배제했던 미국도 U-2기와 통신 감청을 통해 이들의 동향을 이미 파악하고 있었다. 1차 중동전쟁과 이스라엘과의 국지전에서 연전연패를 거듭했지만 소련으로부터 무기공급이 이루어져 전쟁에 대한 자신감이 어떤 시기보다 더 높았던 것이다.

이집트 주재 중국 대사의 신임장 제출 일주일 후, 나세르 대통령이 아스완 하이댐 건설 비용을 충당하기 위해 수에즈 운하의 국유화를 선포하자 중국은 즉각 나세르의 결정을 지지하였고 중국과의 무역관계를 비롯한 모든 분야가 정상적으로 유지될 것이라는 메시지를 전하였다. 중국은 또한 서방국가들이 이집트를 위협하는 행위를 중단하지 않는다면 '뜨거운 맛'을 보게 될 것이라고 공식적으로 경고하였다. 1956년 9~10월 중국은 "식민주의자들인 영국과 프랑스는 즉시 전쟁 놀음을 멈추라"는 내용의 비난 기사를 자국 언론사를 동원해 연일 쏟아냈다. 또 정부의 공식성명서에도 영국과 프랑스를 비난하는 수위를 점차 높였다. 특히 9월 15일 마오쩌둥은 제 8차 중국공산당 전국대표대회 개막식 연설에서 이집트의 결정을 전폭적으로 지지했다.

1956년 11월 3일 수에즈 위기 당시 이집트를 지지하는 대규모 베이징 집회.
좌측 원 안, 주중 이집트대사 하산 라갑. 출처: 주이집트 중국 대사관.

> 중국정부는 적법한 절차에 따라 수에즈 운하 회사의 국유화를 결정한 이집트 정부를 전적으로 지지한다. 그리고 무력개입을 통해 이집트의 주권을 침해하려는 어떠한 시도에도 단호히 반대한다.

마오쩌둥은 주중 이집트 대사의 신임장을 받는 자리에서도 중국정부와 인민은 최선을 다해 수에즈 운하의 주권을 지키기 위한 이집트 국민의 영웅적 노력을 지지할 것이라고 천명했다. 곧이어 비슷한 발언이 중국정부와 군부 등 여러 곳에서 나왔다. 10월 31일 영국의 카이로 폭격으로 전쟁이 시작되자 중국은 베이징에 이집트 대사를 초빙해 침략자들을 비난하고 이집트를 지지하는 대규모집회를 열었다. 11월 4일 저우언라이는 직접 성명발표를 통해 중국정부의 수에즈 위기에 지대한 관심을 표명하며 적극적인 개입을 시사했다.

> 중국정부와 인민들은 영국과 프랑스정부가 즉시 이집트 침략에 종지부를 찍을 것을 강력히 요구하는 바이다. 아랍 국가들에 대한 무력도발을 중단하는 것이 수에즈 운하 문제해결을 위한 평화협상을 이끌어 낼 수

> 있는 유일한 방법이다. 중국인민들은 한반도에서 제국주의 세력을 몰아낸 경험이 있다는 것을 영국과 프랑스정부가 신속히 깨달아야만 할 것이다.

실제로 11월 9일 공산당 중앙위원회에서는 특별위원회를 조직해 '자원병'(自願兵)이라는 명분 아래 수에즈에 파견할 병력을 모집하며 무력개입이 임박했음을 공언했다. 중국은 특별위원회가 조직되고 단 일주일 만에 정규군을 제외한 약 30만 명 이상의 자원병이 이집트로 출정해 카이로를 방어하기를 원한다고 발표하였다. 주중 이집트 대사 하산 라갑은 "25만 명의 중국인이 이집트인과 함께 이집트 영토에서 싸우고자 지원하고 있다"는 성명을 발표하였다. 중국의 적극적인 지원소식을 들은 나세르는 저우언라이에게 보낸 전신에서 깊은 감사의 뜻을 표했다. 중국은 여기에서 그치지 않았다. 2천만 스위스 프랑의 차관과 4천 7백만 달러 규모의 생필품을 무상으로 제공하였다. 또 중국 적십자사는 이집트의 적신월사(Red Crescent)에 의약품을 전달하고 대규모 의료진까지 파견하기로 하였다. 그러나 중국의 도발적인 움직임에도 불구하고 영국·프랑스·이스라엘 연합군은 전혀 개의치 않았다. 이미 중국의 무력개입은 실현 불가능하다는 사실을 직시했기 때문에 위협이 되지 않았던 것이다.

이집트는 중국에서 수천 km나 떨어져 있기 때문에 대규모 무장병력을 단기간에 수송한다는 것 자체가 불가능에 가까웠다. 중국은 국공내전, 6·25전쟁, 인도차이나전쟁 등을 거치면서 군사력의 대부분을 본토 방어에만 주력했다(이후에도 인도와의 국경분쟁, 소련과의 국경분쟁을 거치면서 해군력 증강에는 소홀했다). 당시 해군은 창설된 지 불과 6년밖에 되지 않은데다 연안방어만 겨우 가능할 뿐, 오합지졸이나 다름없었다. 함정의 수준도 매우 열악해서 국민당으로부터 노획한 선박, 전국에서 징발한 중·소형 선박, 홍콩에서 구매한 선박 등 수송함, 상륙함(소규모 50대에 불과)을 포함해 총 183척뿐이었고 이 중 30척은 예비선으로 즉시 운용이 불가능했다. 더욱이 전체적으로 노후가 심한데다가 183대 함정을 모조리 합해도 고작 4만 3천 톤에 불과해 먼 바다에서는 제대로 해상작전을 수행할 수 없었다. 대만 해군함정의 총 톤수 10만 톤과 비교해도 상대조차 되지 못했고, 만약 일반선박을 마련해 이동하더라도 미해군이 해상봉쇄를 실시한다면 뚫기가 쉽지 않았을 것이다.

중국이 이처럼 희박한 실현 가능성에도 불구하고 상징적인 의미만 가지고서 자국민 수십 만 명을 독려해 이집트에 파병하려 했던 가장 큰 목적은 바로 국제적 인지도 때문이었다. 특히 아프리카와 아랍국가로부터의 국가적 인지도를 높이기 위해 대규모 집회와 전국적인 모병활동을 감행함으로써 관심을 집중시키고자 했던 것이다. 실제로 이 같은 중국의 외교력은 큰 성과를 거뒀다. 수에즈 위기 해결을 위한 결정적 역할과는 거리가 있었음에도 불구하고 이집트 지지성명과 정치적 선전을 지속한 결과 국가적 인지도와 위상에 변화를 가져왔고 1956년 한 해에만 아프리카, 아랍 3개국과 연이어 외교관계를 수립할 수 있었다.

1956년 11월 6일은 미국 대통령 선거가 예정되어 있었다. 아이젠하워는 재선(再選)을 위해 선거운동 기간 자신이 '평화주의자'라는 인식을 유권자들에게 심어주고자 했던 상태였기 때문에 무력사용은 전혀 고려되지 않았다. 그러나 무엇보다 아이젠하워가 가장 두려워했던 부분은 수에즈위기 때문에 이집트뿐만 아니라 아랍 전체가 소련에 의존하게 될 가능성이 높아졌다. 당시 소련은 10월 23일 일어난 헝가리 혁명 진압에 집중했으나 곧 수에즈 위기에도 관심을 가질 수밖에 없는 상황이었다. 아이젠하워의 예상은 적중했다. 11월 4일 천대의 탱크와 15

〈표 1-1〉 1956~1970년 중국과 수교를 맺은 아프리카 국가

국가	독립일	수교일	대사관 개관	대사 도착일
아랍통합공화국 (이집트 · 시리아)	1922	1956.5.30	1956.6.14	1956.7.19
모로코	1956.3.2	1958.11.1		1961.8.11
알제리	1958.9.21*	1958.12.20	1962.9.10	1962.11.28
수단	1956.1.1	1959.2.4		1959.7.15
기니	1958.10.2	1959.10.4	1959.12.23	1960.3.31
가나	1957.3.6	1960.7.5		1960.8.25
말리	1960.9.22	1960.10.27	1961.1.7	1961.3.8
소말리아	1960.7.1	1960.12.14		1961.3.14
콩고민주공화국	1960.6.30	1961.2.20	1961.7.31	1961.7.31
탕가니카	1961.12.9	1961.12		1962.3.31
우간다	1962.10.9	1962.10.18	1962.12.17	
잔지바르	1963.12.10	1963.12.11		1964.4.4
케냐	1963.12.12	1963.12.14		1964.4.18
부룬디	1962.7.1	1963.12.23	1964.1.13	1964.6.1
튀니지	1956.3.20	1964.1.10	1964.4.20	1964.5.22
콩고공화국	1960.8.15	1964.2.22		1964.6.8
중앙아프리카공화국	1964.9.26	1964.9.29		
잠비아	1964.10.24	1964.10.31	1964.11.28	1965.3.14
다호메이	1960.8.1	1964.11.12	1964.12.19	
모리타니	1960.11.28	1965.7.19	1965.9.3	
적도기니	1968.10.12	1970.10.15		
에티오피아		1970.11.24		

주: *알제리 임시정부의 독립 선언일이며, 중국은 1962년 7월 3일 알제리 공화국을 승인함.

출처: compiled information from various sources.

만 명의 병력을 투입하여 헝가리 혁명을 완전히 진압한 바로 다음날인 5일, 소련 국방장관 불가닌은 직접 영국, 프랑스, 미국에 "이집트에서 병력을 철수시키지 않으면 런던과 파리는 원자폭탄 공격을 받게 될 것이다"라는 위협의 메시지를 보낸 것이다. 큰 위협을 느낀 영국과 프랑스는 즉시 미국의 적극적인 개입을 촉구했다. 같은 날 CIA와 국무장관 덜레스는 주이집트 소련대사와 나세르의 대화를 감청한 결과를 아이젠하워에게 보고하였다. "소련은 제 3차 세계대전을 각오하고 있으며, 이집트를 끝까지 지원할 것이다"라는 충격적인 내용이었다. 미국은 당시의 상황이 세계대전으로 확대되는 것을 우려한 나머지 소련의 경고 다음날인 6일에 곧바로 영국과 프랑스에 전투 중지와 철수를 강력하게 요구했으나 영국과 프랑스는 이를 거부하였다.

이집트는 수에즈 위기 기간동안 적어도 8척의 대형선박을 운하에 침몰시켜 서방국가로 향하는 석유 운송선의 항해를 차단하였고 이라크 내의 주요 석유시추 플랜트 3개와 송유관을 파괴해 영국과 서유럽의 경제상황을 악화시켰다. 실제로 영국과 서유럽의 석유 부족은 심각한 상황이었다. 영국 파운드화는 고갈되고 있었고 영국과 서유럽에 석유공급이 완전히 중단되는 현실이 시시각각 다가오고 있었다. 미국은 영국과 프랑스에 군대를 철수시키지 않는다면 석유와 금융지원은 없을 것이라고 못 박았다. 결국 양국은 경제적 압박을 견디지 못하고 1956년 12월 22일 모든 군대를 수에즈 운하에서 철수시켰다. UN은 이집트의 동의 아래 서방의 NATO와 공산권의 바르샤바조약기구에 속하지 않은 중립국들로부터 병력을 차출하여 1956년 11월 15일 카이로와 수에즈 운하 지역에 배치하였다. UN은 1957년 이집트로부터 완전히 철수하기까지 약 6천여 명의 평화유지군을 상주시켰다. 미국과의 조율 없이 실행한 영국과 프랑스의 대 이집트 무력행위는 지속되거나 승리할 수가 없었다. 수에즈 운하 위기는 영국의 무력함을 드러낸, 세계적인 강대국으로서의 종말을 고하는 사건이었다.

나세르의 수에즈 운하 국유화 조치는 쿠바 미사일 위기와 함께 냉전 기간 중 가장 심각한 동서 진영 간의 대립상황을 조성하였지만 중국에게는 또 다른 외교적 영향력 확대의 기회였던 셈이다. 미국, 영국, 프랑스를 비롯한 서방진영과 소련의 각축장이었던 아프리카에 중국이라는 새로운 세력이 합류하기 시작한 것이다. 중국은 이집트에서 일련의 국제적 사건을 경험하면서 이 지역 문제를 전담할 서아시아·아프리카사(西亞非洲司, DWAA: Department of West Asian and African Affairs)라는 새로운 부서를 외교부 내에 설립하였다.

2

이념적 순수성

1. 미국의 제국주의 본능

1949년 중화인민공화국 건국 이후 1976년까지 마오쩌둥의 통치기간 동안 프롤레타리안 혁명론에 따라 유지되었던 대내외 정책은 다음과 같이 넷으로 구분할 수 있다.

① 1949~1953년 공산주의이자 국제주의(*internationalism*)의 시대
② 1953~1958년 평화공존(*peaceful coexistence*)의 시대
③ 1958~1966년 반제국주의(*anti-imperialism*), 반수정주의(*anti-revisionism*)의 시대, 투쟁의 시대
④ 1966~1976년 프롤레타리안 문화대혁명(Great Proletarian Cultural Revolution)의 시대

이 시기 중국은 소련의 수정주의(*revisionism*)와 타협 없는 '프롤레타리아 국제주의'(*proletarian internationalism*), 즉 '제국주의에 대한 공동의 투쟁을 위하여 사회주의 세계체제와 국제 노동자계급, 반제인민운

〈표 2-1〉 마오쩌둥 통치기간 중의 중국 대 · 내외 정책 흐름

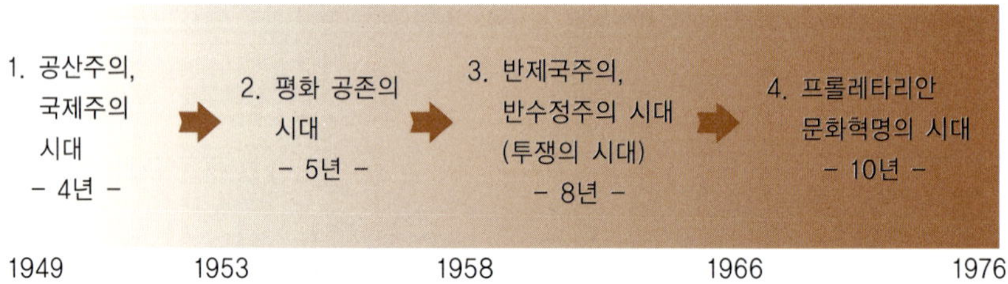

동의 힘을 통일시키도록 노력해야 한다', '제국주의 체제로부터 사회적 · 민족적 해방을 위하여 투쟁하는 인민들을 전면적 · 연대적으로 지원한다' 등의 실천강령을 독자적으로 극대화시킴으로써 아프리카에서 미국을 필두로 한 서방세계의 제국주의 세력뿐만 아니라 사회주의 종주국인 소련과도 경쟁해야 했다. 이로 인해 아프리카라는 냉전의 전장에 처음으로 양극체제에 대항하는 아시아 세력이 제 3의 축으로 등장한 독특한(*unique*) 상황이 전개된 것이다.

1958~1966년 미국 · 중국 · 소련은 각각 이념의 대립, 즉 체제경쟁이라는 대전제 아래 공통적으로 아프리카에 자국의 영향력을 확대하고 경쟁국의 영향력을 축소시키고자 다양한 활동을 펼쳤다. 미국은 뒤에 설명하듯이, 중국이 아프리카에 진출하기 이전부터 전혀 다른 목적으로 아프리카에 진출한 상태였다. 중국은 강경노선을 고수하고자 필사적이었으나, 중국의 시각에서 본 소련은 이미 수정주의로 변질되어 정통성을 잃은 상태였다. 중국은 식민주의, 제국주의, 수정주의에 대항하는 유일무이한 정통 공산주의 국가로서의 자부심과 이념적 순수성을 확장하기 위해 아프리카에 모든 역량을 집중하였다.

1952년 3월에 작성된 〈서아프리카 전략 항구에 관한 보고서〉(Report

on the Strategic ports of West Africa)는 트루먼(Harry Shipped Truman, 1884. 5. 8~1972. 12. 26) 대통령 재위기간(1945~1953) 동안 작성된 아프리카에 관한 중요 첩보보고서다. 미국 국가안보자원위원회(NSRB: The National Security Resources Board)에서는 이 보고서를 바탕으로 서아프리카의 항구들은 미국의 정치·경제·안보에 대단히 중요한 역할을 하고 있으며, 만약 항구의 안전에 문제가 발생한다면 미국의 국익과 안보에 심각한 영향을 미칠 수 있다고 경고하였다. 또한 서아프리카는 자유진영의 일부로써 반드시 보호되어야 하며 적성국의 도발에는 전면전(*total war*)을 감안한 대규모 군사력 동원까지 고려하도록 권고하였다. 미국의 국가안보자원위원회 보고서에서 소련을 겨냥한 유럽의 항구나 중국을 옥죄기 위한 아시아의 항구가 아니라 국제적으로 잘 알려지지도 않은 서아프리카의 항구를, 그것도 국지전(*limited war*)이 아닌 '전면전'이라는 표현을 사용하면서까지 중요하게 여겼던 이유는 이념과는 전혀 무관한, 오로지 아프리카의 풍부한 '천연자원'을 차지하지 위해서였다.

당대 최고의 경제학자 중 한 명이며, 마셜플랜(Marshall Plan, 1947~1951)* 설계에도 참여했던 앤드류 카마르크(Andrew Kamarck)에 따르면, 미국은 제2차 세계대전이 한창이던 냉전 이전부터 경제적인 목적으로 아프리카에 관심을 가졌다고 했다. 특히, 아프리카의 풍부한 노동력과 미개발 상태인 천연자원에 대한 관심이 무엇보다도 지대했다고 지적했다. 서아프리카를 미국산업의 전략적 자원창고로써 염두에 두었다고 볼 수 있다. 이를 반영하듯 이미 1950년에 나이지리아에서 생산된

---

* 제2차 세계대전 후 미국이 서유럽 16개국에 행한 대외원조계획이다. 정식명칭은 '유럽부흥계획'이나 미 국무장관 마셜이 처음으로 제안해 마셜플랜으로 지칭한다.

니오븀(*niobium*)의 73%를, 1951년에는 야자유(椰子油)의 17%를 미국에서 수입하고 있었다. 1952년 미국은 코발트(*cobalt*), 니오븀, 야자유, 공업용 다이아몬드의 연간 수요량 대부분과 탄탈륨, 망간, 주석, 텅스텐, 고무, 탄산칼륨(*potash*) 등의 연간 수요량 50%를 가나와 나이지리아에 의존하였다. 세계 최대의 우라늄 매장지 역시 서아프리카에 있었고, 해당지역의 전 생산량을 미국이 수입하고 있었다.

1950년 4월 14일 국가안보위원회(NSC: National Security Council)가 트루먼 행정부에 제출한 보고서, 〈미국의 안보를 위한 목표와 계획〉(United States Objectives and Programs for National Security)은 'NSC-68'로 더 잘 알려졌는데, 냉전 형성단계에 작성되어 역사적으로도 냉전에 관한 보고서 중 가장 중요하다는 평가를 받는다. 일급기밀이었던 보고서의 내용은 향후 20년간 미국이 냉전을 수행하는 데 중요한 청사진이나 다름없었다. 예를 들어, 공산주의의 확산이 심각할 것이라는 경고와 미국의 군사력 증강을 강력히 추진해야만 한다는 주장이 담겨 있었고, 특히 당시 국방비의 한계치인 130억 달러를 5백억 달러로 증액시켜 소련을 군사적으로 압박해야 한다고 강조하였다. 또 공산주의의 침략이 세계 어디서 어떤 형태로 발현하든지 간에 군사력을 포함한 모든 수단을 동원해 강력하게 대응할 것을 주문하였다.

미국은 이 보고서가 작성되기 이전부터, 즉 민주주의와 자본주의 전파 그리고 공산주의 확산 저지라는 이념적 측면보다는 경제적 측면, 즉 제국주의와 신식민주의 정책을 앞세워 이미 아프리카에 진출했다.

아프리카에 대한 미국의 이 같은 신식민주의 정책은 영국의 협력 없이는 불가능했다. 미국과 영국은 1946년 7월 런던에서 공식적인 협의를 통해 양국이 경제협력 파트너로서 아프리카의 자원개발에 협력하기로 협정을 맺었다. 미국은 제 2차 세계대전 종전 직후, 영국 치하에 있던 아프리카 식민지, 속국, 보호령(保護領)이 소련에 경제적으로 의존하지 못하도록 만드는 데 대외정책을 집중시켰다. 이에 영국은 1946년 7월 런던에서 미국과의 공식적인 합의를 통해 양국이 경제 파트너로서 아프리카의 자원개발에 협력하기로 협정을 맺었다. 영국의 식민지인 서아프리카에서 독점, 수탈해 온 천연자원을 서로 나누어 갖기로 한 것이다. 이를 위한 경제적 지원은 세계은행을 비롯한 국제금융기구에서, 기술적 지원은 국제개발처(USAID: U.S. Agency for International Development)를 통해 이루어졌다. 미국의 주도로 세계은행 등에서 금융지원을 받은 라이베리아, 소말리아, 수단, 자이르(Zaire, 1997년 콩고민주공화국으로 개칭) 등 대부분의 국가들은 국제 부채가 축적됨으로써 반제(返濟)할 능력을 상실하여 미국에 대한 경제적 의존성이 더 높아지는 악순환이 지속되었다. 1950년대 앵글로아메리칸(*Anglo-American*)의 경제협력협정(ECA: Economic Cooperation Agreement)이 맺어진 이유 또한 서아프리카를 두고 벌어진 공산주의와의 체제경쟁에서 패배했을 때 겪게 될 정치적 영향력 상실을 우려해서였다기보다는, 그로 인해 발생할 천연자원 수급의 단절을 가장 큰 문제로 여겼기 때문이었다.

2. 소련의 변신 - 수정주의

1956년 2월 14일 모스크바 크렘린 궁에서 제 20차 소련 공산당 전당대회가 열렸다. 2월 25일의 마지막 회의는 비공개로 진행되면서 그 유명한 흐루시초프의 4시간짜리 비밀 연설(*Secret Speech*)이 이루어졌다. 사회주의 진영 최고의 영도자 스탈린이 범죄자 수준으로 내려앉는 역사적 순간이었다. 이후의 스탈린 격하운동(*destalinization*)과 서서히 온

건성향으로 선회하던 소련의 대서방 정책은 '마르크스·레닌주의와 자본주의의 전쟁은 필연적'이라고 인식했던 중국을 매우 불편하게 만들었다. 게다가 소련은 알제리전쟁을 다른 국가의 내정간섭으로 치부해 적극적인 지원을 하지 않았고, 특히 프랑스 공산당(French Communist Party)은 그동안 자국의 제국주의 정책에 대해 비판적 태도를 견지해 왔으나 흐루시초프 집권 이후 공개적으로 알제리가 프랑스의 일부라고 주장하기까지 하였다.

이처럼 흐루시초프 시대에 공산진영에 불어든 변화의 바람은 미국 제국주의와의 평화 공존, 자본주의와 사회주의 진영의 평화로운 경쟁, 공산주의에서 사회주의로의 평화로운 전환이라는 세 가지 평화를 강요하였다. 따라서 중국의 호전적인 대서방 정책은 흐루시초프에게 눈엣가시였고 이는 곧바로 공개적 비난으로 이어지기 시작했다. 1958년 흐루시초프는 마오쩌둥이 영국경제를 따라잡기 위해 시작한 대약진운동을 어처구니없는 정책이라고 비난했고, 이에 대한 중국의 반발도 만만치 않았다. 중국은 제 2차 대만해협 위기기간 동안 자국을 지원하지 않은 소련의 무관심을 강도 높게 비판했다. 1959년 6월 소련은 중소원자력협력협정을 일방적으로 파기하였고 중국은 9월 흐루시초프의 미국 방문을 맹렬히 규탄했다. 급기야 1960년 소련은 중국에 대한 경제지원을 중단하였고, 중국은 소련에 등을 돌린 알바니아를 적극적으로 지원하기 시작했다. 또 소련의 간섭에서 벗어나 독립적인 정치활동을 하도록 루마니아를 부추기는 등 국제적 사건마다 서로를 비난하며 갈등의 수위를 높여갔다. 무엇보다 1963년 미국·영국·소련 3개국이 비준한 '부분적핵실험금지조약'(Treaty of Banning Nuclear Weapons Tests in the Atmosphere in Outer Space and Under Water)은 지하를 제외한 모든 핵실험을 금지함으로써 핵무기 경쟁을 억제함과 더불어 방사능 물질에 의

한 환경오염을 방지함을 목적으로 했으나 한편으로는 중국의 핵무기 개발을 견제하기 위한 조치이기도 했다.

소련의 대 서방정책이 이처럼 급격하게 친서방 쪽으로 기울자 중국은 노골적으로 소련을 비방하는 목소리를 내기 시작했다. 1963년 9월 3일 〈인민일보〉 사설 "소련 지도자들과 우리 사이의 차이점의 기원과 발전"(蘇共領導同我們分歧的由來和發展)을 통해 국제 공산주의 운동에서 수정주의자들을 옹호하는 소련 공산당을 공개적으로 비난했다. 이 사설은 중국이 최초로 소련 공산당의 수정주의 노선을 공식적으로 비판한 것이었다. 이후 1964년 7월 14일까지 중국공산당은 인민일보를 통해 아홉 차례에 걸쳐 소련 공산당 지도부에 공개 서한형식의 사설을 실어 반복적으로 수정주의를 격렬하게 비판했다. 7월 14일자 마지막 사설에는 "프롤레타리아트(*proletariat*)의 후임자를 양성하고 흐루시초프의 수정주의가 중국에서 재현되는 것을 방지하자"는 마오쩌둥의 발언을 인용했다. 또 "소련이 서방세계를 새로운 관점(수정주의)으로 바라보고 이를 대외정책에 실제 반영하는 것은 적에게 항복하는 것이나 다름없다"고 강하게 비난하였다. 따라서 중국은 아프리카에서 미국의 제국주의뿐만 아니라 소련의 수정주의와도 이념적 투쟁을 벌여야만 했다. 중국의 대 아프리카 정책의 맥락(*context*) 내에서 수정주의는 단지 명칭만 변경된 제국주의로 인식되어 소련을 타도의 대상으로 보는 반수정주의적 기류가 매우 강했다.

소련은 수에즈 위기, 아스완 하이댐 건설 등 이집트에 대한 전폭적인 지원에도 불구하고 오히려 공산당 조직을 탄압하는 나세르 정권에 크게 실망하였고, 서방국가들과의 관계를 고려해 1960년대 초반부터 아프리카의 소규모 무장독립단체들의 무기, 자금 등 각종 지원요청을 거부하거나 묵살하는 단계에까지 이른다. 실제로 포르투갈 식민지에서 튀니지, 모로코, 알제리로 망명한 민족주의자들은 소련 대사관에 접근하여 무장투쟁을 시작할 수 있도록 지원을 요청하였으나 거절당하는 사례가 늘어났다. 망명한 민족주의자들은 차선책으로 중국에 관심을 가지기 시작했고 소련과는 다르게 중국은 지원요청 즉시 자금과 무기 그리고 게릴라 전투 훈련까지 제공하였고 다른 식민지역에서도 중국의 인지도가 긍정적으로 높아지는 결과가 나타났다. 중국의 지원으로 앙골라, 모잠비크, 케이프베르데(Cape verde), 기니에서 무장투쟁이 일어나자 아프리카 남부지역에서도 중국에 잇달아 지원요청을 하기 시작했다. 이로써 아프리카 전역에 중국 군사고문단의 게릴라 훈련소가 설치되었고, 특히 탄자니아는 아프리카 남부지역 해방운동 및 무장투쟁의 중심이었던 까닭에 중국의 군사훈련 캠프 중 가장 큰 규모와 방대한 지원이 이루어졌다.

3. 이념적 순수성(1) - 알제리전쟁

미국의 아프리카 접근이 전형적인 제국주의적 천연자원 수탈의 성격이 강한 경제적 목적 때문이었다면, 소련의 주된 목적은 명백히 아프리카를 정치적 수단으로 활용하기 위한 것이었다. 아프리카 민족주의자들의 해방운동을 지원함으로써 핵무기 제어협의 및 긴장완화(*detente*)를 위한 미국과의 접촉 시, 중요한 협상카드(*bargaining chip*)로 활용하기 위한 목적이 강했기 때문이다. 또 아프리카의 각종 무장조직 및 단체를 소모품으로 인식하고 지원함으로써 아프리카에서 가장 많은 식민지를 소유했던 서방국가들과 마찰이 발생했을 때 이를 유용하게 활용하기 위한 목적도 있었다. 반면, 중국의 아프리카 접근에는 경제적이

거나 수단적인 요소가 완전히 배제된 순수한 이념 전파와 국제적 인지도 상승에만 그 목적이 있었기에 오로지 '혁명'이라는 개념만이 통용되었다.

중국의 세계관(*weltanschauung*, 역사적·이념적·사회 계급적 성격을 내포한 철학적 체계)은 다른 어느 지역보다도 특히 아프리카에서, 사회주의 종주국의 지위가 지속되기를 원했던 소련보다 더 적극적으로 '프롤레타리아 국제주의'(*proletarian internationalism*)를 실행하는 것이었다. 때문에 제국주의 체제로부터의 해방을 위한 적극적인 지원, 반제국주의 공동투쟁을 위한 노력 등의 프롤레타리아 국제주의 실천강령을 아프리카에서 철저하게 적용하였으며 마오쩌둥은 1963년 베이징을 방문한 아프리카 3개국 사절단을 접견한 자리에서 "자국 혁명의 승리를 이룩한 국가들은 여전히 해방을 위해 투쟁하는 국가를 도와야 할 것입니다. 이것이 바로 우리의 국제적인 의무입니다"라고 역설했다. 심지어 알제리전쟁 당시에는 '제국주의와 투쟁 중인 국가나 조직을 지원하기 위해서라면 당사국 및 관련 조직의 요청 없이도 군대를 파병하는 것을 합법적인 것으로 간주한다'는 임의 해석을 내릴 정도로 프롤레타리아 국제주의에 과도하게 집착하였다.

따라서 중국은 아프리카를 제국주의에 대항하는 혁명 투쟁의 세계적 무대로 인식하고 아프리카의 해방과 독립운동 확립에 중요한 역할을 책임지고자 물질적, 정신적 지원을 끊임없이 쏟아 부었다. 이러한 역사가 있었음에도 불구하고 지금껏 냉전기간 중국의 대 아프리카 군사지원에 대해서는 간과되었거나 어쩌면 완전히 잊혔다. 중국은 남아프리카공화국의 아파르트헤이트(*apartheid*) 시대의 종말, 알제리전쟁 등 각종 해방운동(*liberation movement*)과 단체 및 정부들을 쉼 없이 지원했다. 서아프리카 가나 무장 게릴라 훈련, 앙골라 조나스 사빔비(Jonas Savimbi)

와 그가 결성한 '전면독립민족동맹'(UNITA: Union Nacional para a Independencia Total de Angola)에 훈련과 무기공급, 콩고공화국 반군에 대한 무기공급, 탄자니아 군대에 대한 군사지원 독점권 부여, 수단과 잠비아에 대한 토착 무장 게릴라단체 훈련 및 무기공급 그리고 경제·군사·자원개발 지원 등 장장 약 40년간 지속된 수많은 사례는 일일이 거론하자면 끝이 없을 정도다. 그중에서도 가장 중요한 해방운동 지원 사례는 '최초'라고 볼 수 있는 알제리전쟁에서의 지원이다.

중국과 이집트와의 갑작스러울 정도로 빠른 외교관계 수립은 모로코에도 영향을 주었다. 모로코는 수에즈 위기 당시 중국의 아랍국가에 대한 열렬한 지원에 깊은 인상을 받아 프랑스로부터 독립한 지 1년 6개월 만인 1957년 10월 27일 중국과 무역협정을 맺고 1958년 11월 1일 외교관계를 수립했다. 일부 연구 중에서도 특히 로웬탈(Lowenthal)과 리앙차이(Liang-Tsai)의 연구에 따르면 양국의 무역협정 성사 이후부터 모로코는 아프리카에서 중국의 가장 중요한 무역교역국으로 자리 잡았다는 주장도 있다. 그러나 당시 양국 무역규모를 면밀히 들여다보면 오히려 무역규모가 초라할 정도로 소규모에 불과했다는 사실을 확인할 수 있다. 실제로는 중국이 모로코를 '무역대상국'으로서가 아니라 알제리의 서쪽에 위치한다는 지정학적 위치 때문에 더 관심을 가졌다는 것을 알 수 있다. 당시 중국은 알제리 '민족해방전선'(FLN: Front de Libération Nationale)의 무장독립운동을 지지하는 등 알제리전쟁(Algerian War, 1954~1962)에 깊숙이 관여하고 있었기 때문이다.

1957년 중국과 모로코의 무역관계가 수립되자 중국은 곧바로 모로코를 경유해 알제리 민족해방전선에 원조를 시작했다. 이 부분은 특별히 주목해야 할 필요가 있다. 지금까지 소련과 체코슬로바키아만이 전쟁에 필요한 무기 등의 하드웨어적 요소를 알제리 민족해방전선에 직접

원조했고, 중국은 무기구입에 필요한 자금만 지원했다고 잘못 알려졌기 때문이다. 예를 들어, 〈타임〉(*Time*)지는 '중국은 민족해방전선에 자금만을 지원함으로써 나폴리, 함부르크 그리고 앤트워프 암시장에서 불법무기를 구입할 수 있도록 도왔다'고 서술하였으나 실제로는 소련과 마찬가지로 중국 또한 재정적인 부분뿐만 아니라 무기, 심지어는 군사 훈련까지 지원했던 것으로 나타났다.

모로코의 자유무역항이었던 탕헤르(Tangiers)와 알제리 국경과 가까웠던 우지다(Oujda)에는 중국 영사관이 개설되었다. 이 두 지역의 영사관을 중심으로 중국의 외교적 활동이 가장 활발했다. 특히 전략적 요충지인 우지다는 알제리 민족해방전선을 도와 프랑스에 대항하기 위한 중국의 전초 기지가 되었다. 심지어 우지다의 중국 영사관은 민족해방전선의 주요 망명지 역할까지 하게 되었다. 1961년 사회주의 성향의 국왕 벤 유세프(Ben Youssef)가 병사한 후, 모로코 정부는 우익 민족주의로 전향하면서 자국 공산당의 활동을 금지시켰다. 중국은 민족해방전선에 대한 지속적인 지원을 위해 모로코 정부의 방침에 따라 모로코 공산당과는 일체의 접촉을 중단하였다. 이것은 모로코와의 외교관계 수립 목적이 알제리전쟁에 개입하기 위한 통로 개척에 불과했다는 것을 명백하게 보여준다. 당시 미국국제공보프로그램(USIA: United States Information Agency)의 분석에 따르면 미국이 모로코와 기니를 경유한 중국의 알제리전쟁 개입을 크게 우려하였음을 알 수 있다. 섀튼(Fritz Schattan)을 비롯한 주류 학자들의 연구에서도 중국이 모로코와 외교관계를 수립한 이유는 북아프리카에서 알제리전쟁에 영향력을 발휘할 수 있는 지정학적 우위를 가진 유일한 국가였기 때문이었다고 지적했다. 중국이 모로코에 처음 의료진을 파견한 시점은 1975년이지만 알제리에는 이미 대외파견으로는 최초로 1963년에 의료진을 급파했다는 점에서도 알제리의 중요성을 찾아볼 수 있다. 중국은 이집트를 시작으로 시리아, 예멘에서 점진적인 영향력 확대를 꾀하였고, 모로코를 통한 알제리전쟁에 직접 개입함으로써 중국식 공산혁명 전파에 적극 나섰다.

1959년 미·소 관계가 상호협력 형태로 발전하자, 중국은 아프리카에 중국식 공산혁명 전파라는 순수한 이념적, 정치적 목적에 박차를 가하기 시작했다. 1958년 통일아랍공화국(UAR: United Arab Republic, 1958~1961, 이집트와 시리아의 통합, 1961년 시리아 탈퇴) 내의 공산주의 운동이 급격하게 팽창하자 나세르 정권은 이를 위협요소로 인식했고 이집트와 시리아에 공산주의 활동금지 조치를 내렸다. 특히, 1959년에는 나세르가 자국의 공산주의 추종자를 향해 소련의 꼭두각시에 불과하다고 공격하며 흐루시초프와 논쟁을 벌였을 정도로 사회주의 진영과의 관계가 급속도로 냉각되었다. 이러한 상황에서 중국의 영향력 확대를 시도해 볼 수 있는 곳 또한 알제리였다.

중국의 알제리 접근이 갑작스럽게 이루어진 것은 아니었다. 이미 1956년 6월 저우언라이는 프랑스와 알제리 저항세력과의 휴전 협상안을 중재했을 정도로 알제리전쟁은 중국의 대 아프리카 정책에서 큰 비중을 차지했다. 나토의 지원을 받은 프랑스와 알제리 저항세력과의 전쟁으로 수백만 명의 사상자를 낸 알제리전쟁은 중국식 공산혁명을 아프리카 최초로 시험해 볼 수 있는 무대였기 때문이다. 중국은 알제리 민족해방전선을 혁명운동의 전략적인 아방가르드(*avant-garde*)로 여겼으며 인도차이나전쟁에서 프랑스에 대항했던 베트남독립동맹 베트민과 흡사한 조직으로 인식하였다. 민족해방전선은 1950년 아메드 벤 벨라(Ahmed Ben Bella, 알제리 독립 후 초대 총리 및 대통령으로 취임)가 이집트 카이로에서 프랑스에 대항하기 위해 조직한 '통일과 행동의 혁명위원회'(CRUA: Comite Revolutionaire d'Unite et d Action)의 후신으로서 1954년 10월 명칭만 변경됐을 뿐 본질은 같은 단체였다.

알제리 민족해방전선에 대한 중국의 지원은 크게 두 가지, 정신적 지원과 물질적 지원으로 분류된다. 먼저 정신적 지원(*moral support*)에 대해 구체적으로 살펴보자면, 중국은 1957년 11월 알제리 국민과 자국민의 화합 기념행사의 일환으로 전국적인 집회를 실시했다. 1957년 12월 카이로에서 개최된 '제 1회 아시아·아프리카인민연대회의'(AAPSC: Afro-Asian People's Solidarity Conference)를 활용해 회의 참가국으로부터 알제리 독립지지를 이끌어냈다. 회의기간 동안 '알제리의 날'(Algeria Day)이 선포되는 데 주도적 역할을 함으로써 민족해방전선의 독립운동이 세계적 주목을 받도록 했다. 1958년 3월에는 베이징에서 '알제리 지지'를 위한 대규모 집회를 열었다. 또 민족해방전선 대표단의 중국 방문기간 동안 알제리 독립을 지지하는 대규모 집회가 연일 열리도록 하였다. 정확한 통계는 집계되지 않았으나 1957~62년까지 중국이 알제리 독립을 지지하기 위해 펼친 대규모 집회만 적어도 1백 회 이상 되는 것으로 나타났다. 1958년 4월 저우언라이는 이브라힘 가파(Ibrahim Ghafa) 민족해방전선 사절단 대표와 아테프 다니엘(Atef Daniel) 아랍인민회의 대표를 접견하고 알제리의 독립을 전적으로 지지하고 지원하기로 전 세계에 공언했다. 1958년 9월 19일 알제리 임시정부(GPRA: Government Provisionel de la Republique Algerienne)가 수립되자 단 3일 만에 승인을 통보했을 정도였다. 특히, 1960년 10월 튀니지의 수도 튀니스(Tunis)에서 열린 국제박람회에 참가한 중국 대표단은 11월 1일 알제리 임시정부 수립 2주년을 기념하고 현지인이 참여한 알제리 임시정부지지 집회를 열기도 했다. 또한 〈인민일보〉, 〈베이징리뷰〉(*Beijing Review*)* 등 자국 언론을 동원해 프랑스와 서방세계를 비난하고 알제리 국민을 지지하

1963년 알제리를 방문한 저우언라이.
민족해방전선 고위 간부들 앞에서 연설.
출처: 중국대외연락부.

는 기사를 끊임없이 게재하였다. 주로 '알제리 북아프리카 최전방에서 식민주의에 대항하다', '영웅적 전투로 알제리는 아프리카의 횃불이 되다' 등의 내용이 주류를 이루었다.

물질적 지원(*material support*)은 1958년 4월 중화전국총공회(ACFTU: All-China Federation of Trade Unions), 중국이슬람연합회(China Islamic Association, 中國伊斯蘭教協會), 아시아연대위원회(Asian Solidarity Committee)를 통해 민족해방전선에 50만 위안(元, yuan)을 지원하면서 구체적으로 시작되었다. 1959년 1월, 중국적십자사는 알제리 난민과 망명자를 위해 모로코 적신월사(Red Crescent Society)에 1만 5천 위안, 튀니지 적신월사에 1만 위안을 기부했다. 1959년 12월, 중화전국총공회는 5천만 위안 상당의 의약품과 아동의류를 지원했다. 미 중앙

• 1958년 3월 창간된 뉴스 잡지로 매주 영어로 발행된다. 중국정부가 외부세계와 소통하는 데 큰 역할을 담당하였다.

정보국에 따르면 중국은 1959년 초기에만 1천 5백만 달러가량을 민족해방전선의 군사활동에 지원한 것으로 나타났다. 이 밖에도 1959년부터 1962년까지, 20명의 전투기 조종사 및 대규모 알제리 군대와 선발된 간부급 인사들이 중국에서 군사훈련을 받았다. 또한 2천만 달러 상당의 무기를 공급하고도 추가로 6·25전쟁 당시 미국에서 획득한 무기(중화기, 대공화기, 곡사포)까지 전달했을 정도로 적극적이었다. 한편, 1959년 10월 이라크 대통령 카셈(Kassem)도 비행기 10대 분량의 무기와 50만 파운드를 리비아를 통해 알제리 임시정부에 지원하였는데, 당시 카셈은 언론과의 인터뷰에서 "중국은 여러 경로를 통해 알제리 임시정부를 지원하기 때문에 정확한 지원규모를 알기 힘들다"고 언급하였다. 이처럼 중국이 알제리에 어느 정도의 지원을 했는지 정확한 통계는 존재하지 않으나 자국의 경제력을 상회하는 지원을 했던 것만은 분명하다.

1958년, 알제리 임시정부가 구성되자 페르하트 아바스(Ferhat Abbas) 총리는 공산국가 중 가장 먼저 중국에 외교관계 수립을 제의하였다. 이것은 중국 입장에서 상당히 고무적인 사건이라고 평가할 수 있다. 물질적인 지원규모를 비교해 본다면 소련과 체코슬로바키아가 알제리 전체 외부 지원의 60%를 차지하고 있었다. 그럼에도 사회주의 종주국인 소련보다 먼저 수교 제의를 받게 된 것은 '정신적 지원'이 상당히 중요한 변수로 작용했다고 볼 수 있기 때문이다. 1958년 후반기로 접어들면서 중국과 임시정부 간의 커뮤니케이션과 고위급 인적 교류가 급속도로 증가한다. 1958년 12월, 임시정부 사회부장관 벤 유세프 벤 커다(Ben Youssef Ben Khedda)가 대표단을 이끌고 중국을 방문했을 때, '정신적 지원'의 중요성을 잘 알고 있었던 중국은 12월 5일, 베이징에서 임시정부 대표단을 참석시킨 대규모 집회를 가졌다. 같은 달, 임시정부의 두 번째 대표단이 중국을 방문했고, 12월 20일 공동선언문 발표를 통하여 프랑스를 비난하고 중국의 알제리에 대한 확고한 지지를 다시 한 번 천명하였다.

1959년 1월부터 5월까지 임시정부 국무장관 오마르 오세딕(Omar Oussedik)이 군사대표단과 게릴라 전투경험이 있는 장교들만을 대동하여 베이징을 여러 차례 방문하는 등 군사교류도 활발하게 이루어졌다. 알제리 군부는 마오쩌둥이 중국 공산혁명 전쟁 당시 사용했던 게릴라 전투방식을 전수받거나 교본을 통해 학습하기도 했다. 1960년 임시정부 수상 아바스는 제 11회 중국 건국기념일을 축하하기 위해 9월 29일부터 10월 6일까지 중국을 방문한다. 9월 29일 임시정부 대표단은 저우언라이가 주최한 만찬에서 중국의 변함없는 지지를 재차 확인하면서, 아바스는 중국식 공산혁명이 아프리카 전 지역에 퍼져 나가야 할 것이라고 답례했다. 이 같은 발언은 아프리카에서 '소련-알제리'보다는 '중국-알제리' 간의 이해관계와 무장혁명 운동에 대한 인식이 더욱 상통했다는 것으로 해석할 수 있다.

중국은 1957년부터 1962년 알제리가 독립할 때까지 대규모 집회, 무기, 군수장비, 자금, 차관, 기술자, 군사훈련, 게릴라전투 고문단까지 민족해방전선이 필요로 했던 모든 지원(*full support*)을 책임졌다. 마침내 1962년 3월 20일 알제리-프랑스 간에 휴전협정이 발효되었고, 약 3개월 뒤인 1962년 7월 알제리는 프랑스로부터 독립을 쟁취하였다. 7월 3일, 류사오치(劉少奇, 1898. 11. 24~1969. 11. 12) 주석과 저우언라이는 벤 커다에게 즉시 축하 메시지를 보냈고, 같은 날, 외교부 부장 천이는 지체 없이 중국이 독립 알제리를 승인한다고 발표했다.

중국이 알제리 민족해방전선과 같거나 조금 더 빠른 시기에 카메룬의 무장 독립운동 단체 '카메룬인민연합'(UPC: Union des Populations du Cameroun)에 각종 무기와 군사훈련까지 지원했다는 사례연구도 있다. 그러나 알제리가 아프리카에서 가장 중요한 혁명의 전장이었음을 부정하기는 어렵다. 당시 중국은 국력의 범위를 초과하면서까지 정치·경제·군사적인 모든 수단을 동원하여 알제리 민족주의자들이 독립을 쟁취하는 데 지대한 공헌을 했기 때문이다. 중국이 알제리를 지원하던 시기, 중국 또한 국내적으로 매우 어려운 상황에 봉착해 있었다. 대약진운동의 실패로 자국경제가 회복 불능에 가까울 만큼 피폐해진 상태였고 수천만 명의 아사자가 발생했다. 그럼에도 불구하고 타국에 엄청난 지원을 쏟아 부었던 것은 고도로 계산된 체계적 목적이 있었기에 가능했다. 중국이 무리수를 둘 수밖에 없었던 이유는 당시 급박하게 돌아가는 국제정세에서 찾을 수 있다.

1956년 시작된 소련의 대미(對美) 정책변화는 1959년 캠프 데이비드 미·소 정상회담이라는 역사적 사건을 탄생시켰다. 이 회담을 통해 양국은 군사대결 지양을 합의하는 등 평화공존(*peaceful coexistence*)과 협력분위기를 조성했고 이러한 국제정세의 흐름은 분명히 중국에게 큰 압박으로 다가왔을 것이다. 또한 1959년 6월 20일 소련은 중국에 지원하던 핵무기 개발인력을 철수시켰다. 그리고 1960년 8월 중국의 경제개발계획을 지원하기 위해 보냈던 기술진까지도 모두 철수시켰다. 게다가 1961년 10월 중·소 이념분쟁이 수면 위로 부상하자 중국은 소련과 공산진영으로부터 '제 2의 봉쇄와 고립'을 염려하지 않을 수 없었다. 따라서 동서진영 두 축으로부터의 고립을 탈피하기 위해 중국 지도자들은 거시적인 안목을 가지고 아프리카 문제에 최대한 집중할 수밖에 없었던 것이다.

결론적으로, 수에즈 위기 당시 프로파간다의 중요성을 경험한 중국은 비록 알제리전쟁에서 물질적으로는 소련에 비해 초라하였으나 정신적으로는 어느 국가보다도 적극적인 지원을 아끼지 않았고 자국의 이슬람단체까지 동원한 맞춤형 인적교류, 즉 소프트 파워를 활용해 아프리카에서 제 3의 축(*axis*)으로 확고한 자리매김에 성공했다. 중국의 알제리전쟁 개입이 대 아프리카 정책의 성공사례 중 가장 중요한 위치를 차지하는 이유도 바로 경쟁국가보다 상대적으로 적은 비용으로 높은 성과를 거두었다는 효율성의 측면에서 의미를 갖기 때문이다. 또한 알제리전쟁을 통해 아프리카의 다른 무장독립운동 세력과 연결됨으로써 중국의 영향력을 아프리카 분쟁지역에 확산시키는 결과를 가져왔다는 것도 큰 의미를 가진다.

4. 이념적 순수성(2) - 해방운동 및 내전 지원

중국은 알제리전쟁 이외에도 냉전기간 동안 거의 모든 아프리카의 혁명운동, 민족주의 조직, 반체제 그룹, 국가 간의 분쟁, 충돌, 전쟁에 가담했거나 연루되었을 정도로 아프리카의 정치사회적 문제에 열성적으로 관여하였다. 그러나 한편으로는 중국의 어쩔 수 없는 선택이기도 했다. 아프리카 대부분의 지도자들은 무신론(*atheism*), 사적 유물론(*historical materialism*), 계급투쟁(*class struggle*)에 반감을 갖거나 이해가 부족해서 이에 대한 관심도가 굉장히 저조했기 때문이다. 즉, 공산주의 철학에 대한 아프리카 지도자들의 무개념·무관심으로 인해 결국 소련을 수정주의라고 비난하던 중국도 아프리카에서만은 이념의 본질적 정수를 추구하지 못하고 아프리카인들의 공통 관심사인 반식민주의 투쟁에 집중할 수밖에 없었던 것이다.

속사정이 이러했던 중국은 아프리카 38개국이 결성한 민족주의 운동단체 '아프리카통일기구'(OAU: Organization of African Unity)와 훈련일정을 협의하는 등 군사지원에 있어서 상당한 영향력을 발휘하였다. 1962년에만 약 4,500명 이상의 중국군사고문단이 아프리카 전역에서 활동하고 있었다. 중국은 1950년대 후반부터 나이지리아, 가봉, 오트볼타(Haute volta), 니제르(Niger), 카메룬, 스와질란드, 르완다, 잠비아, 말라위, 탄자니아, 콩고공화국, 모잠비크, 카나리아 제도 등 아프리카 전역에 게릴라 캠프를 설치하였다. 또 탄자니아, 가나, 콩고공화국 내에 게릴라 및 자유의 전사(*freedom fighter*)로 불리는 정예부대를 훈련시킬 수 있는 대규모 양성소를 운영하였다. 1971년 탄자니아에만 200~500명가량의 중국 군사고문단이 상주해 있었다. 특히 중국은 탄자니아 음베야(Mbeya) 게릴라 양성소에서 포르투갈로부터 독립하기 위해 결성된 무장단체 모잠비크 해방전선(FRELIMO: Frente de Libertação de Moçambique, The Liberation Front of Mozambique)에 무상으로 무기를 제공하고 게릴라전술 훈련과 자금까지 지원해 주었다. 이뿐만이 아니라 FRELIMO는 1960년대 초부터 중국에 대표단을 파견하여 정기적으로 훈련을 받고 돌아와 결국 1975년 포르투갈로부터 독립을 쟁취, 정권 획득에 성공하였다. 이 밖에도 1970년 포르투갈이 기니 독립을 저지하기 위해 군대파견 움직임을 보이자 중국은 기니의 해상방어를 위해 상하이급(Shanghai class, 1960년대 건조된 연안방어용) 경비함 4척을 지원하기도 했다. 1973~1975년 시에라리온, 적도기니, 카메룬, 가나도 중국으로부터 동일한 함정을 지원받았다.

1963년 소련이 미국, 영국과 부분적핵실험금지조약을 체결하자 중국의 소련에 대한 증오심은 극에 달했다. 게다가 1949년 10월 중화인민공화국 수립 후 UN에서 대만이 중국을 대표하는 유일한 합법적인 국가로 인정받고 있다는 사실에 충격을 받은 중국은 UN 가입과 대만 축출을 위해서도 아프리카의 도움이 절실했다. 1960년 당시 아프리카에는 27개나 되는 독립국이 있었고 1963년에는 아프리카 국가들이 UN 회원국의 3분의 1을 차지함으로써 국제적인 영향력이 생성되기 시작했기 때문이었다. 이에 저우언라이는 부총리 천이, 10명의 공산당 수뇌부 그리고 40여 명의 대규모 수행원을 이끌고 1963년 12월 4일~1964년 2월 4일까지 무려 두 달간 이집트, 알제리, 모로코, 튀니지, 가나, 말리, 기니, 수단, 에티오피아, 소말리아 10개국을 공식 방문하는 강행군을 펼쳤다. 반둥회의 정신 계승과 동서진영에 속하지 않는 비동맹 노선의 강화를 위해 제 2회 반둥회의 개최를 추진하고 동시에 소련의 참가를 저지시키고자 노력하였다. 또한 부분적핵실험금지조약의 부당함과 중국과 아프리카의 관계를 정립한 새로운 5원칙을 발표하며 수정주의를 펼치는 소련과의 차별성을 집중적으로 알렸다. 한편으로는 소련으로부터 군사지원을 받지 못하는 해방조직이나 국가를 적극적으로 지원하면서 소련의 지원을 받는 조직이나 국가 내에서도 조직에 반대의사를 가진 개인 혹은 단체를 부추겨 탈퇴하도록 만들거나 새로운 조직을 만들도록 조장하였다. 대표적인 사례가 바로 로디지아에서 소련의 지원을 받던 짐바브웨아프리카'인민'동맹(ZAPU: Zimbabwe Africa People Union)과 중국의 지원을 받던 짐바브웨아프리카'민족'동맹(ZANU: Zimbabwe African National Union)이다.

로디지아의 짧은 역사를 개괄적으로 살펴보면 다음과 같다. 소수 영국계 백인들은 1953년 아프리카 남부의 구리와 각종 광물자원 채취를 목적으로 로디지아·니아살랜드 연방(Federation of Rhodesia and Nyasaland) 또는 중앙아프리카연방(Central Africa Federation)으로 불리는 연방국가를 성립시켰다. 그러나 극심한 인종차별을 겪어온 다수의 토착 흑인 민족주의자들이 해방운동단체를 결성하고 극렬히 저항하여 연방은 10년 만에 해체되었다. 1964년 북로디지아는 통일민족독립당

(UNIP: United National Independence Party)에 의해 잠비아로, 니아살랜드는 반다(Hastings Kamuzu Banda)와 이를 따르는 민족주의자들에 의해 말라위로 각각 독립을 쟁취하였으나 은코모(Joshua nkomo)가 이끄는 가장 강력한 흑인 해방운동조직인 짐바브웨아프리카인민동맹은 남로디지아를 독립시키는 데 실패하였다. 남로디지아에서는 소수의 백인이 영구적인 지배층으로서 남기를 원해 다수의 흑인에 대한 권력이양을 거부했기 때문이었다. 이안 스미스(Ian Douglas Smith)는 로디지아·니아살랜드 연방이 해체되기 이전부터 로디지아전선(Rhodesian Front)이라는 새로운 백인당을 창당하였고 연방 해체 이후 주도적으로 백인 다수의 국회를 구성하여 수상 취임에 성공하는 등 백인정권을 공고하게 확립하였다. 이후 영국에게 독립을 요청하였으나 거절당하자 1965년 '일방적 독립선언'(Unilateral Declaration of Independence)을 선포함으로써 영국과 정치적으로 결별하고 독자적인 길을 걷고자 했다. 그러나 로디지아의 일방적 독립선언은 영 연방과 UN에서까지 명백한 불법으로 규정되어 강력하게 규탄받았고 전 세계 어떤 국가로부터도 승인을 받지 못했다.

1962년 로디지아전선은 백인 지상주의 정책을 펼치며 짐바브웨아프리카인민동맹(소련 노선, 이후 ZAPU로 표기)의 활동을 금지시키고 탄압하기 시작했다. 게다가 시톨레(Ndabaningi Sithole)는 은코모의 온건화 노선에 불만을 품고 보다 과격한 투쟁을 요구하는 내부기류를 감지하여 이듬해인 1963년 짐바브웨아프리카민족동맹(중국 노선, 이후 ZANU로 표기)이라는 당을 새롭게 조직하였고 훗날 짐바브웨의 대통령이 된 무가베(Robert Gabriel Mugabe, 1924. 2. 21~)는 ZANU의 서기장을 맡았다. 그런데 시톨레는 이미 1961년 탄자니아 모시(Moshi)에서 처음으로 신화사 통신의 기자로 가장한 중국 외교관들과 접촉하고 12월에

〈표 2-2〉 중 · 소 아프리카 해방운동 지원 조직

국가	중국이 지원한 해방운동 조직	소련이 지원한 해방운동 조직
앙골라	앙골라해방민족전선(FNLA) 앙골라전면독립민족동맹(UNITA)	앙골라해방인민운동(MPLA)
기니/ 카보베르데	기니-카보베르데 아프리카독립당(PAIGC)	기니-카보베르데 아프리카독립당(PAIGC)
모잠비크	모잠비크혁명위원회(COREMO) 모잠비크해방전선(FRELIMO)	모잠비크해방전선(FRELIMO)
나미비아	서남아프리카국민연합(SWANU)	서남아프리카인민기구(SWAPO)
남아공	범아프리카주의자회의(PAC)	아프리카민족회의(ANC)
짐바브웨	짐바브웨아프리카민족동맹(ZANU)	짐바브웨아프리카인민동맹(ZAPU)

주: 자세한 용어 설명은 이 책의 〈부록: 약어 및 용어정리〉(p.289) 참조.
출처: The Forum on China-Africa Cooperation (FOCAC) (2011).

베이징을 방문하였다. 새로운 당을 조직하기 수년 전부터 벌써 중국과 연결되어 있었던 것이다. 따라서 1963년 ZAPU로부터 나와 ZANU를 조직하자마자 당원들을 중국으로 파견해 게릴라 훈련을 받게 할 수 있었다. 최고위급 간부의 경우에는 중국에까지 가지 않고서도 가나에 위치한 중국 게릴라 캠프에서 훈련을 받을 수 있게 배려받기도 했다.

중국이 ZANU를 적극적으로 지원하게 된 계기는 ZAPU가 다름 아닌 소련의 지원을 받고 있었기 때문이었다. ZAPU의 당수 은코모는 1961년 소련을 방문했고 당원들도 소련에서 군사훈련을 받았다. 중소이념분쟁의 결과로 소련이 지원하는 조직의 경쟁조직에 중국의 관심이 집중되었던 것이다. ZANU의 하위조직이었던 짐바브웨아프리카민족해방군(ZANLA: Zimbabwe African National Liberation Army, 이후 ZANLA로 표기) 소속 우수 당원들은 난징군사학교(南京軍事學院)에서 6~9개월간의 교육과정을 거쳐 모잠비크, 탄자니아, 잠비아 게릴라 캠프에

배치되어 신병을 모집하거나 교관으로 활동하였다. 중국에서 교육받은 ZANLA 교관들은 1965년 린뱌오(林彪)가 〈인민일보〉 홍기, 〈해방군보〉(解放軍報)에 동시에 발표한 '인민전쟁승리만세'(人民戰爭勝利萬歲)라는 논문을 토대로 사상교육을 진행했을 정도로 중국의 이념전파에 큰 역할을 했다. ZANU는 1970년대에 접어들면서 급진주의적 활동으로 중국의 더욱 큰 관심을 이끌었고 1972년에만 ZANLA 1만 2천명을 중국의 무기로 완전무장시켰다. 이후 중국은 수십 년간 ZANU를 지원함으로써 1978년 이안 스미스 백인정권을 항복시키고 1980년 현 짐바브웨 대통령(1987~) 무가베가 정권을 잡는 데 혁혁한 역할을 하였다.

이처럼 중국의 아프리카 해방조직과 단체 및 국가들에 대한 군사협력과 지원은 매우 중요한 외교적 행태로 구현되면서 긍정적 결과를 낳았다. 여러 혁명, 해방조직과 반체제 인사들이 독립하거나 정권을 획득하는 데 막중한 역할을 담당했기 때문이다. 중국은 1967~1976년까지 약 1억 4천 2백만 달러의 무기를 아프리카에 공급하였다. 콩고공화국 1천만 달러, 탄자니아 7천 5백만 달러, 자이레가 2천 1백만 달러로 대표적 수혜국가였고, 카메룬, 이집트, 기니, 수단, 튀니지, 잠비아에는 각 5백 달러 상당의 무기가, 부룬디(Burundi), 감비아(Gambia), 말라위, 말리, 모잠비크, 르완다에는 각각 1백만 달러의 무기가 공급되었다. 중국본토에서 군사훈련을 받은 아프리카 최고위급 장군 및 장교들은 총 2,675명에 달했으며 1955~1976년까지 콩고(Brazzaville) 425명, 기니 350명, 수단 200명, 시에라리온(Sierra Leone) 150명, 카메룬 125명, 자이레 75명, 말리, 모잠비크, 토고, 잠비아 각각 50여 명, 알제리와 소말리아가 각각 25명 등으로 집계된다. 이 밖에도 미국군축청(Arms Control and Disarmament Agency)에 의하면 중국은 1961~1971년 사이 245개의 주요 무기체계를 공급하였고, 1954~1971년까지 4억

4천 6백만 파운드의 무기를 공급해 8억 6천 7백만 파운드의 무기를 공급한 소련의 절반 이상을 차지함으로써 국력의 대부분을 아프리카 해방운동에 쏟아 부은 것으로 나타났다.

5. 이념적 순수성(3) - 좌절과 실패

냉전기간 중국의 지원으로 아프리카에서 수많은 혁명의 불꽃이 일어났으나 반대로 제 목소리를 제대로 내보지도 못한 사례 또한 무수히 많았다. 대부분은 잊혔지만 중국의 아프리카 혁명과 해방운동의 초기 지원사례 중에는 잘못된 선택으로 오히려 경쟁조직이 정권을 잡는 등 좌절과 실패를 겪기도 했다.

☼ 앙골라

대표적으로는 앙골라 해방조직 지원사례를 들 수 있다. 앙골라는 아프리카 민족주의가 대두되어 포르투갈 제국의 체계를 흔들기 시작할 때까지 약 400년 이상 포르투갈의 식민지였고, 1951년에는 해외영토로 편입되었다. 1960년대 초 경제호황기에 석유개발(카빈다주, Cabinda province), 다이아몬드, 고가의 커피산업을 위해 30만 명 이상의 백인 포르투갈인이 추가로 정착하였다. 이처럼 경제적인 중요성이 부각되면서 포르투갈 정부는 앙골라를 절대 포기할 수 없는 자국의 고유 영토로 굳게 인식했고, 이는 흑인 민족주의자단체 및 조직들과의 피할 수 없는 충돌과 기나긴 전쟁으로 직결되었다.

중국의 앙골라 해방운동 개입은 다수 조직을 지원했던 1950년대 후반까지 거슬러 올라간다. 중국은 가장 먼저 앙골라해방인민운동(MPLA:

Movimento Popular de Libertacao de Angola, 이후 MPLA로 표기)을 지원했으나 소련의 개입으로 사빔비가 결성한 앙골라전면독립민족동맹(UNITA: Uniao Nacional para a Independencia Total de Angola, 이후 UNITA로 표기) 쪽으로 지원방향을 돌렸고, 사빔비와 11명의 UNITA 수뇌부는 난징군사학교에서 훈련까지 받았다. 1973년에는 로베르토(Holden Alvaro Roberto)가 1961년에 조직한 반공(反共) 성향의 앙골라해방민족전선(FNLA: Frente Nacional de Libertacao de Angola, 이후 FNLA로 표기)에까지 관심을 가지면서 FNLA만을 위해 1974년 5월 112명의 군사고문단을 파견해 게릴라 훈련을, 8~9월에는 450톤의 무기를 지원하였다. 당시 중국은 FNLA가 앙골라의 해방을 이끌고 정권을 차지할 것이라고 자신하였다.

1975년 1월 5일 앙골라의 3개 해방운동 조직은 케냐 제2의 도시 몸바사(Mombasa)에서 회담을 열어 모든 전투를 중지하고 포르투갈로부터 독립하기 위해 협력을 도모하자는 내용의 알보르 협정(Alvor agreement)을 맺었다. 그러나 남부 아프리카지역에서 중국의 영향력 확대를 우려한 소련은 MPLA에 무기와 자금을 쏟아 붓기 시작했고 소련의 영향력 확대를 우려한 미국은 FNLA에 자금과 무기를 공급하기 시작했다. 이를 본 쿠바는 군사 고문단과 소련제 무기들을 MPLA에 공급하기 시작했고 자이레 군대가 FNLA를 지원하기 위해 앙골라 북부로 진격하였다. 여기에 남아프리카공화국 군대가 앙골라 남부로 진격하면서 3개 해방운동 조직 간의 협정은 없던 일이 되어버린 채 다시 치열한 내전에 돌입하였다. 결국 쿠바의 지원으로 MPLA는 수도와 주요 도시 및 12개 지방을 손에 넣으며 내전을 승리로 이끌었고 동시에 포르투갈로부터 독립을 쟁취하였다.

1975년 11월 11일 MPLA가 독립을 선포한 자리에는 1만 명 이상의 소련과 쿠바 군대가 집결하였다. 소련과 쿠바의 인적 지원의 규모는 중국에 비해 10배 이상이었던 것이다. 이후 중국과 앙골라 MPLA 정권과의 관계개선에는 6년 이상의 세월이 소요되었다.

☼ 가나

이집트는 순수한 아프리카 국가가 아닌 중동국가이기도 했다. 따라서 1960년 7월 6일 중국에게 가나는 '영국의 아프리카 식민지배로부터 독립한 국가와 맺은 첫 외교관계'라는 상징성을 지녔다. 1960년 7월 1일 가나공화국이 선포되는 날 기니 주재 중국 대사가 참석했을 정도로 중국은 가나와의 국교수립 이전부터 지대한 관심을 가졌다. 1961년 8월, 가나의 초대 대통령 콰메 은쿠르마의 첫 공식방문 때에는 1,960만 달러의 차관을 무이자로 제공하고 최혜국 대우의 무역협정을 선뜻 맺었을 정도로 두 나라의 관계는 친밀하였다. 그러나 사실 1960년대 초반 중국은 경제개혁의 실패로 최악의 재정상황에 처해 남의 나라 살림에 신경을 써줄 수 있을 만한 상황이 전혀 아니었다. 그럼에도 가나에 무이자 차관을 제공함으로써 면화 방직공장, 면화 트리코(*tricot*) 공장, 연필공장 건설을 가능케 하고 5개의 크고 작은 기술협력 프로젝트가 진행될 수 있도록 공을 들였다. 반대로 가나의 입장에서 사회주의 진영인 중국과의 협력은 곧 미국과 서방세계로부터의 압박과 봉쇄를 의미하였으므로 미국, 영국, 프랑스, 서독까지 은쿠르마의 축출을 원하는 상황이었다.

1966년 2월 24일, 은쿠르마의 중국 공식 방문일을 기하여, 미국 CIA의 지원을 받은 민족해방위원회(NLC: National Liberation Council)가 쿠데타를 일으켜 은쿠르마는 끝내 실각했다. 쿠데타 성공 직후, 중국인 430명과 비상인원 18명만 제외한 대사관 전 직원이 추방되면서 중국과 가나의 관계는 급격히 냉각되었다. NLC의 집권 이후, 국영기업은 민영화되고 압박과 봉쇄가 해제되면서 미국을 비롯한 서유럽국가, 국제통화기금 등으로부터 원조금, 식량, 경제개발계획이 물밀듯이 들어오기 시작하였다. 비상식량 원조의 경우, 은쿠르마 시절에는 끈질긴 요구에도 관련 국제기구로부터 거부당했는데 쿠데타 성공 3주 만에 미국으로부터 원조가 승인되었을 정도였다. NLC 집권 한 달 후, 가나의 가장 중요한 수출품목인 코코아의 국제 거래가격이 14%나 상승하기도 하였다. 이전에 있었던 미국과 서방세계의 압박과 봉쇄가 어느 정도였는지 짐작할 수 있는 대목이다.

중국에게 '가나 주재 중국대사관 폐쇄'보다 더 치명적이었던 것은 5명의 대령과 27명의 중국 군사고문단이 운영하던 '게릴라 훈련소의 폐쇄'였다. 이 훈련소의 역할과 지위가 대사관보다도 중요했던 이유는, 이곳이 중국식 공산이념을 확산시키는 데 가장 만족할 만한 효율을 보이고 있었기 때문이었다. 이 훈련소는 비독립국가의 무장단체나 조직의 전투원만을 훈련시켰던 곳이 아니었다. 나이지리아, 오트볼타, 말라위, 니제르, 르완다, 가봉, 카메룬, 잠비아와 같은 독립국가의 정규군이 파견되어 훈련을 위탁받기도 했다. NLC의 쿠데타 성공 이후, 중국이 가나에 약속했던 4천 2백만 달러 상당의 각종 지원사업은 중지되었고 207명의 기술진도 추방당하였다.

NLC가 쿠데타 성공 직후 왜 중국대사관 폐쇄를 단행하지 않았는지에 대해서는 여러 추측이 있으나 그중 라킨(Bruce Larkin)의 연구가 가장 설득력이 높다. 라킨에 따르면 은쿠르마를 수행했던 전(前) 외교부장관 알렉스 큐아이션-삭키이(Alex Quaison-Sackey)가 귀국 후 기자회견을 통해 은쿠르마가 대통령직 복귀를 위한 지원을 중국 측에 요청했다고 발표하였다. 며칠 후, 중국이 은쿠르마를 돕기 위해 대량의 무기와 전쟁물자를 선적하는 중이라는 소식이 NLC에 전달되었다. 또한, 중국이 은쿠르마의 대통령직 재탈환을 위해 1백만 달러 이상을 지원했다는 소식도 이어졌다. 이러한 이유로 NCL 정부는 중국과의 무력충돌 사태를 대비해, 협상창구로써 중국대사관을 폐쇄하지 않았던 것이다. 그러나 실제 은쿠르마 실각 이후, 중국의 모든 움직임은 한낱 루머에 불과했던 것으로 드러났다.

결론적으로 중국은, 가나의 은쿠르마 통치기간 동안은 미국과 서방세계와의 경쟁에서 절대적 우위를 점하고 있었지만 NLC 쿠데타로 인해 엄청난 물질적 손실과 영향력 감소를 면치 못했다. 그러나 이러한 상황전개는 중국의 어리석은 지원이나 무리한 활동이 초래한 것이 아닌 쿠데타에 의한 부산물로써 중국의 정책적 '실패'라기보다는 '좌절'이라고 보는 것이 마땅하다.

☼ 중앙아프리카공화국

중국은 중앙아프리카공화국과 1964년 9월 29일 국교수립을 맺었다. 1966년 1월 1일, 장 베델 보카사(Jean Bedel Bokassa)는 사촌인 데이비드 다코(David Dacko) 대통령을 축출하였고, 5일 후 중국과의 외교관계를 단절하였다. 보카사가 언론에 흘린 중국과의 외교단절 이유로는 중국이 각종 무기와 반정부 유인물을 중국인 또는 자국민이 운영하는 친중 성향의 중앙아프리카무정부주의단체(APC: Armee Populaire Centraficaine)에 제공했기 때문이라고 한다. 중앙아프리카 연구에 관한 한 최고의 선두주자라고 할 수 있는 르 바인(Le Vine)에 따르면, 쿠데타 이전부터 정부와 군부에 포진한 고등교육을 받은 엘리트 '급진개혁파청년단체'(Group of Young Turks)는 다코 대통령의 중국 승인과 콩고공화국의 혁명 진전에 깊은 인상을 받았다고 지적하였다. 정권 핵심의 곳곳에 포진됐던 이 단체의 구성원들은 평균 나이가 25세인 해외유학파(10~15년) 들이었으며 다코 정권에서 전통적인 방식으로 이 단체를 다루는 데 상당한 마찰이 있었던 것으로 드러났다. 반면, 보카사는 이 단체를 잘 활용함으로써 쿠데타에 성공할 수 있었던 것이다.

이처럼 '급진개혁파청년단체'와 APC는 정반대의 성향이던 까닭에 APC가 중국의 지원을 받을 경우에는 내전과 같은 복잡한 결과를 초래하게 될 위험이 있었다. 보카사는 정권을 탈취한 후 이를 방지하기 위한 조치로써 중국과의 단교를 단행했던 것이다. 이로 인해 중국이 중앙아프리카공화국에 제공했던 4백만 달러 차관은 목적을 상실한 원조가 됐고, 중국이 해당국의 국내 정세를 파악하지 못해 단교를 당한 것에 해당하므로 명백한 '정책적 실패'로 분류할 수 있다.

☼ 케냐

케냐아프리카민족동맹(KANU: Kenya African National Union) 출신인 케냐타(Kenyatta) 대통령은 친서방 정책 및 친자본주의 성향이 매우 강했다. 반면, 같은 당 출신인 오딩가(Odinga) 부통령은 1960년에 벌써 중국을 방문했을 정도로 친사회주의적이었다. 이 둘의 마찰은 결국 1966년에 오딩가의 실각으로 이어졌다. 이에 오딩가는 케냐인민동맹(KPU: Kneya People's Union)을 창당하고 키쿠유족(Kikuyu)인 반정부 성향의 좌익 인사 빌다드 카기아(Bildad Kaggia) 및 다른 급진 좌파세력과 연대하여 케냐타의 KANU 내 우파세력에 맞섰다. 중국으로서는 케냐의 혼란스러운 정국에서 오딩가 측과 연대하는 수밖에 없었다. 반대로 미국과 영국은 우파세력에 지원을 쏟아 부었다.

1966년 3월 10일, 케냐 국방부 장관은 중국이 케냐정부의 승인도 없이 400명의 자국민을 군사 훈련시켰다고 폭로 후 강력히 항의했으며 케냐타 대통령을 실각시키기 위한 좌파 운용자금으로 10만 파운드가 사용되었다는 사실도 발표하였다. 3일 후, 케냐 내무부 장관은 1964년 6월과 1965년 12월 사이에도 40만 파운드가 케냐정부를 전복시키기 위한 자금으로 사용되었다는 사실을 알렸다. 자금 출처에 관한 정확한 정보는 존재하지 않으나 정황상으로는 중국과 직접적으로 관련이 있었을 것으로 추정됐다. 케냐정부는 항의 표시로 중국대사관 직원 한 명과 3등 서기관 한 명에게 추방 명령을 내렸다. 중국에 대한 케냐정부의 이 같은 '페르소나 논 그라타'(*persona non grata*)* 조치는 처음이 아니었다. 케냐정부는 이미 1965년 7월 22일에 처음으로 신화사통신 특파원, 중국인 왕더밍(王德明)을 추방했다. 당시 왕더밍은 케냐정부 여당(KANU) 청사 잠입사건과 관련 있는 것으로 알려져 있었다. 두 번째 인물은 1966년 3월 10일 나이로비 주재 중국대사관 직원이었고 며칠 후 세 번째로 야오춘(耀春) 3등 서기관이 강제 출국당하였다. 케냐의 한 상원의원이 저우언라이의 '아프리카에서 혁명이 무르익었다'는 발언을 비판한 것에 대해 그들이 항의서한을 발송했던 것이 조치 이유였다.

양국의 긴장된 관계가 최고조에 이르게 된 결정적인 계기는 1966년 7월 케냐정부 각료인 므보야(Mboya), 오소고(Osogo), 다니엘 아랍 모이(Daniel Arap Moi)가 국회연설에서 한 발언 때문이었다. 그들은 '중국이 중상, 비방, 모략으로 스스로의 무덤을 파는 도발행위를 하고 있다'고 주장했다. 당시 중국은 케냐 좌파단체에 막대한 자금을 지원하고 있었다. 특히, 다니엘 아랍 모이는 '뻔뻔스럽고 염치없는 중국'이라며 원색적 비난도 서슴지 않았다. 이 때문에 1966년 8월 홍위병(紅衛兵)

• 정상적인 외교활동을 벗어난 행위를 문제 삼아 '비우호적 인물' 또는 '기피인물'로 선언하는 행위이며 해당 정부는 상대국 외교관의 신분을 불인정, 면책특권을 박탈할 수 있다.

들이 대규모로 모여 베이징 주재 케냐대사관에서 3명의 각료에게 '반동주의자의 책동'이라고 항의하며 대사관 유리창을 부수는 등 거칠게 시위했다. 케냐 정부는 즉각 항의서한을 나이로비 중국 대사관에 보냈으나 만족할 만한 설명을 듣지 못하자 중국 주재 자국 대사를 귀국시켰다. 또한 나이로비의 중국대사관에서 KANU 소속의 청년당원을 동원하여 홍위병의 시위에 대한 보복시위로 유리창을 파손했다. 1967년 6월 29일, 케냐정부는 중국 대리대사(chargé d'affaires) 리지에(李玠)를 페르소나 논 그라타로 발표하면서 즉시 케냐를 떠날 것을 명령하였다. 당시 중국 대사는 중국에 체류하고 있었기 때문에 나이로비 주재 중국대사관에는 의사결정을 비롯한 모든 업무 시스템이 마비상태에 빠지는 곤란을 겪어야 했다. 이에 맞서 1967년 7월, 중국은 보복 조치로써 케냐 대리대사의 추방을 명령하였다. 베이징 주재 케냐대사관 또한 나이로비 중국대사관과 유사한 난관에 빠지게 되었다. 양국이 서로 대사와 부대사 그리고 대리 공사가 없는 상황에 처하게 됨으로써 실질적인 양국 간 외교기능이 모두 마비된 채 '외교관계 유지'라는 명분만 남게 된 것이다. 중국은 미국과 영국까지 비난하면서 제국주의 국가들이 케냐 정부를 부추겨 일어난 사건이라고 언급하기도 하였다. 이 사건으로 양국의 대치는 무려 11년간이나 이어졌다.

☼ 튀니지

튀니지의 하비브 부르기바(Habib Bourguiba) 대통령은 1956년 영국으로부터의 독립 직후 친서방 노선을 채택했다. 튀니지는 거의 100%에 가까운 국민이 아랍어를 사용하고 대다수가 수니파로서 무슬림의 통일성 측면에서는 가장 완벽에 가까운 아랍국가라고 할 수 있었다. 그럼에도 부르기바 대통령은 튀니지가 아랍연맹이나 나토 중 하나를 선택해야만 한다면, 과감히 나토를 선택할 것이라고 공개적으로 언급했다. 또한 부르기바는 점진적 개혁주의자였기 때문에 중국의 대 아프리카 정책과는 정면으로 상충하고 있었다. 따라서 1964년 1월 10일 중국과 튀니지의 국교가 수립된 이후부터 1967년 9월 27일 중국대사관의 업무가 중단될 때까지 단 한 차례도 좋은 관계를 유지한 기간이 없었다. 1965년 부르기바는 중국의 대 아시아, 아프리카 정책이 이념으로 위장(爲裝) 된 식민주의라고 비판했다. 또한 자국 언론과의 인터뷰에서 '중국의 아프리카 침투가 위험한 수준에 도달했는지'에 대해 아래와 같이 답했다.

> 지켜본 바로는, 중국은 아프리카의 전 지역에 중국의 이념을 침투시키고 곤란을 야기하며 모순된 사회를 악화시키고 새 정권을 부정하는 게릴라에게 무기와 훈련을 제공하고 싶어한다. 저우언라이도 그것을 부정하지 않으며 누구에게나 아프리카의 혁명이 무르익었다고 이야기한다. 아프리카 대륙이 무정부 상태와 체제 전복에 빠지기 전에 중국이 엄청난 거래를 할 것이라는 생각이 들지만 많은 아프리카인들은 혁명과 무력투쟁을 무척이나 싫어한다는 것을 중국정부는 분명히 알아야만 한다.

중국은 부르기바의 비판과 더불어 튀니지가 국제연합에서 '두 개의 중국'(*two Chinas*) 안(案) 을 지지한 것에 대해서도 강력하게 항의하였다. 양국의 긴장관계는, 부르기바의 아들이며 외무부장관인, 부르기바 2세의 경고성 발언에 의해 최고조를 기록했다. 중국이 계속적으로 튀니지의 수반을 비방하고 자극한다면 외교단절도 불사하겠다는 의사를 밝혔기 때문이다. 1967년 9월 15일, 중국은 튀니지에 공식적으로 격한 문구를 담은 항의서한을 발송하였으며 중국 외교부에서 튀니지 외무부로 전달된 공식 항의서한은 다음과 같다.

> 튀니지 정부는 미국 제국주의 편에 서서 아랍인의 반제국주의 전선을 분열시키고 붕괴하려 하고 있다. 이것이 튀니지인들과 그 밖의 아랍인들을 몹시 분노하게 만들었고 튀니지 정부가 그들의 강경한 반대에 직면했다는 것을 깨달아야 한다. 튀니지 정부는 사람들의 주의를 다른 데로 돌리고 미국 제국주의와 소련 수정주의에 한층 깊이 물들어버린, 그리고 튀니지인과 다른 아랍인의 이권을 팔아넘긴 그 죄를 덮어버리기 위해 중국에 대한 반대세력을 이용하려는 시도로 분명 좋지 않은 결말을 맞게 될 것이다.

튀니지는 즉각 사과를 요구하고, 정해진 기한 내 사과하지 않으면 중국대사관의 모든 직원이 '페르소나 논 그라타'가 될 수 있다고 경고했다. 또한 튀니지가 제시한 사과조건을 충족시키지 못할 경우에도 중국 본토로부터 새로 부임하게 될 중국인 외교관이나 대사관 직원이 결코 튀니지 땅을 밟을 수 없을 것이라는 발표를 공식적으로 하기에 이르렀다. 그러나 중국은 사과를 거부한 채, 모욕과 오명을 씌운 튀니지 정부와는 결코 함께 일할 수 없다며 1967년 9월 27일 튀니지 주재 중국대사관의 모든 직원을 철수시켰다.

중국 외교부가 튀니지에 발송한 9월 15일자 공식서한에 과거 아프리카 국가를 대상으로 한 어떠한 공식문서에서도 사용된 적이 없었던 과격한 문구가 사용된 점으로 미루어 볼 때, 이미 중국은 관계단절을 염두에 두었다고 볼 수 있다. 미국과 서방세계를 제외하고 아프리카국가를 대상으로 일련의 단호한 반응을 보인 것 또한 과거에는 찾아보기 힘든 경우였다. 당시 중국은 문화대혁명으로 가장 혼란스러운 상황이었기 때문에 대외문제에 관하여 심사숙고할 수 있는 여유나 기능이 충분치 않았을 것이란 유추가 가능하다.

한편, 실제 양국 간 극한대립의 단초(端初)는 튀니지에서의 중국의 선전행위와 정치적 개입이었다고 할 수 있다. 중국의 입장에서 부르기바는 완고한 대통령으로서 절대적인 친서방 노선이었기 때문에 중국의 어떠한 지원과 설득에도 노선변화가 힘들다는 판단을 내렸을 것이다. 따라서 '단교'보다, 과거처럼, '침묵'이 더 많은 손실을 가져온다는 결론을 내린 것으로 보인다. 튀니지는 아프리카와 아랍 그리고 국제무대에서도 자신의 목소리를 내는 영향력 있는 국가였기 때문에 중국이 입은 외교적 손실은 상당한 수준이었다.

☼ 신(新) 아시아 · 아프리카 회의 구상

소련과의 이념분쟁이 수면 위로 부상하자 국제무대에서 중국의 입지는 좁아지기 시작했다. 소련의 후원으로 개최되던 국제회의나 기구에서 아프리카와 접촉하기가 어려워졌기 때문이다. 대표적으로 소련의 대외 선전 창구역할을 수행하던 세계평화위원회(WPC: World Peace Council)와 세계노동조합연맹(WFTU: World Federations of Trade Unions)의 참가가 불가능해짐과 동시에 심지어는 유럽국가의 공산당과도 접촉이 차단되기 시작하였다. 소련 수정주의와의 잦은 충돌 자체가 중국에게 큰 타격이 된 셈이었다. 특히 소련의 집중적인 견제 때문에 '아시아 · 아프리카인민연대기구'(AAPSO: Afro-Asian People's Solidarity Organization)에서 탈퇴하게 되고 1955년 반둥회의 이후 알제리에서 개최 예정이었던 '제 2회 아시아 · 아프리카회의'의 개최가 무기한 연기되었다. 소련은 여러 국제기구에서 영향력을 강화하고 회원국에게 지원을 대폭 늘림으로써 기구 내에서 확실한 주도권을 잡기를 원했다. 소련의 이 같은 의도를 긴히 파악하고 있었던 중국으로서는 기존의 기구에서 소련과 경쟁해 보았자 승산이 없을 것이라고 판단했다.

1965년 가나에서 개최된 제 4회 AAPSO에서 다음 회의 개최지를 베이징으로 결정하였으나 중・소 이념분쟁이 한창이었기 때문에 소련의 강력한 반대로 인해 1967년 개최지가 알제리로 변경됐다. 중국은 이에 반발하여 AAPSO에서 탈퇴해버렸고 장차 국제회의나 기구에서 소련에 대항하기 위해 세 가지 대안을 마련하였다. 첫째, 1963년부터 국제기구를 아예 창설해버리거나, 둘째, 소련이 지원하지 않는 기존의 중・소규모의 기구에서 영향력 확대를 위해 중국 개최를 추진하거나, 셋째, 중국에 새로운 기구의 본부를 두는 방안이었다.

다행히 이러한 방안은 외적 측면에서는 꽤나 성과를 거두었다. 1963년 5월 아시아・아프리카 저널리스트 협회(AAJA: Asian and African Journalists Association)와 1964년 세계과학자연맹(WFSW: World of Federation of Scientific Workers) 모임을 베이징에서 개최하는 데 성공했고 1966년에는 제3회 아시아・아프리카 작가 회의(Afro-Asian Writers Bureau)를 개최하고 상임 사무국을 베이징에 설치하였다. 또한 중국의 지원으로 1963년 11월 10일부터 22일까지 제1회 신흥국경기대회(GANEFO: Game of the New Emerging Forces)가 인도네시아 자카르타에서 개최되었다. 1965년 9월에는 '아시아 신흥국경기대회 위원회'를 베이징에 설치하기도 하였다.

그러나 내적인 측면, 즉 자국 개최를 통해 소련을 비판하고 미국의 베트남 참전을 비난하는 데는 별다른 성과를 거두지 못했다. 1963년 제4회, 1966년 제5회 아시아・아프리카경제협력기구(Afro-Asian Organization for Economic Cooperation) 회의에서 소련의 지속적인 참여를 저지하기 위하여 회원국에게 정치적 압력을 행사했으나 오히려 강력한 반발에 부딪혔다. '아시아・아프리카회의'에서 소련을 몰아내기 위해 회원국 대다수의 의결을 이끌어 내기에는 역부족이었고 1965년 알제리에서 개최 예정이었던 제2회 아시아・아프리카회의는 소련과의 분쟁으로 결국 영구히 열리지 못하게 되었다.

이념에 관한 중국의 가장 대담한 시도 중 하나는 1965년 알제리에서 개최 예정이었던 제 2회 아시아·아프리카 회의에서 UN을 대체할 '혁명국제연합'(Revolutionary United Nations)이라는 국제기구를 창설하고자 시도했다는 것이다. 저우언라이는 미국의 의지대로 조종되는 UN은 아시아와 아프리카 국가들의 고통을 해결하는 데 전혀 도움이 되지 못한다고 주장하면서 비동맹국가의 참여를 유도하였다. 그러나 소련과의 이념분쟁, 인도와의 국경분쟁으로 제 2회 아시아·아프리카 회의 자체가 무기한 연기되었다. 그나마 유일하게 중국의 제안에 호응했던 인도네시아는 UN을 탈퇴하기도 했으나 인도네시아를 제외한 아시아와 아프리카의 관심이 저조했던 데다 인도네시아가 UN에 재가입하게 되어 중국의 시도는 큰 주목을 받지 못했다.

결론적으로, 소련이 지원하지 않는 각종 국제기구를 이용하여 달성하려 했던 중국의 목표는 참여 회원국에게 적잖은 부담을 안김으로써 실패로 끝났다. 회원국으로서는 국제적인 이슈나 정책에 관하여 중국과 소련 중 한쪽만 택하라는 압력을 받아야 한다거나 원하지도 않은 표현을 억지로 사용해야만 하는 상황 등을 적잖은 외교적 부담으로 느낄 수밖에 없었기 때문이다. 실제로 대부분의 아시아, 아프리카 국가는 중국과 소련의 분쟁에 말려들기를 꺼려하였다. 그들이 원하는 것은 중국이나 소련과의 직접적인 접촉을 통해 정치적·경제적 이익을 얻고자 하는 데 있었으며, 기회만 된다면 자국이 위치한 지역기구나 영 연방, UN에 소속되기를 가장 선호하였기 때문이다.

3

이념적 경제관계

중국은 냉전기간 동안 '프롤레타리아 국제주의'(*proletarian internationalism*)를 바탕으로 동일한 체제로의 전환 및 유지를 도모하기 위해 아프리카와 방대한 규모의 특수 경제 관계를 형성했으나 '이념'이라는 최상위 개념에 가려져 지금껏 학술적으로 조명받지 못했다. 이념에서 시작되어 반세기를 거쳐 다져진 아프리카와의 우호관계를 바탕으로 중국은 현재 독보적인 자원 공조 관계를 점하고 있다. 20세기 이념대국이었던 중국은 21세기 현재 경제대국으로 변모하였고 중국을 읽는 코드 또한 그 변화에 따라 새롭게 거듭났다. 반면, '과거' 없이는 현재도 없는 법이건만 중국의 '이념'에 '경제'가 거듭난 '이념적 경제관계'(*Ideological economic relations*)에 대한 연구는 찾아보기 쉽지 않다. 국제학(*International Studies*), 국제경제학 (*International Economics*), 국제정치학(*International Politics*) 등 다양한 학문분야에도 아직 다루어진 예가 없는 상황이다. 따라서 냉전기간 중국과 아프리카의 경제관계를 집중

조명함으로써 '이념적 경제관계'의 정의를 정립하고자 한다.

냉전기간 아프리카에 현물 기증, 차관 등을 제공했던 세계은행이나 서방 채권 국가의 대부분은 겉보기에는 인도주의적 목적 또는 통상적인 형태를 띠고 있으나 실제로는 은밀하게 까다로운 조건을 제시한 경우가 대부분이었다. 소련도 예외가 아니었다. 그러나 오로지 중국만은 다른 국가들과 달랐다. 무역, 차관, 무상원조, 투자 등 각종 경제적 지원 패키지를 제공하면서 조건이나 단서가 전혀 언급조차 되지 않았던 순수한 이타주의적 형태를 수십 년간 유지한 것이다.

1. 냉전기간의 중국과 아프리카의 무역통계

냉전 초기 중국의 수·출입에서 아프리카가 차지하는 비중은 그리 높지 않아 통계로 집계되지도 않았을 정도였다. 또 1956년 중국의 대아프리카 수출은 전체의 1.9%를 차지하는 데 그쳤다. 그러나 이집트와의 수교 이후 지속적인 증가세를 보이며 1967년에는 수출이 세 배 이상 확대되었다.

반면 아프리카에서의 수입은 저조하였다. 1956년 중국 전체 수입량에서 1.7%, 1963년에는 4.4%를 기록한 이후 오히려 축소되었다. 엄밀히 말해 중국은 아프리카에서의 수입이 아예 필요하지도 않은 상황이었다. 아프리카의 주요 수출 품목은 석유, 광물, 목재 등의 원자재 및 커피 등의 기호품이었으나 이러한 품목은 서방국가에서 필요로 하는 것들이었지 중국이 굳이 수입까지 해야 할 것들은 아니었다. 아프리카 전체 무역 규모가 무려 중국의 3~4배에 달했음에도 불구하고 중국과의 무역 규모가 큰 비중을 차지하지 않았던 것도 이러한 연유다. 아프리카 국가 중 그나마 중국 수출 비율이 가장 높았던 우간다는 1961년 총 수출의 8.5%를 중국이 차지했는데 주요 수출품이 차(茶)와 곡물, 설탕으로 중국에서 필요로 했던 품목이었기 때문에 그나마 비율이 높았던 것이다. 예외적으로 이집트의 주요 수출 품목인 면화는 오히려 중국에서 더 많이 생산되던 상황이었으나 이념적 이유로 지속적으로 수입하였다. 덕분에 1965년 이집트 총 수출의 7%를 중국이 차지하는 등 높은 비율을 나타냈으나 나머지 18개 수교국과의 수출에서 차지하는 비율은 2~3%에 머물렀다.

〈표 3-1〉 중국과 아프리카의 초기 무역

단위: %

중국	1956	1963	1966	1967
아프리카로 수출*	1.9	3.0	5.9	6.0
아프리카에서 수입*	1.7	4.4	3.6	2.9

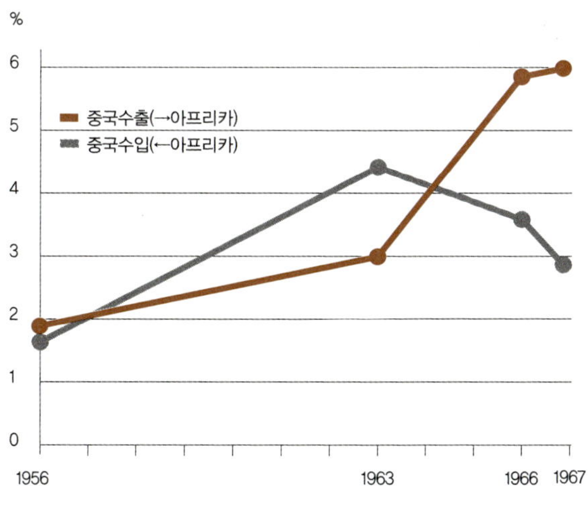

주: *남아프리카 공화국 제외. 그래프 저자 작성. 출처: Larkin (1971)

1955~1967년 중국의 대 아프리카 수출량을 살펴보면, 1955년부터 해마다 급격하게 증가세를 보이다가 1959년 4천 5백만 달러에서 1960년 4천 1백만 달러까지 급격히 줄어든 것을 확인할 수 있다. 이는 중국이 자국 내 대약진운동으로 인해 심각한 재정 회복 불능에 빠져 경제적 여건이 피폐했기 때문이다. 그러나 경제 회복기간인 1961년 4천 6백만 달러를 수출하며 이내 증가세를 회복하여 1966년에는 무려 1억 3천 5백만 달러까지 도달했으나 1967년 다시 1억 2천 5백만 달러로 줄어들었다. 당시의 문화대혁명의 영향이 고스란히 수출에 미친 결과다.

수입에서도 수출과 비슷한 흐름을 보인다. 중국의 대 아프리카 수입량은 1955년 2천 6백만 달러를 시작으로 1957년 4천 7백만 달러까지 증가했으나 1958년 4천 4백만 달러로 줄었다. 수입량의 증가는 대약진운동의 실패로 곡물을 비롯한 대량의 식량이 필요했던 탓에 중국이 불가피하게 수입처를 다변화시킨 결과다. 당시 아프리카는 중국이 필요로 했던 대규모의 곡물을 공급할 능력이 부족했기 때문이다. 1959년 수입량은 다시 4천 9백만 달러로 증가세로 돌아섰고 1965년에는 1억 1천 5백만 달러까지 달했으나 문화대혁명이 시작된 1966년부터는 8천만 달러, 1967년 6천 7백만 달러로 급격히 줄어 든 것을 확인할 수 있다.

중국과 아프리카의 무역에서 가장 주목해야 할 부분은 두 지역의 수출 품목이 확연한 차이를 보인다는 것이다. 예를 들어, 중국의 대 아프리카 수출 품목은 차(茶), 향료, 쌀을 비롯한 각종 '농산품'과 섬유, 의류, 종이, 볼펜을 비롯한 각종 '공산품' 그리고 식용유, 비누, 세제를 비롯한 '기초생필품' 등으로 종류가 다양했다.

반면, 아프리카의 대중국 수출품은 면화, 커피, 코코아, 야자유(椰子油), 담배가 대부분이었다. 특히 이집트뿐만 아니라 1962년 이후부터 탕가니카 면화 총 생산량의 42%가 중국으로 수출되었다. 또 탄자니아 등 아프리카 커피 생산의 20% 이상이 중국에 수출되었다. 그러나 당시 중국의 자체 면화 생산량은 이미 자국 내 소비를 초과하였으므로 면화의 수입은 절대 불필요한 상황이었고 커피의 수요는 수입이 필요 없을 만큼 소비인구가 거의 없었다. 1966~1976년 문화대혁명기간에는 커피 광고를 일절 불허하였고 커피를 마시는 행위는 부르주아(*bourgeoisie*)로 취급받기 일쑤였기 때문에 중국 내 커피 소비는 전무했다고 할 수 있다. 담배의 경우도 면화와 마찬가지였는데, 1960년대 중

〈표 3-2〉 1955~1967 중국과 아프리카의 무역규모

인도조건: FOB, 단위: US $ million

연도	중국의 수출량			중국의 수입량		
	중국 총수출	중국 → 아프리카	세계 → 아프리카	아프리카 총수출	중국 ← 아프리카	중국 ← 세계
1955	1,420	22	5,090	4,430	26	1,490
1956	1,710	33	5,460	4,640	28	1,610
1957	1,710	43	6,040	4,620	47	1,500
1958	1,910	42	5,980	4,650	44	1,980
1959	2,230	45	6,000	4,820	49	2,190
1960	2,060	41	6,470	5,300	74	2,090
1961	1,600	46	6,540	5,430	39	1,600
1962	1,680	49	6,280	5,540	38	1,350
1963	1,720	52	6,760	6,240	62	1,420
1964	1,870	58	7,390	7,250	66	1,640
1965	2,020	78	8,170	7,650	115	2,120
1966	2,290	135	8,180	8,220	80	2,290
1967	2,070	125	8,330	8,330	67	2,350

출처: compiled information from various sources.

국의 담배 재배면적과 생산량(매년 평균 2천 2백 50억 개)은 세계 최대〔현재에도 중국국가연초공사(中國國家烟草公司)〕였음에도 아프리카에서 꾸준히 담배를 수입하였다.

따라서 이러한 교역형태는 정상적인 국가 관계에서는 불가능한 것으로 오직 냉전 중이었기에 가능했다고 볼 수 있다. 특히 중국은 대약진운동의 실패로 1960년부터 2년여 동안 대(大)기근을 겪으며 수천만 명의 아사자(餓死者)가 발생하여, 무엇보다도 긴급히 필요했던 것은 식량 수입이었다. 당시의 아사자 및 사상자에 대한 정확한 통계는 존재하지 않으나 대략 1,400~2,600만 명 또는 3,000~3,300만 명에서 최대 4,000만 명까지도 추정한 연구 기록이 있을 정도다. 국내 사정이 이렇게 처참했음에도 불구하고 수입이 필요하지도 않았던 면화, 담배, 커피를 아프리카에서 지속적으로 수입 강행했던 사례는 중국의 '이념적 경제 관계'의 극단적인 특징을 고스란히 보여 준다.

2. 이념적 경제관계의 구조 - 원조

중국은 냉전기간, 특히 문화대혁명기간 동안 국내 정치와 경제 전면에 걸쳐 심각한 혼란에 빠져 있었음에도 아프리카에 대한 관심과 지원을 강경하게 유지하였다. 중국의 아프리카 경제지원 프로그램 중 가장 대표적인 방식은 바로 금융부문의 과감하고 장기적인 지원이었다. 중국은 차관을 비롯한 무상원조, 융자금 등의 대부분을 신용만을 바탕으로 집행하였고 무이자, 무조건, 무담보의 3무(無)지원을 고수하면서 지원 액수를 해마다 증대했다. 신용 차관의 경우 중국과 외교관계를 맺고 있는 대부분의 아프리카 국가에서 신청하였고 1966년 중반에만 3억

5천만 달러에 달하였다.

중국이 아프리카 국가나 단체에 제공하는 차관의 대표적인 상환방식은 차관의 총액을 상환기간에 나누어 매년 동일한 액수를 상환하도록 하는 것이었다. 여기까지는 일반 상환방식과 크게 다를 게 없으나 무이자, 무담보, 무조건에 상환기간이 보통 10년 이상, 최장 30년이어서 신청 국가가 줄을 이었다. 대표적인 수여국가는 알제리 5천만 달러, 콩고공화국 2천 5백만 달러, 가나 4천 2백만 달러, 기니 2천 5백만 달러, 케냐 1천 5백만 달러, 말리 2천만 달러, 소말리아 2천만 달러, 탄자니아 1천 6백만 달러, 통일아랍공화국 8천 6백만 달러 등 이었다. 지원액수가 적은 경우까지 포함한다면 수여받은 국가나 조직은 최소 수백건 이상이었을 것으로 추측하나 정확한 통계는 존재하지 않는다.

다만 분명한 것은 상기의 금액이 중국의 경제력을 훨씬 상회함으로써 신청액수와 실제 수령액수에 큰 차이가 발생했다는 것이다. 1966년 가나의 콰메 은쿠르마 대통령은 중국이 약속했던 원조가 순조롭게 집행되고 있지 않다며 불만을 토로하였다. 이집트 역시 경제개발 5개년 계획에 필요한 5천만 달러의 차관을 중국이 공식적으로 제공하기로 약속했음에도 제대로 집행되지 않는다는 발표까지 하였다.

1964년 중국이 아프리카뿐만 아니라 제 3세계 국가에 이미 약속한 차관만 하더라도 3억 3천만 달러에 달했으나 실제 지급된 액수는 5천만 달러에 불과했다. 중국의 원조 약속이 제대로 이행되지 않았던 이유는 1960년 경제성장률 -0.3%, 1961년 -27.3%, 1962년 -5.6%를 기록하는 등 대약진운동의 여진이 여전히 경제 전반에 심각한 영향을 미쳤기 때문이다. 1960년대 중반, 중국경제가 점차 완만하게 회복하기 시작하였으나 무엇보다 근본적인 문제는 원조를 요구하는 국가가 너무 많았다는 데 있다. 상대적으로 경제적 여유가 있었던 소련조차도 이집

〈표 3-3〉 중국의 아프리카 경제원조(1956~1966)

단위: US $ million

연도	무상원조	차관	수령국가	관련정보
1956		5.00	이집트	
1958.4.	.17		알제리	
1959	10.00		알제리	무기원조
1960.9.12	2.80		콩고	민주공화국
1960.9.13		10.00	기니	
1959~1960	현물지원		기니	쌀 15,000톤
1961.8.18		19.60	가나	
1961.9.22		19.60	말리	
1961.10.19	.06		튀니지	
1961.12.13	.13		소말리아	의약품 공급포함
1962.8.21	현물지원		알제리	밀 9천 톤, 철강 3천 톤, 의약품 21톤
1963.1.15	.10		모로코	
1963.8.9	3.00	20.00	소말리아	
1963.10.11		50.00	알제리	
1963.12.24	.02		알제리	
1964.1.27	.10		알제리	
1964.2		22.40	가나	
1964.2.20	.50		잔지바르	
1964.5.10	2.80	15.00	케냐	
1964.5.16	.01		탕가니카	
1964.6.8		14.00	잔지바르	
1964.6.17	2.80	42.00	탄자니아	
1964		5.00	콩고	공화국
1964.8.3	.02		알제리	
1964		4.00	중앙아프리카	공화국
1964		20.00	콩고	공화국
1964.12		80.00	U.A.R	
1965.4.21	2.99	12.04	우간다	
1966.6	2.80	5.60	탄자니아	
1966.7		4.00	말리	외국환으로 지급
1966.8.8		2.10	탄자니아	합자선박회사설립

출처: Larkin (1971).

트의 아스완 하이댐 건설에 3억 2천 5백만 달러의 차관을 연 2%이자율로 제공한 사례와 같이 무이자로 차관을 제공했던 적은 없었다.

1966년 중국은 열악한 경제 사정이 계속됨에도 불구하고 1천 6백만 파운드가 소요되는 탄자니아 개발계획 지원과 동시에 우간다에 1천 2백만 달러, 말리에 4백만 달러를 지원하겠다고 발표하였다. 이듬해에는 알제리에 차관으로 현금 2백만 달러, 이집트에 1천만 달러와 15만 톤의 밀을 제공하기로 발표하였다. 게다가 아프리카 국가의 경제 위기 상황이 발생했을 때 출연할 기금까지 조성하였다. 실제로 케냐, 우간다, 탕가니카(2회), 소말리아는 이 기금에서 3백만 달러, 1백만 파운드, 15만 엔, 그리고 의약품 등을 제공받았다. 여기에 더하여, 원조의 범위가 차관이나 현물에만 한정되었던 것이 아니라 경공업, 농업, 의학, 운송 등의 다양한 분야에서 대규모로 실행되었다. "내 코가 석자"(吾鼻三尺)라는 말도 중국의 이념적 경제관계 앞에서는 그야말로 무용지물인 셈이었다.

3. 탄자니아 - 잠비아 철도

1964년 10월 24일 독립한 잠비아는 내륙국가로서 대부분의 주요 수출 도로망이 극심한 인종차별정책을 펼치던 남아공과 그 외에 이웃한 적대 국가들을 통과해야만 하는 상황이었다. 그래서 국가경제를 지탱하던 가장 중요한 생산품인 구리를 남아공을 거치지 않고서 수출하기 위해 기존의 도로를 대체하여 인도양(Indian Ocean)에 접한 새로운 항구와의 연결이 절실하게 필요했다. 이에 탄자니아와 잠비아는 양국을 연결하는 철도 건설을 소련, 세계은행, 영국, 캐나다, 일본, 아프리카

〈표 3-4〉 중국의 대표적인 탄자니아 자금 지원

가치(US $ million)	자금 지원 종류	연도
.5	잔지바르(Zanzibar) 무상원조	1964.2
14.0	잔지바르 차관	1964.6.8
2.8	무상원조	1964.6.17
42	차관	1964.6.17
2.8	무상원조	1966.6
5.6	차관	1966.6
2.1	차관(공동 해운 회사설립)	1966.7.8
14.0	탄자니아-잠비아 철도 타당성 조사	1967.
336.0	탄자니아-잠비아 철도 차관	1970.7

출처: compiled information from various sources.

개발은행에 요청하였지만 철도가 불필요하다거나 경제성이 없다거나 아예 실현가능성이 없다는 이유로 거절당했다.

이렇게 거의 전 국가가 외면했음에도 불구하고 중국은 마오쩌둥의 지시로 건국 이후 가장 큰 대외원조인 탄자니아-잠비아 철도(Tan-Zam railway) 공사에 발 벗고 나섰다. 1965년부터 시작된 중국과 잠비아-탄자니아와의 협상은 1970년 7월 중국이 3억 3천 6백만 달러의 차관을 무이자로 제공하여 철도 건설비에 충당하기로 함으로써 최종 합의에 도달했다. 잠비아-탄자니아는 3억 3천 6백만 달러를 30년에 걸쳐 갚기로 약속했으나 이후 건설비용은 5억 달러까지 증가하였다. 이것은 중국에서뿐만이 아니고 공산진영 사상 냉전기간을 통틀어 단일 프로젝트에 제공된 차관으로는 최대의 원조였다. 상대적으로 중국보다 경제력이 나았던 소련조차 이집트 아스완 하이댐 건설에 3억 2천 5백만 달러를 지원했을 뿐이다.

1969년 11월 14일 중국은 건설 원조의 최종 협상 발표문에 '아프리카의 혁명이 개처럼 날뛰는 미 제국주의에 대항하다'라는 문구를 제안했으나 잠비아와 탄자니아 협상 대표의 요구에 의해 '세계평화를 위해 제국주의, 파시즘, 식민주의가 영원히 사라지기를 희망한다'는 내용으로 순화됐다. 중국이 제시한 표현에서 알 수 있듯이 당시 중국은 아프리카에서의 모든 경제관계를 이념과 결부시켰던 것이다.

추가적으로 중국이 탄자니아-잠비아 철도 건설에 뛰어든 또 다른 목적 중 하나는 바로 소련의 아프리카 동남부지역 영향력 확대를 견제하기 위해서였다. 소련은 인도양에서의 해군력을 증강시키고자 동남아프리카 지역국가들에게 다양한 지원을 쏟아 붓고 있었다. 대표적으로 1960년대 소말리아 군대의 현대화 사업을 위해 8천 7백만 달러를 지원했고 T-34탱크, 미그-15, 미그-17 전투기, 소총을 비롯한 소화기, 수백 톤의 탄약을 공급하였다. 또 300명가량의 군사고문단을 파견해 500명의 소말리아 조종사를 배출하였고, 장교, 군 장비 기술자를 훈련시키기도 했다. 특히 1969년 바레(Mohanmed Siad Barre) 장군이 쿠데타를 일으켜 군사정권 수립에 성공하자 소련의 군사지원은 급격히 확대되었다. 전략적 요충지인 베베라 항구(Port of Berbera)의 확장과 현대화 사업을 독자적으로 추진하였고, 이에 대한 대가로 소련 해군의 미사일 저장고, 폭격기까지 이착륙 가능한 5천 미터에 달하는 비행기 활주로, 레이더 및 각종 통신시설이 들어섰다. 소련은 베베라 항구를 차지함으로써 인도양 및 페르시아만 지역에서의 군사적 영향력을 극대화할 수 있었다. 따라서 중국은 이 지역에서 소련의 추가적인 영향력 확대를 막기 위해 심혈을 기울였던 것이다.

중국은 탄자니아-잠비아 철도 건설에 턴키방식(*turnkey*)을 채택한 후 1970년 착공에 들어갔다. 건설비용 5억 달러, 5만 명에 달하는 중국 노동자와 10만 명 이상의 아프리카 노동자가 투입되었고 잠비아의 카피리 음포시(Kapiri Mposhi)에서 탄자니아 다르에스살람(Dar es Salaam) 항구까지 124개의 기차역, 23개의 터널, 300개의 다리를 포함하는 1,860km의 철로를 6년 만인 1976년에 완공시켰다. 애초에 서방국가들은 열악한 자연환경과 전무한 인프라 때문에 철도 완공에 25년은 소요될

〈표 3-5〉 1966~69년 중국의 탄자니아 지원 프로젝트

프로젝트	내용	연도
공동 해운 회사 설립	중국-탄자니아 해운. 배수량 1만 톤 선박 두 척 건조. 중국 초기 비용 75만 파운드 제공	1966.7.8 1967.1.12 1968.7.6
방직 공장	친선우호의 초석으로 천 6백만 파운드를 들여 방직공장 건설. 3천 명의 아프리카 노동자 고용. 중국인 150명이 감독 및 기술 지원	1966.7.30
탄자니아-잠비아 철도	중국 철도관계팀 니에레레(Nyerere) 탄자니아 대통령에게 탄자니아-잠비아 철도 예비 보고서 제출	1966.10.14
댐 건설	기번다(Kibunda) 댐 건설 5백만 파운드 및 중국 기술자 지원	1966.12.9
탄자니아-잠비아 철도	탄자니아-잠비아 철도 타당성 조사 및 디자인 위탁 비용 천 4백만 달러 지원	1967.9.11
농장 건설	장기 차관에서 17만 4천 파운드 지원	1968.2.12
신발 공장 건설	음토니(Mtoni) 타운 10만 파운드 들여 신발 공장 가동	1968.2.16
농업 진흥	중국 거국적인 농촌 진흥 계획 착수	1968.7.13
제약 공장 건설	중국노동자, 중국자본 완공 후 탄자니아에 선물	1968.8.26
탄자니아-잠비아 철도 (철도 길이 연장)	잠비아 카피리 음포시(Kapiri Mposhi)에서 탄자니아 다에르살람까지 철도선 연장에 합의	1969.2.13
탄자니아-잠비아 철도 (착공)	1969년 사업 타당성 조사 완료	1970년 착공

출처: compiled information from various sources.

것이라고 예상했다. 1969년 인민일보 기사는 중국 토목기술자들이 전인미답(前人未踏) 지역에서의 '철도 기초 조사' 과정을 묘사했는데, 이를 보면 서방국가들의 예상이 전혀 과장된 것이 아니었다는 것을 확연하게 느낄 수 있다.

> 중국 토목기술자들과 탄자니아, 잠비아 노동자들은 함께 경쟁하며 밀림과 덤불숲을 헤쳐가면서 길을 냈다. 맹렬한 적도의 태양과 열대성 폭우 아래에서도 매일같이 피땀 흘리며 일한 그들은 끈기 있게 자신들의 방식으로 모든 어려움을 극복하며 단계적으로 철로 설계와 조사를 완료하였다.

당시의 중국은 6·25전쟁을 필두로 대약진운동의 실패, 문화대혁명의 혼란으로 인해 1970년대 중반까지의 궁핍한 경제 상황을 벗어나지 못하고 있었다. 이러한 상황을 고려해 본다면 중국의 원조는 투자 대비 순익 등의 경제성을 논하는 것 자체가 무의미할 정도로 비상식적, 비현실적이며 무모함 그 자체였다고 할 수 있다. 대약진운동의 실패에서 겨우 회복하기 시작한 1960년대 중반 중국의 경제는 1966년 문화대혁명 시작과 함께 1967년 다시 경제성장률 -5.7%, 1968년 -4.1%로 떨어지면서 침체를 거듭하게 된다. 따라서 중국의 탄자니아-잠비아 철도 건설은 냉전기간 중국과 아프리카의 '이념적 경제관계'를 가장 잘 나타내고 있는 대표적인 '실증 사례'라고 할 수 있다.

4. 건설 및 사회간접자본 지원

중국의 아프리카 건설 및 사회간접자본 지원 사례는 아프리카 혁명, 해방운동지원 사례와 마찬가지로 세세히 거론하기 불가능할 정도로 많다. 그러나 그 모든 사례에 해당되는 단 한 가지 분명한 공통점은 있다. 상식적인 이해가 불가능하다는 것이다. 대약진운동으로 중국은 5천 년 역사를 통틀어 단기간에 가장 많은 아사자를 초래한 극도의 경제 파탄 수준이었음에도, 문화대혁명으로 국가 전체가 폭력과 무질서의 광기에 빠진 시기였음에도, 자국의 사정을 먼저 헤아리지 않은 채 아프리카의 건설 지원을 도맡았다. 게다가 아프리카의 경제발전에 필수불가결한 도로, 철도, 항만부문뿐만 아니라 엔터테인먼트까지 책임져 대공연장, 영화관, 라디오 방송국 등 문화부문까지 지원했다는 사실은 불가사의에 가까울 정도다.

콩고 공화국과 중국의 관계는 문화혁명기간에도 변함없었다. 1966년 1월 중국은 건설자재와 기술진을 지원하여 방송국을 건설하는 것 외에도 일부 방송 프로그램을 포르투갈어로 제작하여 남아프리카 지역에 송출하는 것까지 지원하기로 하였다. 1966년 6월 시작된 방송국 건설은 1967년 3월, 9개월 만에 완공되었다. 한편 1966년에는 콩고에서 섬유공장 건설을 시작하여 1969년 5월 완공했으며, 동시에 23명의 콩고인을 베이징으로 데려가 9개월간 교육연수를 시키기도 하였다. 당시 콩고 공화국 대통령 마상바 데바(Massamba Debat)는 "이 공장은 양국 친선우호의 결정체"라고 칭송하며 마오쩌둥에게 감사의 친서를 전달하기도 했다. 중국의 지원 릴레이는 계속되어 1968년 2월에는 기니와 조선소 건설에 합의하고 포트 루세(Port Rousset)에 조선 기술자 양성을 위한 기술학교까지 설립하였다. 그해 8월에는 두 곳의 국영농장 설립에 백만 달러의 자금을 지원하기로, 9월에는 중국 기술자들을 직접 콩고에 보내 라디오 송신소를 건설하고 운영기술진을 양성해주기로 합의했으며, 또 중국 농업 전문가들이 콩고 각지에서 국영농장 설립을 지원하기로 하였다. 또 다른 합의서에는 1967년 1월, 20명의 의사가 포함된 의료진을 파견하고 대량의 약품 및 의료기구를 제공하겠다는 내용이 담겨있었다. 중국의 콩고 공화국에 대한 지원은 1976년 마오쩌둥 사망 전까지 지속되었으며 콩고 공화국을 비롯하여 이집트, 알제리, 탄자니아와 기니도 10년 이상 상당한 지원을 받았다.

이집트는 일부분이 지리적으로 중동에 속하여 완전한 아프리카 국가로 분류되지 않는다는 점을 고려하였을 때, 중국의 경제적 지원을 받은 첫 번째 아프리카 국가는 기니라고 할 수 있다. 프랑스 식민지였던 기니가 정치적 독립뿐만 아니라 프랑권(*franc zone*, 아프리카 14개국에 유통된 화폐단위 및 지역) 탈퇴 후 기니 고유의 화폐를 유통시켜 경제적으로도 독립을 달성하고 사회주의 노선을 택하자 중국의 관심이 집중되었던 것이다. 중국은 수교 후 5개월 만인 1960년 3월 1만 5천 톤의 쌀과 2천 5백만 달러의 차관을 제공하였다. 차관에 비해 쌀의 지원 규모가 상대적으로 작은 듯 느껴질 수도 있으나 당시 중국은 자국민의 아사자 수가 최고치를 기록하던 때였다는 점을 감안한다면 1만 5천 톤의 쌀이 얼마나 큰 가치를 지녔는지를 짐작할 수 있다.

중국은 문화대혁명이 시작되기 직전인 1963년 기니의 수도 코나크리(Conakry)에 담배와 성냥 공장을 각각 완공하였다. 콩고의 경우와 마찬가지로 기니에 대한 지원의지 또한 문화대혁명 기간에 관계없이 유지되었다. 1963~64년 시작했던 지원 프로젝트들을 잊지 않고 계속해서 추진해 나가기 위해 중국인 기술자와 노동자를 파견한 것이다. 그 결과, 1967년 완공 예정이었던 인민궁전(Palais du Peuple)을 1966년 1

월에 조기 완공하였다. 최대 2,500명까지 수용 가능한 규모에 음악회, 오페라, 영화 등 각종 공연과 이벤트를 진행할 수 있도록 만든 대규모 공연장으로 기니의 인민을 위한 중국의 문화예술 선물인 셈이었다. 인민궁전은 현재까지도 사하라 사막 이남의 가장 아름답고 인상적인 건물로 유명하다.

1966년 11월에는 기니 경제 대표단이 베이징을 방문해 중국과 경제 및 산업기술 협력확대를 위한 6백만 달러의 무역 차관을 제공받을 수 있는 협정에 합의하였고 이를 통해 중국산 제품들을 기니에 수입하였다.

〈표 3-6〉 중국의 대표적인 기니 자금 지원

가치(US $ million)	자금 지원 종류	연도
25.0	차관	1960.9.13

출처: Larkin (1970).

〈표 3-7〉 1966~69년 중국의 기니 지원 프로젝트

프로젝트	내용	연도
농업진흥계획	중국 기니의 농업진흥을 위해 대규모 지원	1966.7.9
수력 발전소	피타(Pita) 지역 댐과 수력발전소 완공	1967.2.25
댐 건설	잉키쏘(Tinkisso)강 유역	1967.6
설탕 정제소	매디나울라(Madinaoula)	1967.10
제철소	연간 생산량 6만 톤 규모	1967.12
기니-말리 철도	중국 기니-말리 간 철도 건설	1968.5.28
땅콩기름 공장	다볼라(Dabola) 지역	1968.12.10
철도 보수 공사	수도 코나크리(Conakry)에서 동쪽 내륙에 위치한 제2도시 칸칸(Kankan)까지 662km	1969.10.31
시멘트 공장	시멘트 공장 건설 지원 합의	1970.3

출처: Larkin (1970).

〈표 3-8〉 중국의 대표적인 아프리카 건설 및 사회간접자본 프로그램

국 가	내 용
베냉	스타디움, 정부관공서 빌딩, 병원
부룬디	섬유공장, 수력발전소, 공공도로
카메룬	수력발전소, 병원
카보베르데	관공서빌딩
중앙아프리카공화국	농업기술연구소, 라디오방송국, 트레이닝 센터, 각종 클리닉
콩고공화국	스타디움, 수력발전소, 방송국, 병원, 공장
콩고민주공화국	스타디움, 인민궁전, 공장
코모로	정부청사, 수돗물 공급계획, 인민궁전
지부티	스타디움, 정부청사, 인민궁전, 주택건설계획
에리트레아	인도주의적 차원의 다양한 지원, 병원건설
적도기니	수력발전소, 라디오스테이션, 공공도로
가봉	건강검진 센터, 초등학교, 각종 조립식 빌딩
감비아	스타디움, 호스텔, 헬스센터
가나	내셔널 극장, 관개공사, 직업훈련소, 병원
기니	인민궁전, 수력발전소, 영화관, 대통령궁
아이보리코스	극장, 수원보호 계획
레소토	농작물 재배, 컨벤션 센터, 공업단지
라이베리아	설탕공장, 쌀 증산계획, 스타디움, 병원, 관공서빌딩
말리	스타디움, 섬유공장, 설탕정제소, 철도
모리셔스	스타디움, 다리, 공항 터미널빌딩
모잠비크	섬유공장, 수돗물 공급계획, 신발공장, 의회빌딩, 주택건설
나미비아	수돗물 공급계획, 시민주택건설계획
나이지리아	철도 업그레이드
르완다	공공도로, 시멘트공장,
세네갈	스타디움, 수원보호계획
시에라리온	도로, 다리, 스타디움, 설탕 공장, 관공서, 수력발전소
세이셜	수영장, 주택건설, 학교 건설
탄자니아	탄자니아-잠비아 철도, 섬유공장, 설탕공장, 석탄광산, 제약공장
토고	컨퍼런스빌딩, 설탕정제소, 병원, 스타디움, 관개계획
우간다	스타디움, 공장
잠비아	탄자니아-잠비아 철도, 도로, 공장, 섬유공장, 수돗물 공급계획
짐바브웨	스타디움, 병원, 댐, 공장

출처: Looy(2006).

같은 해 중국의 농업생산증대 기술진이 기니의 쌀과 기타 곡물 수확량을 늘리기 위해 전국에 배치되었고 균형 발전을 고려해 기니 최남단 은제레코레 주(La région de Nzérékoré)의 주도인 베일라(Beyla) 시에 담배재배 농장을, 같은 주에 있는 마센타(Macenta) 시에 차(茶) 재배 농장 및 생산공장을 건설해 주었다. 1967년에는 6백만 달러의 무역 차관 전액을 탕감해 주기도 하였다.

1967년 1월 중국 외교부 부부장 지펑페이(姬鵬飛)는 정부 사절단을 이끌고 기니의 수도 코나크리를 방문하였다. 중국 자본과 중국인 엔지니어, 노동자 200명의 진두지휘 아래 470명의 기니 기술자들을 교육시켜가며 가까스로 이뤄낸 킨콘(Kinkon) 수력발전소의 완공을 축하하기 위해서였다. 수도에서 북쪽으로 400km에 위치하고 비포장도로조차 없었던 미개발 지역인 콘쿠르강(Konkoure River) 킨콘폭포에 수력발전소를 건설한다는 것은 프랑스 식민지배 기간 동안엔 상상조차 할 수 없던 사업이었다. 지펑페이가 기니를 방문한 것도 완공을 축하하는 의미에 앞서 무엇보다도 자국민들의 노고를 치하하기 위한 목적이 컸을 만큼 험난한 공사였던 것이다. 중국의 기니에 대한 건설 프로젝트 지원은 1976년 마오쩌둥의 사망 전까지 소규모 농장, 식수 개선 사업을 비롯해 40여 개가 추가로 진행되었다.

중국이 기니에 제공한 헌신적인 건설 프로젝트는 냉전기간 아프리카 전역에서 동시 다발적으로 진행된 각종 건설 및 사회간접자본 지원 사업의 일부분이었을 뿐이다. 21세기 현재까지도 중국의 자본, 중국인의 피와 땀으로 건설된 수많은 건축물들이 아프리카 전역에 굳건히 남아 있다.

5. 아프리카 자원 - 중국의 시각

1950년대 후반과 1960년대의 〈인민일보〉, 〈베이징리뷰〉 및 중국공산당이 발행한 각종 정보지의 아프리카에 관한 기사 및 문헌들은 공통적으로 '프롤레타리아 혁명'의 정통성 유지와 실행에 대해 언급하고 있다. 이는 '아프리카에서 제국주의의 영향력을 감소시키거나 완전히 축출하는 것'을 무엇보다도 중요한 프롤레타리아의 책무로 여기고 있었다는 의미다. 따라서 당시의 중국은 아프리카의 이념적 요소에 가장 큰 관심을 두고 있었다고 볼 수 있다. 자국의 산업발전과 국익을 위해 아프리카의 풍부한 천연자원을 충분히 이용할 수 있었음에도 불구하고 그것을 노린 정책적 접근은 보이지 않았다는 것이 이를 증명한다.

중국이 모로코로부터 전략물자인 코발트를 수입한 적은 있지만, 이는 다른 제국주의 국가들처럼 아프리카의 자원을 수탈하기 위한 목적이 아니었다. 1960년 모로코는 총 3,985톤의 코발트를 두 척의 선박으로 중국에 인도했다. 미국은 모로코에 강력한 판매금지 경고를 내렸다. 그러나 홍콩에 주둔한 서방첩보기관에 따르면, 1963년 4천 톤의 코발트를 비밀리에 추가 판매했던 것으로 밝혀졌다. 사실 중국은 코발트 매장량이 풍부하다. 하지만 중국은 당시 핵무기를 개발 중이었고, 그래서 필수 원료인 코발트의 공급이 수요를 일시적으로 따라가지 못해 전격적으로 수입을 감행하였다. 단 두 차례의 거래이긴 했지만 제국주의 국가들이 아프리카에서 자원을 수탈하는 방식과는 달리 제값〔현금 및 현물(*tea*)〕을 치르고 구입하였기 때문에 이를 두고 아프리카의 자원 때문에 중국이 원조했다고 보기는 어렵다. 이 밖의 자원 관련 사례로는 1964년 중국의 유전(油田) 전문가들이 아프리카(알제리)를 방문한 것을 들 수 있으나 이것은 자원 확보를 위한 것이 아니라 아프리카

유전의 개발과 수출을 돕기 위한 것이었다.

그렇다고 해서 중국이 소 닭 보듯 자원에 대해 무관심했던 것은 아니다. 중국 또한 코발트, 인산염, 미네랄, 고무, 우라늄 등 아프리카의 천연자원에 대한 관심은 있었지만 그것은 제국주의 국가의 침탈로부터 아프리카를 보호하기 위한 방어적 개념으로써 '프롤레타리아 국제주의'에 입각한 책임감의 일종이었다. 당대 최고의 경제학자 중 한 명인 알렉산더 엑스테인(Alexander Eckstein)은 중국이 전략적 원자재 및 에너지 자원의 필요성 때문에 아프리카와 경제적 관계를 맺은 것이 아니었음을 언급하면서 다음과 같이 결론을 내렸다.

> 어림잡아 짐작하고 판단해 보아도 중국이 자체 보유한 미네랄과 다양한 에너지 자원은 고도의 산업화와 공업화를 이루는 데 충분하고도 남는다.

실제로 자원의 대표격이라고 할 수 있는 석유를 먼저 예로 들면, 러일전쟁(Russo-Japanese Wars, 1904~1905)에서 승리하여 만주 지배권을 확보한 일본이 자원개발에 집중할 당시에 개발하여 중국 최초의 유전이 된 푸순유전(撫順油田)만으로도 중국은 제 1차 경제개발 5개년 계획(1953~1957)에 필요한 막대한 양의 석유를 감당할 수 있었다. 1959년에는 헤이룽장(黑龍江)성에서 중국 최대 유전인 다칭유전(大慶油田)이 발견되어 1963년부터는 완벽한 자급자족이 가능하게 되었을 정도였다. 덕분에 1973년 제 1차 석유파동 때에는 일본, 필리핀, 태국 등에 석유를 수출해 국가의 주요 수익원이 되기도 했고 1963년부터 1995년까지는 세계 6위의 석유 생산 대국이기도 했다. 게다가 1970년 중국은 국민 5,771명당 자동차 1대의 비율이었을 정도로 보유자원에 비해 에너지 소비가 높지 않았다. 참고로 당시 인도는 902명당 1대, 태국 175명당 1대로 다른 개발도상국에 비해서도 중국의 정도는 현저히 낮았다.

중국은 석유 이외에 광물자원도 풍부하였다. 1950년대까지 중국의 중공업화에 필요한 자체 광물자원이 충분한가에 대한 평가는, 특히 적대국이었던 미국 경제학자들 사이에서 오랜 논쟁거리 중 하나였다. 그러나 1960년 미지질조사소(USGS: United States Geological Survey)의 보고서에 의해 논란은 종지부를 찍게 되었다. 소수의 소련 전문가들과 고도로 훈련된 중국 지질학자들에 의해 광범위한 탐사가 이루어져 세계 최대의 석탄 매장량이 확인되었으며, 산시(山西)성에는 70억 톤 이상의 철광석, 후난(湖南)성에는 평균 품위가 50%인 30억 톤의 산화철, 몰리브덴(*Molybdenum*) 등 각종 광물의 매장량이 매우 풍부하다는 것이 확인되어 중국의 중공업화에 충분하다고 인정된 것이다. 이후 중국은 세계 최대의 원자재 보유 국가로 간주되기 시작했다. 1960년 미 광산국(USBM: United States Bureau of Mines, 1995년 해체)이 내무성(Department of Interior)에 제출한 보고서 〈중공의 산업 동력을 고취시키는 풍부한 광물 자원〉(Rich Mineral Resources Spur Communist China's Bid for Industrial Power)에서도 중국의 광물자원에 대해 자세히 언급하고 있다. 석탄과 철의 매장량이 매우 풍부하며 특히 철광석의 경우 기존의 알려진 것보다 수십 배 이상으로 높은 예상 밖의 매장량이라고 놀라움을 나타냈다. 또 몰리브덴, 주석, 비스무트(*bismuth*), 수은, 형석(*fluorite*), 흑연, 마그네슘, 알루미늄, 아연, 금, 은, 화학비료 재료 등이 풍부하고 텅스텐과 안티몬의 경우 세계 최대의 매장량이라고 지적하며 다음과 같은 결론을 내렸다.

> 중공이 보유한 광물자원은 현재뿐만 아니라 미래에도 자급자족이 가능할 것임이 확실시된다.

냉전기간 중국에 대한 미국의 주요 자원 보고서에는 중국의 자원 개발 기술의 부족, 즉 인력에만 의존하는 후진적 생산 시스템 이외에 부정적인 의견이 존재하지 않았다. 무엇보다 1950년 시작된 미국의 중국 봉쇄정책이 1971년 미・중 수교 직전까지 20년 이상 지속되었음에도 에너지를 비롯한 천연자원 수급만큼은 전혀 문제가 없었던 것이다. 중국은 기술적인 부분을 제외한 인적자본(*human capital*), 물적자본(*physical capital*), 천연자원(*natural resources*)은 넘쳐나고 있었다고 해도 과언이 아니었다. 그러나 1978년 시작된 개혁・개방 이후 15년이 지난 1993년에 석유 순(純) 수입국으로 전환되고, 1995년에 처음으로 아프리카(수단)에 더 이상 이념에 의해서가 아닌, 경제적 목적으로 유전 탐사를 시작하였으며, 1997년 리펑(李鵬) 총리의 '중국의 에너지정책' 발표 등으로 아프리카에 대한 본격적인 자원 탐욕을 드러내게 된다.

6. 이념적 경제관계의 정의

미국의 아프리카 진출 목적은 제국주의와 신식민주의 정책을 바탕으로 자국경제에 필요한 천연자원을 확보하기 위한 것이었다. 소련은 수정주의로 인해 '프롤레타리아혁명론'의 이념적 정통성을 상실하여 아프리카에 희생적, 헌신적 성격의 경제지원을 실시한 사례가 없었다. 오히려 1970년대 자국 내 보크사이트(*bauxite*, 알루미늄 제조 원료) 연간 수요량의 39~60%에 해당하는 물량을 기니에서 국제 거래 가격의 10분의 1에도 미치지 못하는 값으로 가져갔으며 그 대가로는 각종 무기를 제공한 것뿐이었다. 이처럼 소련이 아프리카에 진출한 목적 중 하나는 광물 자원 수탈에 있었으므로 제국주의 국가들과의 차별성을 찾기 어렵다.

1964년 2월 소말리아 인민의회에서 경제원조 8원칙을 발표하는 지우인라이. 출처: 《中國日報》.

결론적으로, 냉전기간 중국의 대외정책 중심에는 '이념 경쟁'에서 승리하고자 하는 순수한 이념적 목적, 즉 마오쩌둥의 혁명론과 프롤레타리아국제주의가 굳건히 자리 잡고 있었다. 이것은 외교 정책뿐만 아니라 중국의 정치·경제·사회 전반에 걸쳐 공고하게 뿌리내렸던 사상이었으므로 당시로서는 필히 국가의 경제적 이익보다는 이념에 집착할 수밖에 없었던 것이다. 따라서 이념적 경제관계의 정의는 다음과 같이 내릴 수 있다.

> 이념적 경제관계란, '공여국(供與國)이 제국주의, 신식민주의, 자본주의 및 수정주의와 타협하지 않은 채 오직 프롤레타리아 국제주의만을 바탕으로 자국의 사회경제적 사정과는 무관하게 수혜대상(국가, 단체, 조직 등)과 이득이 결여된 무역교류, 사회간접자본 건설, 인적·물적 자원 원조 등의 관련을 맺음으로써 공여국의 철저한 '경제적 희생'을 동반하는 관계'를 의미한다.

미국을 비롯한 서방국가들과 소련의 현실적 · 실리적 시각으로는 중국의 헌신적인 지원 정책을 이해조차 하기 어려웠다. 1964년 1월 21일 저우언라이는 말리의 수도 바마코(Bamako)에서 행한 연설에서 '경제원조 8원칙'(Eight Principles of Economic Assistance)을 발표하였다. 발표 직후 제 3원칙 '중국정부는 수혜 국가들이 부담을 경감할 수 있도록 가능한 상환 기간을 최대한 연장하고 무이자 또는 저리의 차관 형태로 경제지원을 제공 한다'를 다시 한 번 반복하여 읽으며 "가난한 국가가 가난한 국가를 돕는다"고 자조(自嘲) 섞인 탄식을 내뱉었다. 대약진운동의 실패로 인류 역사상 최악의 구황을 겪어 전쟁 한 번 치루지 않고도 제 2차 세계대전 전체 사망자수와 맞먹을 4천여만 명에 달하는 자국민을 굶어 죽게 만들었음에도 불구하고 이념이라는 무형의 장막에 갇혀 다른 국가를 지원한다는 것에 대한 한탄이었던 것이다. 중국과 아프리카의 이념적 경제관계는 1976년 마오쩌둥 사망 후 문화대혁명의 종료와 함께 막을 내리게 된다.

4

인적네트워크 축적

중국은 아프리카에 오늘날의 공적개발원조(*ODA*: *Official Development Assistance*)라고 할 수 있는 지원을 1956년부터 시작하였다. 그러나 그 규모는 상식적인 ODA의 수준을 넘어 매년 평균 약 1억 달러, 총 800개 이상의 광범위한 건설 및 사회간접자본 프로젝트와 수출입에 해당, 자국 경제력을 초과할 정도였으며 그 기간 또한 냉전기간 내내 장기적으로 지속되었다. 중국의 꾸준하고 헌신적인 지원은 여러 긍정적 결과를 가져와 마침내 국제 정치의 흐름을 변화시키기 시작했다. 크게 두 가지로 압축될 수 있는 변화 중 하나는 중국과 아프리카 각국의 정부 인사, 반식민주의 세력, 사회각계각층의 지도급 인사와의 인적 네트워크가 축적되었다는 것이고, 다른 하나는 국제사회에서 아프리카 독립국가의 공개적 중국지지가 잇따르는 경향을 불러일으켰다는 것이다.

1. 중국을 방문한 아프리카 지도자들

최초이자 최대의 아프리카 무기 및 경제지원 국가는 중국이 아닌 소련이었다. 1958년 10월 기니가 독립한 직후 소련이 2.4%의 이자율로 2천만 달러의 차관을 제공한 것으로 아프리카 원조의 역사가 시작되었다. 그러나 중국의 끈질긴 구애와 지원으로 1960년 9월 아메드 세쿠 투레(Ahmed Sekou Toure) 기니 대통령은 아프리카 흑인 국가수반(*head of state*)으로서는 최초로 중국을 방문하였다. 중국의 쌀을 비롯한 현물과 2천 5백만 달러의 지원에 감사를 전하고 우호조약(*treaty of friendship*) 및 경제, 문화협정을 체결하였다. 그동안 미국의 견제와 봉쇄로 인한 외교적 고립을 타파하기 위해 이집트에 헌신적인 지원을 쏟아부었건만 저우언라이가 1963년 이집트를 방문했을 당시 공식적으로 나세르 대통령의 중국 방문을 요청했을 때에는 '적당한 시기'에 방문하겠다는 답변만 들었을 뿐이었다. 따라서 중국 입장에서 아메드 세쿠 투레 대통령의 방문은 아프리카 국가의 최초 중국 방문이라는 큰 의미가 부여됨과 동시에 국제정치 무대에서 중국 위상 변화의 분수령이 되었던 것이다. 이후 기니의 친 중국 성향이 강화되자 소련은 1961년 국가보안위원회(KGB: Komitet Gosudarstvennoy Bezopasnosti) 소속 스파이들을 투입해 기니 교직원 노동조합원들을 사주하는 등 여러 차례 정권을 전복하고자 하였다. 그러나 쿠데타 기도는 조기에 적발되어 1961년 12월 아메드 세쿠 투레 대통령은 주기니 소련대사 솔로도(Daniel Semyonovich Solod)를 추방하였고 소련의 각종 지원은 중단되었다. 결국 기니의 중국에 대한 경제 의존도가 급격하게 증가하였다.

1961년 8월 14일에는 가나 초대 대통령 콰메 은쿠르마가 중국을 공식 방문하였다. 6일간 체류하는 동안 항저우(杭州)에서 마오쩌둥과의

1960년 9월 12일 만찬을 즐기는 기니의 아메드 세쿠 투레 대통령과 마오쩌둥.
출처: Pan-African news wire.

정상회담을 갖고 무역협정과 우호조약을 체결, 1,960만 달러의 무이자, 무조건, 무담보, 상환기간 20년의 차관을 제공받았다. 당시 은쿠르마는 항저우에서 자신을 환영하는 인파가 50만 명에 달하는 것을 보고 깊은 인상을 받았다. 이후 1964년 2월 은쿠르마가 베이징을 다시 방문하기까지 중국은 가나에 5개의 건설 프로젝트를 지원하였다.

1964년에는 말리 대통령 모디보 케이타(Modibo Keita)가 51명의 대규모 대표단을 이끌고 중국을 방문, 우호조약을 체결하고 문화교류에 서명하였다. 1965년 2월에는 탄자니아 초대 대통령 줄리어스 니에레레(Julius Kambarage Nyerere)도 중국을 방문하고 마오쩌둥과 정상회담 외에 세 차례의 비공식 담소 시간을 가졌다. 니에레레는 인민들로부터 추앙받는 마오쩌둥의 카리스마에 깊은 인상을 받았고 아프리카와 같은 개발도상국에는 중국이 경제발전 모델로 적합하다는 판단을 내리기도 했다. 그는 귀국 후에 곧바로 중국공산당 일당 독재 모델을 도입하기 위해 정치적으로 무리수를 두기도 했다. 게다가 마오쩌둥이 입는 유니폼 스타일의 의상(인민복)을 모방해 즐겨 입었을 정도로 중국에 대한 동경이 강했다. 이것은 그의 중국 방문 횟수에서도 잘 나타나 있다. 1965~1985년 대통령 재임 시절 다섯 번에 걸쳐 중국을 방문하였고 이후 남부위원회(South Commission) 의장을 맡아 추가로 일곱 차례에 걸쳐 중국을 방문했을 정도로 중국에 깊이 매료되었다. 남부위원회 의장 시절에는 시누아(*Chinois*, 프랑스어로 '중국인')라는 별명이 붙을 정도였다.

1973년 12월에는 자이르의 모부투 세세 세코(Mobutu Sese Seko) 대통령이 중국을 방문하였다. 정상회담에서 마오쩌둥으로부터 1억 달러의 지원을 약속을 받았다. 당시 자이르의 가장 큰 경제지원국은 벨기에, 프랑스, 미국이었으나 모부투는 미국을 견제하기 위한 방편으로 중국을 승인하고 국빈방문까지 했던 것이다. 그 후, 중국의 이념적 진정성에 깊은 영향을 받아 1974년 3월 중국을 갑작스레 방문하기도 하였고, 이후 정치와 관련된 발언들이 점차 급진적으로 변하면서 미국과 벨기에를 비난하기 시작하였다. 또 남부지역의 소수 백인들과의 전투를 위해 마오쩌둥의 게릴라 전술을 모방한 프로그램을 도입하였고 문화대혁명 당시 마오쩌둥을 찬양하는 가장 유명한 혁명 가요였던 홍가(紅歌) '동쪽은 붉다'(東方紅)와 '바다를 항해하는 것은 키잡이에게 의존하자'(大海航行靠舵手)를 개사하여 자국민들에게 교육하고 개인숭배 풍조를 모방하는 등 중국의 정치·경제·문화에 젖어 들었다. 모부투 대통령은 중국 첫 방문 이후 추가로 다섯 차례나 더 방문하였다.

1974년 9월 17일에는 나이지리아 국가수반 야쿠부 고원(Yakubu Gowon) 장군이 방문하는 등 1950년대 후반부터 30명 이상의 정부 및 주요 단체와 조직의 수장, 50명 이상의 아프리카 국가수반 등 총 200명 이상의 주요 아프리카 인사들이 자발적이고 열성적으로 냉전기간 동안 중국을 방문하였다. 당시 중국을 방문한 아프리카 지도자들은 소련과 미국 그리고 서유럽 국가들로부터의 군사, 경제 관계 단절이라는 큰 손실을 감수해야만 했으나 방문은 지속적으로 이루어졌다.

2. 중국의 UN 가입

1945년 10월 24일 UN설립 이후 중국의 유일 합법 정부는 대만 국민당 정부였다. 중국공산당은 대륙을 차지하고 1949년 중화인민공화국을 수립하면서 세계 최대의 인구를 가졌음에도 UN에서 중국을 대표할 수 없는 'UN중국대표권문제'(The Issue of China' Representation in UN)가 발생한 것이다. 때문에 중국공산당 입장에서는 국내적으로는 전투에 승리를 했으나, 국제적으로는 전쟁에서 패배한 셈이나 마찬가지였다. 당시 UN 내 서방국가들의 외교 영향력이 우세하다보니 국민당 정부가 패퇴해 대만으로 물러났음에도 여전히 국민당 정부에 중국대표권을 부여하였던 것이다. 1950년 1월 13일 소련은 UN에서 국민당 정부를 축출하는 결의안 초안을 제출했으나 미국의 강력한 반대로 거부되어 총회에서 투표조차 진행하지 못했다. 대신 UN은 '결의안(Resolution) 490호'를 채택해 UN중국대표권문제를 심사하기 위해 특별위원회를 설치하기로 하였고, 특별위원회 보고서 권고에 따라 총회 '결의안 800호'를 채택하였다. 이 내용은 '올해 예정된 여덟 번의 정규 회기 동안에는 UN에서 중국공산당 정부로 중화공화국 정부의 대표를 대체하자는 안건을 제출할 수 없다'는 내용으로, 대만 정부에게는 매우 유리한 결의안이었다. 특별위원회 보고서에는 대만 국민당 대표도 참여했다. 소련은 이에 대한 반발로 '미국은 불법을 조장하고 있다'고 비난하고 같은 해 8월까지 안전보장이사회의 모든 안건 참여를 거부하였다.

미국과 대만의 저지에도 불구하고 UN에서 중국공산당의 대표권 문제는 꾸준히 제기되었다. 1950년 제5차 UN총회에서 인도가 '중국공산당이 UN대표권을 가져야 한다'는 주장을 공식적으로 제기하고 결의안을 제출하였다. 그동안 UN의 신임장위원회(Credentials Committee)에서 다루어졌던 문제가 곧바로 총회 본회의로 직행한 것이다. 투표가 진행됐지만 미국을 비롯한 서방국가들의 강력한 반대에 부딪혀 통과되지 못하고 폐기되었다. 그 후로도 수차례에 걸쳐 중국대표권 문제가 제기되었으나, 미국과 서방국가들의 지원으로 중국을 대표하는 유일한 합법정부는 대만 국민당 정부로 국제적인 지위가 굳건히 유지되었다.

그러나 1960년대 들어 아프리카 국가들의 UN 가입 증가와 비동맹노선이 강화되면서 중국대표권 문제가 줄기차게 안건으로 제출되기 시작했다. 위협을 느낀 미국은 1961년 '중요안건지정사안'이라는 안건을 제출하고 호주, 콜롬비아, 이탈리아, 일본 등을 동원해 안건을 지지하도록 영향력을 행사함으로써 중국공산당의 희망을 꺾어 버렸다. '중요안건지정사안'이란 UN헌장 4장 18조 2항과 3항의 내용을 해석한 것으로, 특정 안건(중국공산당대표권)이 결의안의 지위를 갖기 위해서는 UN 회원국 3분의 2가 특정 안건이 중요하다는 결의안을 먼저 과반수로 통과시킨 후 지위가 부여된 그 결의안에 다시 3분의 2가 찬성을 해야만 하는 '가혹한' 기준이었다.

1969년 3월 중·소 국경분쟁으로 양국이 전쟁 위기까지 치닫자 미국은 이를 이용해 중국과의 긴장완화를 모색하고자 했다. 베트남전 늪에서 허우적거리던 미국으로서는 베트남의 가장 강력한 후원국 중 하나인 중국의 영향력을 줄이는 게 급선무였다. 중국 역시 소련의 팽창주의

1971년 10월 25일 UN 제26차 총회 결의안 2758호가 통과 순간. 마오쩌둥의 통역사를 지낸 주UN 중국 대사 황화(오른쪽)가 결의안 통과 후 기뻐하고 있다. 출처: 베이징대학교.

에 의한 무력 침공이라는 현실 앞에 무기력한 상태였고, 이를 만회하기 위한 조치로 미국과의 관계 개선에 더욱 적극적으로 나섰다. 이는 곧바로 중국에게 큰 선물을 안겼다. 1970년 UN에서 '중요안건지정사안'이 투표에 부쳐졌고, 결의안이 3분의 2에 미달되기는 했으나 찬성표가 반대표를 상회하였다. 또 '핑퐁외교'(*ping-pong diplomacy*)로 알려진 획기적인 사건으로, 양국 간의 해빙 분위기가 조성되었다. 1971년 3월 28일 일본 나고야에서 열린 제31회 세계탁구선수권 대회에서 중국 대표팀이 미국 대표팀을 초청한 것이다. 여기에 응하여 대회에 참여했던 15명의 미국 탁구 선수들은 1971년 4월 10일 중국을 방문하였다. 1949년 10월 중화인민공화국 수립 이후 미국인으로서는 최초로 중국을 공식 방문한 사례로 기록되었다.

한편, 미국과의 해빙 무드는 서방국가들의 큰 견제 없이 중국이 UN에 가입하는 분위기를 만들었다. UN 가입 21번째 시도였다. 여기서 중요한 것은 중국은 UN이라는 국제무대에서 아프리카의 중요성과 강력한 영향력을 경험하는 계기가 되었다는 점이다. 1971년 10월 25일 제 26회 UN총회에서 알바니아가 중국공산당의 중국 대표권 승인과 대만 국민당정부 추방을 명기한 안건을 제출했다. 결과는 이전과 정반대였다. UN은 '결의안 2758호'에 의거하여 1949년부터 상임이사국이었던 대만 국민당정부를 UN에서 축출하고 중국공산당을 유일한 합법적인 중국 대표로서 인정하였고, 상임이사국의 지위까지 승계하도록 한 것이다.

이처럼 '하나의 중국'(*one China*) 정책이 대성공을 거둘 수 있었던 것은 UN 총회 표결에서 찬성 76표 중 34%에 해당하는 26표가 아프리카에서 나왔기 때문에 가능한 결과였다. 찬성한 아프리카 국가 중 4개국은 여전히 대만과 외교관계를 맺고 있었으며, 23개국은 1961년에 있었던 중요안건지정사안에서 중국 측에 투표했던 국가였다. 중국의 UN 상임이사국 지위 획득은 아프리카에서뿐만 아니라 국제적으로도 정치·경제적 영향력 확대를 가져와 제 3세계(*The Third World*)에서 확고한 위치를 점하는 계기가 되었다. 마오쩌둥은 "오랫동안 UN에 가입하지 못한 것은 미국과 일본 때문이고, 이제서라도 가입할 수 있었던 것은 아프리카 형제들 덕분"이라며 감개무량해했다. 결의안 투표결과 발표 직후 일부 아프리카 대표들은 UN 총회 회장에서 춤까지 추며 중국 대표들을 축하해 주었다.

냉전기간 감내했던 아프리카에 대한 막대한 원조와 희생이 축적되어 얻은 인적 네트워크라는 재산은 국제무대에서 큰 영향력을 발휘했을 뿐만 아니라 1990년대 탈냉전 이후에도 다양한 경제적 협력을 성사시켜 주면서 중국에 에너지 확보를 비롯한 막대한 경제적 이익을 안겨 주는 결정적 토대가 되었다.

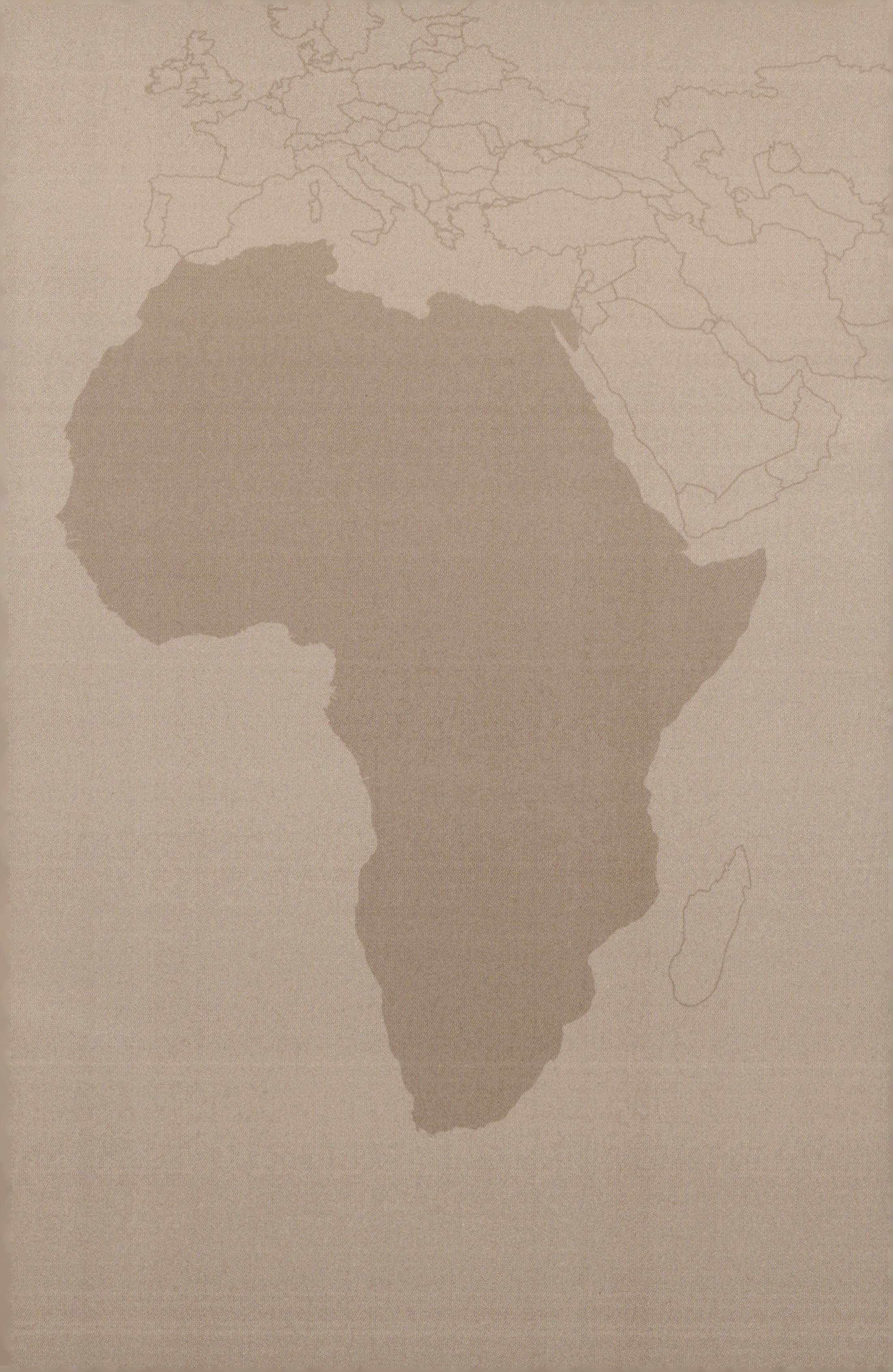

2부

변화의 기원

5

집권세력의 세대교체

1. 대외정책의 존재이유(*raison d'être*)

중국은 1990년대에 들어 이념의 종언(*the end of ideology*)과 제 3세대 집권세력인 기술관료(*technocrat*)의 등장으로 자국 내 정치환경과 이념 성향의 변화를 겪게 되어 더 이상 아프리카를 이념적 가치만으로 평가하는 것이 불가능했다.

1976년 9월 6일 마오쩌둥 사망 후 보수파와의 권력 투쟁에서 승리하여 이미 명실상부한 중국공산당 최고 권력자로 떠오른 제 2세대 지도자 덩샤오핑(鄧小平, 1904. 8. 22~1997. 2. 19)은 첫 번째 외교 순방지로 전통적인 친중국 국가들이 산재한 아프리카 또는 남미가 아닌 일본(1978년 10월), 태국과 싱가포르(11월)를 선택했다. 대외정책의 변화를 예고한 것이다. 같은 해 12월 18~22일까지 열린 제 11기 중국공산당중앙위원회 제 3차 전체회의에서 농업·공업·국방·과학기술 총 4개 부문의 현대화를 중국이 지향할 목표로 지정하면서 공식적인 개혁·개방을 선포하였다. 이념에 지친 나머지 이제는 국내 경제개발에 집중하겠다는 의미였다.

또한 중국 근대정치 역사상 가장 큰 획인 미국과의 수교가 공산당중앙위원회가 폐막한 지 1개월이 채 지나지 않은 1979년 1월 1일에 끝내 이루어졌다. 아시아와 아프리카에서 전쟁 및 대리전까지 치르며 20년 이상 극악무도의 제국주의 국가로 여겼던 미국과 수교한 것이다. 게다가 덩샤오핑은 수교가 체결된 지 한 달이 채 되기도 전인 1월 29일에 미국을 7일간 공식 방문했다. 수년 전만 해도 상상조차 할 수 없었던 일들이 단 몇 개월 만에 이루어지면서 국제정치를 요동치게 만들었다.

실제로 미·중 수교는 중국의 대외정책의 대변혁을 실감할 수 있는 충격적 대사건이었다. 마오쩌둥 시대의 이념 및 무장혁명과는 정반대 노선을 택한 덩샤오핑의 탈이념적 '급진실용주의'(*Radical Pragmatism*) 대외정책이 대화를 통해 안정적으로 자리 잡으면서 아프리카에 대한 관심과 지원은 자연스럽게 줄어들었다. 그렇다고 해서 당시 국제정세가 냉전을 벗어난 상황도 아니었다. 냉전이 여전히 맹위를 떨치고 있었지만 중국이 마오쩌둥 사망 후 대외정책을 급격하게 변경한 가장 주된 이유는 바로 마오쩌둥 시대 내내 지속되어온 중국의 참혹한 경제적 희생에서 어떻게든 탈피하고자 하는 반작용이었다.

1980년대 중반까지 중국의 아프리카에 대한 관심은 봄눈 녹듯이 희미해져 갔고, 자국 내 경제발전을 도모하고 선진기술을 이전받기 위해 오히려 초강대국, 선진국과의 외교·경제관계 개선에 집중했다. 다만, 공개적으로는 아프리카 국가의 중요성을 잊지 않고 있다는 것을 보여주기 위해 1979년 1월에는 부총리 리셴녠(李先念)을, 1982년 12월에는 총리 자오쯔양(趙紫陽)을 아프리카에 파견해 각각 4개국과 11개국을 방문하여 남남협력(*South-South cooperation*, 개발도상국 간의 협력)의 중요성을 강조했다. 그러나 이것은 '립서비스' 수준에 머물렀을 뿐이었다.

특히 자오쯔양은 '상호이익과 평등, 실용적 결과추구, 협력형태의 다양성, 공동투자·개발'이라는 '중국·아프리카 경제협력 4원칙'(Four Principles of China's economic cooperation with Africa)을 만들어 발표하였으나 이 원칙은 오히려 아프리카에 불리한 것이었다. 수십 년간 지속되어온 3무(無)의 원조와는 달리, 이제부터는 경제원조 시 이자와 각종 조건을 추가하거나, 조건이 충족되지 않을 때는 아예 삭감하겠다는 의미였다. 실제로, 1960~1976년 마오쩌둥 사망 직전까지 매년 평균 1억 달러에 달하던 아프리카에 대한 각종 지원금은 덩샤오핑 집권 이후 중국의 자국 내 경제사정이 나아졌음에도 1985년까지 매년 평균 1천 3백만 달러로 격감했다. 게다가 1979~1980년까지는 아프리카에 인도적 차원의 의료팀조차 파견하지 않았을 정도였다.

1981년 5월 짐바브웨 초대 총리이자 실권자인 무가베가 34명의 대규모 사절단을 이끌고 중국을 공식 방문하였다. 그러나 이미 중국의 번지수가 바뀌었다는 것을 실감하지 못했던 무가베는 베이징 도착 즉시 "중국의 정치시스템은 새로운 사회주의 질서를 창조하려는 자신의 구상과 시도에 영감을 주고 있다"고 찬양하였다. 또 5월 14일 베이징 대학 강연에서는 "짐바브웨의 혁명은 마르크스·레닌주의와 마오쩌둥 사상(*Mao Tse-tung Thought*, 마오이즘)의 원칙이 옳았다는 것을 증명하는 것이다"라고 열변을 토하며 중국정부에 강한 인상을 남기고자 노력하였다. 다음날 덩샤오핑은 무가베와의 회담에서 여러 차례 다음과 같이 강조하였다.

특별히 강조합니다. 마오이즘을 너무 가까이 하거나 따라서는 안 될 겁니다. 중국은 과거의 많은 잘못으로부터 배우고 있습니다. 따라서 앞으로는 잘못을 최소화하고자 노력할 겁니다. 계급투쟁과 무장투쟁은 더 이상 사회의 성공적 변화를 이뤄내는 데 도움이 되지 않습니다.

중국공산당의 최고 권력자가 자칭 마오이스트(*Maoist*)라고 주장하는 무가베 자신에게 마오쩌둥 시대의 중국 사회주의 모델을 본받지 말아야 한다며 수십 년간 중국이 강직하게 사수해 온 프롤레타리아 국제주의 이념의 화신이던 마오쩌둥을 무참히 깎아 내린 예상치 못한 발언이었다. 무가베는 큰 충격을 받고 다음과 같이 화답했다.

중국의 실패를 우리에게 숨기지 않고 말씀해 주어 감사합니다.

덩샤오핑은 이 밖에도 서슴없이 시장경제와 자본주의를 가까이하라며 권고하기도 했고, 무가베를 중국 남부 경제특구로 보내 자신이 이룩한 이원론적(*Manichean*) 시스템에 의한 경제 기적 현장을 보여주며 변화한 현실을 실감할 수 있도록 했다. 또 1985년 4월 덩샤오핑이 중국을 방문한 탄자니아 부통령에게 다음과 같이 열변을 토한 것에서도 중국의 변화된 이념관과 대외정책을 파악할 수 있다.

그동안 우리가 인민들에게 제공한 것이라고는 가난과 후진성뿐이었습니다. 사회주의는 빈곤이라는 의미가 아닙니다. 인민의 생활 수준개선과 생산력 증대 없이는 사회주의 건설은 공허한 소리일 뿐입니다.

심지어 중국은 아프리카의 빈곤과 형편없는 경제 실적을 초래한 근본 이유가 초강대국과 서방국가들 또는 '불공정'한 세계경제 질서 탓이 아니라, 아프리카 스스로의 문제에서 비롯된다고 비난의 수위를 높였다. 결국 각종 지원방안을 축소하거나 아예 취소하기에 이르렀다. 이러한 조류는 중국공산당 기관지 및 다양한 매체를 통해 공개적으로 지적됐다. 예를 들어, 1985년 5월 〈인민일보〉는 사설을 통해 아프리카를 비롯한 개발도상국의 무분별하고 계획성 없는 '정책결정오류'(*errors in policy making*)를 맹렬히 비판했다.

중국은 또한 아프리카 해외 장학생 프로그램을 축소하거나 재정지원을 중단하기도 했다. 중국정부의 대 아프리카 정책 변화에 가장 먼저 반응을 보인 그룹은 바로 베이징에 유학 중이던 아프리카 학생들과 연수 중인 농업 기술진들이었다. 이들은 중국의 UN 가입과 안전보장이사회 상임이사국 자리를 차지하게 해준 아프리카의 도움을 잊지 말라는 의미로 '1971년 UN을 기억하라'고 적힌 플래카드를 들고 시위를 벌이기도 하고, 베이징 전역에 대자보를 게재해 중국공산당의 '아프리카 방치'를 비판하였다. 중국의 아프리카에 대한 급진적인 지원 축소는 아프리카 정부들의 불만을 고조시켰다. 이를 가라앉히고자 1980년 중반 우쉐첸(吳學謙) 외교부 부장을 급파해 중국대륙이 처한 상황을 설명하고, 공개적으로 아프리카에 대한 지원 의지를 재확인시키곤 하였으나 실제 집행된 지원 횟수는 손으로 꼽을 수 있을 정도로 적었다.

중국의 아프리카에 대한 대표적인 무관심 사례로는 공산권 대외원조 사상 최대 규모의 지원 프로젝트였던 탄자니아-잠비아 철도 기념행사를 들 수 있다. 1986년 8월 13일 탄자니아-잠비아 철도운행 10주년 기념식이 성대하게 열렸다. 중국은 현저하게 직급이 낮고 지명도도 전혀 없던 첸무화(陳慕華) 국무원 위원을 대표로 극소수의 사절단을 기념식에 파견하였다. 과거와는 극명하게 다른 중국의 태도에 아프리카의 실망감은 컸다. 아프리카 입장에서는 중국과 아프리카의 관계를 상징하는 가장 중요한 기념비적 사업의 기념식에 중국공산당 최고위급

1979년 2월 2일 미국 텍사스 주 사이먼트 로데오 경기장을 찾은 덩샤오핑.
출처: 〈中國日報〉.

인사가 참석할 것으로 예상했던 것이다. 소규모 댐 완공식에도 외교부 부장, 총리 등 주요 공산당 수뇌부 인사들이 파견됐던 과거 마오쩌둥 시대와 너무도 대조적이었다. 그럼에도 기념식에 참석한 탄자니아와 잠비아 대통령 중 잠비아 대통령 카운다(Kenneth David Kaunda)는 오히려 공식적으로 "그동안 중국이 어려운 시기에 아프리카 남부지역에 보여준 협력과 성의에 진심으로 감사한다"고 발표하였다. 이에 대한 답변으로 첸무화 위원은 중국이 5백 6십만 달러를 철도 보수비용으로 지원하겠다는 발표를 하였다. 그러나 이것은 중국의 체면치레용이었을 뿐, 철도 보수비용으로는 턱없이 부족한 액수였다. 10주년 기념식과는 무관하게 실제로 탄자니아-잠비아 철도는 완공 직후부터 잦은 고장과 보수공사에 끊임없이 시달려야 했다. 장비 부족, 숙련된 노동자 부족, 형편없는 관리 및 운영체계, 부품 부족 등 문제가 산적해 있었다. 마오쩌둥 사망 후 철도 관리에서 거의 손을 뗐던 탓에 교체해야 할 부품도 제대로 공급되지 않았던 것이다. 1986년 10월 덩샤오핑은 "장차 중국은 탄자니아-잠비아 철도 같은 장대한 프로젝트에 참여하는 일은 없을 것"이라고 못 박았다. 실용주의 노선으로 돌아선 중국 지도부의 입장에서는 탄자니아-잠비아 철도가 그저 옆구리에 박힌 가시였을 뿐이었다.

1980년 중반 이후, 중국이 아프리카를 냉담할 정도로 소홀히 다루게 된 또 다른 이유가 있었다. 중국과 국지전을 치르고 전쟁 직전 위기까지 치달았던 이웃국가 소련의 변화 때문이었다. 1985년 고르바초프(Mikhail Sergeyevich Gorbachyev, 1931. 3. 2~)가 소련 권력의 정점인 서기장에 올라선 이후 소련사회는 대변혁을 겪었다. 대외적으로는 덩샤오핑과 유사하게 개방(*Glasnost*)이라는 실용적 정책을 펼치기 시작한 것이다. 특히 고르바초프는 1986년 7월 27일 '블라디보스토크 선언'에서 소련과 중국의 관계 정상화를 위해 국경문제를 양보하겠다는 의사를 밝히면서 양국 간에는 급속하게 화해 분위기가 조성됐다. 이러한 흐름으로 중국이 아프리카에서 더 이상 소련과 경쟁할 필요도 사라졌다.

무엇보다도 그동안 오로지 이념이라는 가치에만 집착해 생각지도 못했으나, 마오쩌둥 사후 아프리카가 중국의 현대화 질주에 필요한 무역, 기술, 전략적 특수성 등 투자 대비 이점이 될 만한 것을 한 가지도 제공해주지 못한다는 것을 깨닫게 된 것도 큰 이유였다. 중국과 아프리카의 무역규모는 서방국가들과 비교조차 하기 어려울 정도로 초라했다. 예를 들어, 중국은 1978~1985년까지 일본과 연계무역(*counter trade*) 협정을 맺고 100억 달러에 달하는 물품을 일본에서 수입하였고 대신 동일한 액수의 석유 수출 계약을 맺었다. 일본은 또한 1979~1984년까지 무려 14억 달러의 공적개발원조를 중국에 제공함으로써 중국의 인프라 건설에 큰 도움을 주었다. 서방국가들과도 일본과 유사한 형태로 무역이 진행되었다. 서유럽 국가에서 각종 기계류 시설, 건설장비, 첨단산업용품 등을 수입하였고 대신 중국은 동일한 액수의 석유, 석탄 등을 수출하였던 것이다. 따라서 중국 대외정책 중심축의 이동이 미국, 서유럽, 일본, 소련으로 가속화되었고, 이는 매우 자연스러운 현상이 되었다. 덩샤오핑 시대 초·중반기(1978~1986) 대외정책의 '존재이유'(*raison d'être*)는 더 이상 이념이 아니라 바로 급진실용주의를 바탕으로 한 자국 경제발전에 있었을 뿐 그 이상 그 이하도 아니었다.

2. 천안문사태 - 아프리카 재발견

덩샤오핑의 실용주의 노선은 마오쩌둥 시대에 비해 경제발전과 더불어 인민들의 생활수준을 향상시키는 데 큰 역할을 했으나, 다른 한편으로는 정치, 경제적으로 많은 부작용을 낳기도 하였다. 물가 상승, 소득격차 확대, 공산당의 지시가 항상 옳은 것만은 아니라는 인민들의 의식전환, 부정부패 등으로 1980년대 중반부터 정치개혁을 요구하는 대중의 목소리가 터져 나오기 시작했다.

정치계에서는 특히 후야오방(胡耀邦), 자오쯔양을 비롯한 급진개혁성향 인물들이 총서기 및 당의 실권을 장악하면서 정치개혁은 급물살을 타는 듯했다. 언론의 자유, 사상의 자유, 법치주의, 복수 정당제 등 민주주의를 과감히 도입하려 시도한 것이다. 그러나 정치개혁은 덩샤오핑이 실시한 경제개혁과는 차원이 다른 문제였다. 이것은 중국공산당의 존재이유가 뿌리째 흔들리는 매우 민감한 사안이었던 것이다.

또 반부패 프로그램을 도입해 공산당 원로 및 고위직 인사들의 자녀와 친인척들에 대한 대규모 비리 조사를 허용하면서 당내 입지가 좁아지기 시작했다. 덩샤오핑의 딸과 사위까지 포함되어 있는 태자당(太子黨)을 전면 조사하면서 당내 불만이 극에 달했다. 과거 이념에 지친 나머지 덩샤오핑에게 협조했던 보수파들은 정치개혁에 전혀 찬동하지 않았고, 덩샤오핑조차도 후야오방의 급진적인 행보를 지지하기보다는 반부패 프로그램을 중지시킴으로써 보수파들의 손을 들어 주었다. 후야오방은 자신을 지지하지 않는 덩샤오핑에 대해 "사고가 우유부단하고 구태에 머물기를 바라고 있다"며 주위에 털어 놓기도 했다.

사회계에서도 유사한 동향이 포착되었다. 1986년 12월 서방국가들과 동일한 수준의 민주화를 요구하는 대학생들로 조직된 시위에 인민들이 가세하면서 민주화 시위는 삽시간에 전국 12개 이상의 도시로 퍼져 나갔다. 시위는 중국 안후이(安徽) 성 허페이(合肥) 시에 위치한 중국과학기술대학교(中國科學技術大學校)에서부터 시작되었다. 시위대를 이끄는 지도부 중의 한 사람은 이 대학의 부총장을 맡고 있던 반체제 천체물리학자 팡리지(方勵之)였다. 그는 공개적으로 중국정부 내에서 공산당의 영향력을 축소하고 정치 개혁을 단행해야 된다고 줄기차게 목소리를 냈던 인물이었다. 팡리지와 함께 시위대를 이끌었던 또 다른 인사는 반체제 작가 왕뤄왕(王若望)과 류빈옌(劉賓雁)이었다. 이 두 사람은 이미 수차례에 걸쳐 덩샤오핑에게 민주화를 요구하는 서한을 보낸 바 있다. 덩샤오핑이 시위대 지도부를 좋아할 리가 없었고, 직접 후야오방에게 세 사람의 당적을 박탈하고 시위대를 해산시키라는 지시를 내렸으나 후야오방은 단호히 거절하였다. 민주화 시위 발생 2주 후인 1987년 1월, 그동안 급진적인 시위대에 너무 관대했다는 이유를 들며 공산당 보수파 원로들과 군 수뇌부는 후야오방의 사임을 강요했고 덩샤오핑도 이에 동의하였다. 결국 후야오방은 총서기에서 물러났지만 대학생들과 인민들은 그를 더욱 존경하기에 이르렀다.

1989년 4월 15일 후야오방이 심장마비로 사망하자 그의 명예회복과 민주화를 갈구하는 지식인들과 대학생들의 시위가 끊이지 않았다. 4월 22일 5만명의 대학생들은 후야오방의 장례식에 참석하기 위해 천안문광장을 행진하며 강경보수파인 리펑 총리에게 민주화를 요구하는 청원서를 발송하였다. 게다가 후야오방의 장례식 절차와 예우가 미흡하다고 알려지면서, 인민대회당은 삽시간에 공산당의 족벌주의를 비판하고 부패청산, 인민 생활의 질적 향상, 민주화를 요구하는 성토의 장으로 변했다. 모든 책임과 비난의 화살은 붉은 장막 뒤에 숨어 있는 최고 권력자 덩샤오핑 앞으로 날아들었다. 결국 후야오방의 사망은 그동안 공산당에 불만을 품었던 대학생들과 인민들의 여론을 집결시키면서 '천안문사태'의 도화선이 되었다.

5월 내내 민주화를 요구하며 천안문 광장에서 연좌시위를 강행하던 학생과 노동자 인민들을 해산시키기 위해 리펑 총리 등 강경파는 덩샤오핑에게 계엄령 선포와 무력진압을 촉구하였고, 덩샤오핑은 이를 받아들여 5월 20일 베이징에 계엄령을 선포, 인민해방군에 시위대를 강제로 해산시키라는 명령을 내렸다. 1989년 6월 4일 인민해방군은 탱크와 장갑차를 동원해 천안문에 집결해 있던 수십만 명의 시위대를 무력으로 해산시키면서 총기까지 사용하였다. 천안문사태 유혈참극은 그렇게 강경진압으로 인해 시작됐다. 최소 수백 명에 달하는 사망자가 발생하면서 순식간에 베이징은 혼돈에 빠져 외교적으로도 심각한 난관에 봉착하게 되었다.

천안문사태 발발 2주전, 때마침 중국은 큰 외교적 행사를 준비하고 있었다. 1980년대 중반부터 조성되기 시작한 중·소 해빙 분위기가 무르익어 1989년 5월 소련 대통령 고르바초프가 중국에 방문하기로 예정되어 있었던 것이다. 소련 지도자로서는 무려 30년 만의 방문으로, 양

1989년 5월 천안문광장에서 민주화를 요구하는 대학생 시위대.
출처: Stewart(2001).

국이 정상회담을 성사시키기 위해 거의 10년간 노력한 끝에 결실을 맺은 중요한 행사였다. 5월 15일 고르바초프가 베이징에 도착했을 당시 전 세계 각국 방송언론 기자의 수는 무려 3천여 명에 달했다. 5월 16일 인민대회당에서 역사적인 만남이 이뤄졌고 두 정상은 2시간 30분 동안 회담을 가졌다. 중국은 소련으로부터 캄보디아에 주둔 중인 베트남군 철수를 위한 소련의 영향력 행사, 몽골에서의 소련군 철수, 중・소 국경 문제 해결 합의 등을 도출하면서 소련의 많은 양보를 이끌어내는 데 성공했다. 덩샤오핑은 이를 통해 전 세계적으로 중국이 소련과 대등한 관계로 보이기를 원했다. 그러나 당시 민주화를 요구하는 15만 명의 시위대가 천안문 광장과 그 일대를 장악하면서 여러 차례 회담 일정을 재조정하는 등 외교적인 결례를 범하기도 했고, 무엇보다 대부분의 기자들이 천안문 광장의 시위대를 집중 취재하면서 회담 성과는 크게 주목받지도 못하게 됐다.

미국을 비롯한 서방국가들은 6월 4일의 인민해방군의 비무장 시위대를 향한 발포와 강경진압에 대해 강력하고 발 빠르게 대응하기 시작했다. 천안문사태 다음날인 6월 5일 미국 부시(George Herbert Walker Bush, 1924. 6. 12~) 대통령은 미국과 중국 군사 지도자 상호 방문 중지, 협상 중이었던 1억 달러의 상업적 무기 수출 중지, 3대의 통신위성 및 보잉 757-200 제트기 내비게이션 장비와 300개 이상의 군수품 등 6억 달러 규모의 정부 대 정부 간 판매 교섭 중지를 포함한 제재 패키지를 발표하였다. 또 미국에 유학 중인 중국 학생들의 비자를 연장해 주었다. 6월 6일에는 이례적으로 미국 상·하원이 대통령에게 해외민간투자공사(OPIC: Overseas Private Investment Corporation)와 수출입은행(EXIM bank)의 수출통제 완화를 중국의 인권 상황을 개선시키는 조건으로 활용할 것을 촉구하는 결의안을 동시에 통과시켰다. 그러나 미국의 신속, 강력한 제재에도 불구하고 덩샤오핑은 6월 9일 다음과 같은 대국민 성명을 발표했다.

> 우리 국가와 당을 타도하려는 대량의 사회 쓰레기들과 반항적인 파벌의 주도로 일어난 반혁명의 반란을 효과적으로 진압한 인민해방군을 대단히 자랑스럽게 생각한다.

6월 20일 미 상원은 중국의 무력행위를 막으려고 보다 더 강력한 제재를 요구했다. 부시 대통령은 국제금융기구들의 중국에 대한 차관 지원을 중지시켰고, 7월 중국을 방문할 예정이었던 상무장관을 비롯한 모든 정부 고위 관계자들의 방문 계획도 취소했다. 여기에 일본도 가세해 1990년 4월부터 5년간 지원 예정이었던 55억 달러의 대규모 지원 협상을 중지하였다.

그러나 중국의 태도는 오히려 더욱 강경해졌다. 6월 21일과 22일 시위 중 체포된 3명과 27명을 각각 공개적으로 사형시킨 것이다. 24일에는 시위대에 동조한 자오쯔양을 숙청하고 장쩌민(江澤民, 1926. 8. 17~)을 전면에 내세웠다. 또 인민일보의 최고 편집위원들을 모두 강경파로 교체하고, 영향력 있는 작가, 학자, 경제전문가들에게는 체포 영장을 발부했다.

서방세계에서도 이에 대한 보복 조치를 감행했다. 6월 26일 세계은행은 중국에 대한 7억 8천만 달러의 새로운 차관 지원을 연기한다고 발표하였다. 6월 27일 유럽 지도자들도 중국의 무력 진압을 비난하고 군사협력, 무기판매, 새로운 경제협력 프로젝트, 정부 고위관계자들의 방문 중지, 그리고 세계은행의 차관 및 중국정부가 요청했던 신용보험의 심사를 전면 중지한다고 발표하였다. 7월 5일 '관세와 무역에 관한 일반협정'(GATT: General Agreement on Tariffs and Trade)은 중국의 재가입 협상을 연기한다고 발표하였으며, 7월 15일 G7(Group of 7)은 파리에서 정상회담을 갖고 중국정부의 행위에 깊은 우려를 나타냈다. 동시에 현재 보복조치로 진행 중인 다양한 제재와 국제적인 고립에서 벗어나기 위해서는 중국의 정치, 경제 개혁과 개방을 향한 노력이 재개되어야 한다고 발표했다. 8월 31일 UN 인권위원회(Commission on Human Rights)에서도 중국의 무력진압에 대한 우려를 담은 결의안을 승인하였다. 이후에도 미국을 필두로 한 서방국가들의 수많은 제재가 지속적으로 도입되면서 중국은 또 다시 1950년대 미국의 봉쇄정책에 가까운 경제·군사·외교적 고립무원(孤立無援)의 상황으로 미끄러져 내려앉을 상황에 처하게 된 것이다.

그러나 이러한 와중에도 중국공산당 지도부를 강력하게 지지한 세력이 있었다. 천안문사태 이후 서방국가들의 신속한 중국 제재와 달리 아프리카 국가들은 비난과 제재에 동참하기를 거부하고, 오히려 무력 진압 행위는 중국 고유의 내정 문제일 뿐 외부에서 왈가왈부할 사안이

1989년 5월 16일 덩샤오핑과 고르바초프. 중·소 정상회담 직전 인민대회당(人民大會堂)에서 만난 두 나라 정상. 출처: daylife.

아니라며 중국공산당 지도부를 강력하게 지지하고 나선 것이다.

1989년 7월 5일 앙골라 외교부 장관 반두넴(Pedro de Castro van Dúnem)은 신화사 통신과의 인터뷰에서 "인민해방군 투입은 반동분자들의 반란 진압을 위한 단호한 절차로 보인다. 중국정부가 지원을 요청하면 최선을 다해 도울 것이다"라고 공언하였다. 이보다 앞서 6월 20일 나미비아 산 조마(San Nujoma) 대통령은 인민해방군 앞으로 "진압 작전이 성공적으로 마무리된 것을 진심으로 축하한다"는 전보를 보냈고 신화사 통신은 이를 대대적으로 보도하기도 했다. 심지어 1989년 6월 29일 상투메프린시페(Sao Tome and Principe)의 외교부 장관 그라카(Carlos da Graca)는 서방국가들이 연일 중국에 대한 제재 조치를 발표하는 상황에서 국제적 압력에도 불구하고 중국의 외교적 고립 해소를 지원하고자 중국 방문을 강행하였다.

또 천안문사태 이후 아프리카 수장으로서는 최초로 부르키나파소 대통령 블레즈 콩파오레(Blaise Compaore)와 영부인이 9월 7일부터 6일간 중국을 방문하였고 뒤이어 6개월 동안 사하라 사막 이남의 무려 9개국 대통령들이 중국을 연이어 방문하면서 서방국가들에 외교적 시위를 벌였다. 1990년 10월 21일에는 아프리카통일기구(OAU: Organization of African Unity, 2001년 '아프리카연합'으로 대체, 2002년 7월 9일 해체) 사무총장이 미국을 겨냥해 "중국은 여전히 제3세계를 떠받치는 강력한 기둥과 같다"고 공개적으로 발언하면서 중국을 측면지원하였다.

1990년부터 2007년까지, 1991년을 제외한 17년간, 미국 또는 EU 회원국에서 중국의 인권 관행을 비난하는 결의안을 매년 UN 인권위원회에 제출했지만 이 같은 서방국의 끈질긴 시도와 노력도 번번이 아프리카 국가들의 반대로 실패하였다. 2004년 미국에 의해 중국의 인권 정책을 강도 높게 비난하는 결의안이 제출되었으나 28개 국가들의 강력한 반대로 통과되지 못했다. 반대표를 던진 28개 국가 중 절반인 14개국이 아프리카 국가였던 것이다. 중국의 입장에서는 근래의 아프리카에 대한 냉대에도 불구하고, 1950년대 중국이 강조했던 '평화공존 5원칙'을 잊지 않고서 탄복할 만한 외교적 지원에 최선을 다해주는 아프리카에 대한 고마움이 극에 달했으며 곧장 아프리카에 대한 대외정책에 변화를 주었다.

그러나 아프리카가 '평화공존 5원칙'을 바탕으로 중국을 도왔을 것이란 짐작은 중국의 착각이었다. 아프리카의 중국지지 움직임은 세 가지 동기가 분명하게 존재했다. 먼저, 아프리카는 중국의 민주화가 아프리카 국가에 미칠 파급효과를 미연에 차단해야 할 필요가 있었다. 아프리카 각국의 지도자들은 중국이 민주화를 이루게 된다면 그 전까지 중국에게 쏟아진 서방국가들의 거대한 압력이 방향을 틀어 자국으로 향하게 될 것이고 결국 자신들의 정권 유지가 불가능해진다는 것을 간파했던 것이다. 둘째, 피해의식에 따른 자발적 지원 동기가 작용했다. 아프리카 각국은 독립 후에도 서방국가들의 잦은 내정 간섭과 정권전복 시도에 시달려야만 했다. 따라서 이에 대한 반발로 중국과의 연대를 통해 간접적으로 불만과 분노를 표출한 것이다. 마지막 동기는 경제적인 이유에서였다. 중국의 대외정책이 마오쩌둥 사망 후 실용주의 노선으로 변경되었으나 서방국가들과는 다르게 여전히 까다롭지 않은 조건과 일부 무상 지원까지 제공한 나라는 중국밖에 없었기 때문이다. 또 진행 중인 건설 및 각종 프로젝트의 중단도 염려되는 등 중국의 경제적 지원이 지속되기를 바라는 의미가 강했던 것이다.

서방국가들의 중국 인권 정책에 대한 연이은 비판과 제재 그리고 외교적 고립 정책에도 불구하고 중국은 끝끝내 타협하지 않았다. 오히려 서방국가의 대중국 압박을 주권 침탈과 내정 간섭으로 규정하고 비판의 수위를 높이기 시작했다. 인민일보와 신화사 통신은 "과거 제국주의 국가들이 중국에서 자행했던 인권 말살의 기억이 채 가시지도 않았다. 그들이 말하는 인권은 위선적일 뿐만 아니라 그 실체는 사회주의 중국의 번영과 영향력 확대를 시기한 불안감의 표출이다"라는 내용을 담아 불만을 표출했다. 공산당 선전 매체가 서방국가들을 비판할 때 역사와 결부시키는 것이 유행처럼 번져 중국의 모든 매체에서 이 같은 논조를 적극 활용하기도 했다. 최고 권력자 덩샤오핑도 마찬가지여서 다음과 같은 드라마틱한 코멘트를 남기기도 했다.

> 나는 중국인으로서 외국의 중국 침략 역사에 대해 잘 알고 있다. 최근 서방국가들이 중국에 대해 제재 조치를 취하기로 결정했다는 것을 들었을 때 가장 먼저 떠오른 것은 19세기 8개 외국 연합군의 중국 침략이었다.

서방국가의 중심에서 해석된 '인권'과 '민주주의'라는 잣대는 중국과 아프리카 국가들에게는 제국주의와 신제국주의로 비쳐질 수밖에 없었고 이것은 중국과 아프리카의 유대관계를 강화시키는 역할을 하였다. 결국 천안문사태 이후 중국의 대외정책에는 크게 두 가지의 급격한 변화가 일어났다. 첫 번째 변화는 자연스럽게 미국 및 서방국가들을 견제하기 위한 반패권주의(*anti-hegemonism*) 정책의 도입이다. 한때 희미해졌던 중국의 이념이 다른 이름으로 부활한 것이었다. 여기에는 마오쩌둥 시대를 연상시킬 정도로 '제국주의'와 '신제국주의' 등의 용어가 남발되었다. 두 번째 변화는 이전에 비해 아프리카와의 관계 향상에 공을 들이는 흐름이 두드러졌다는 것이다. 그러나 자연스러운 흐름이라기보다는 서방국가들의 제재로 인한 대안적 성격이 강했다.

특히 눈여겨볼 부분은 중국이 아프리카의 정치와 경제를 분리하여 접근하기 시작했다는 것이다. 먼저 정치적으로는 그간 소홀했던 외교적 관심을 높이기 위해서 60~70년대와 동일하게 직위와 지명도가 높은 인물을 정기적으로 파견하고 물질적 지원을 크게 늘렸다. 외교부 부장 첸치천(錢其琛)은 천안문사태 후 한 달 만인 7월에 아프리카 8개국(앙골라, 잠비아, 레소토, 이집트, 보츠와나, 짐바브웨, 모잠비크, 튀니지)에 급파되었다. 앙골라 방문 시에는 1억 2천 1백만 달러의 차관을 제공해 중국 물품을 구매할 수 있도록 하였으며 다른 국가를 방문해서도 앙골라와 비슷한 수준의 지원을 하였다. 또한 잠비아 수도 루사카에 위치한 대학과 교육기관에 문구류와 전자제품을 제공하고 국가대표 축구팀에는 1만 달러 상당의 물품을 기증함으로써 정부뿐만 아니라 민간부문의 지원도 강화하였다. 첸치천은 이듬해인 1990년에도 모로코, 알제리, 이집트를 방문하고, 1991년 1월에도 5개국을 방문하는 등 아프리카와의 관계 강화에 외교력을 집중하였다. 이런 노력이 계속된 덕분에 1991년 이후부터는 매년 외교부 부장의 첫 해외 순방지가 아프리카로 고정되어 아예 외교부의 전통으로까지 자리 잡게 되었다. 여기에 가세

〈표 5-1〉 UN인권위원회 중국 인권 비난 결의안 아프리카 투표

	반대표				찬성표				기권표			
연도	합계	아프리카 표	반대 합계 (%)	아프리카 합계 (%)	합계	아프리카 표	찬성 합계 (%)	아프리카 합계 (%)	합계	아프리카 표	기권 합계 (%)	아프리카 합계 (%)
1990	17	6	35.3	54.5	15	1	6.7	9.1	11	4	36.4	36.4
1992	27	13	48.1	86.7	15	0	0	0	11	2	18.2	13.3
1993	22	11	50.0	73.3	17	0	0	0	12	2	16.7	13.3
1994	20	10	50.0	66.7	16	1	6.3	6.7	17	4	23.5	26.7
1995	20	11	55.0	73.3	21	1	4.8	6.7	12	3	25.0	20.0
1996	27	14	51.9	93.3	20	1	5.0	6.7	6	0	0	0
1997	27	14	51.9	93.3	17	1	5.9	6.7	9	0	0	0
1998	22	8	36.4	53.3	17	2	11.8	13.3	14	5	35.7	33.3
1999	22	9	40.9	60.0	18	1	5.6	6.7	12	5	41.7	33.3
2000	23	10	43.5	66.7	17	0	0	0	12	4	33.3	20.0
2004	28	14	50.0	93.3	16	0	0	0	9	1	11.1	6.7
평균	23.2	10.9	46.6	74.0	17.2	0.7	4.2	5.1	11.4	2.7	22.0	18.5

출처: compiled information from various sources. 인민일보. Xiao(2002).

하여 1988년 국가 주석에 오른 양상쿤(楊尙昆)의 첫 해외 순방지도 1989년 12월 이집트를 비롯한 아프리카 4개국이었다. 중국은 천안문사태를 겪으며 서방국가들의 위험성을 재평가 하는 동시에 국제무대에서 아프리카의 중요성을 재발견한 셈이었다. 1989년 11월 덩샤오핑은 베이징을 방문한 카메룬 군사절단에게 "(아프리카는) 좋을 때나 궂을 때나 좋은 친구다(全天候朋友)"라고 감사의 말을 전하기도 했다.

경제적 접근법 또한 서방국가들의 제재로 중국의 입장에서는 선택의 여지가 없는 상황이었기에 아프리카와의 무역에 집중할 수밖에 없었다. 그러나 과거 일방적인 지원과 기증 프로젝트와는 다르게 진행됐다. 중국 국영기업들과 회사들이 아프리카 시장의 가능성을 발견하고 개척에 나서기 시작한 것이다. 이러한 노력으로 1990년대 중반부터 중국의 보따리상인과 민간 기업의 아프리카 진출이 활성화되어 새로운 가능성을 가진 시장으로 각광받기 시작했다. 결국 2000년대에 접어들어 중국 기업들이 아프리카에서 활발하게 활동할 수 있었던 근원은 바로 천안문사태로 인한 대안적 경제 관계 때문이었던 것이다.

3. 중국의 길

중국의 입장에서는 천안문사태로 인해 서방국가들, 특히 '허니문'이라는 표현이 전혀 어색하지 않을 정도로 우호적인 관계를 유지하고 있던 미국이 그렇게 격렬하게 우려와 불쾌감을 보이며 국내 정치에 관심을 가질 것이라고는 전혀 예상하지 못했다. 이를 통해 덩샤오핑은 1989년 12월 중국공산당의 새로운 지도체제 구성원들에게 다음과 같은 제언을 남겼다.

> 일부 개발도상국들은 중국이 제3세계의 지도 국가가 되기를 강력히 권고하고 있다. 그러나 우리는 절대 그렇게 할 수가 없다. 이것은 가장 기본적인 국가 정책 중 하나이다. 우리는 그런 위치에 있을 만한 여유가 없다. 게다가 우리는 그럴 만큼 충분히 강하지도 않다. 이득이 될 것도 없으며 우리가 그동안 이룩한 모든 것을 잃을 뿐이다. 중국은 제3세계 국가와 항상 동일한 선상에 머물러야 한다. 그들로부터 패권을 추구하거나 지도자 역할은 결코 해서는 안 된다.

천안문사태로 인해 경제 성장 정체와 개혁·개방 속도가 늦춰지고 과거 이념의 망령이 중국 전역에서 부활되는 듯했으나 철저한 실용주의자 덩샤오핑은 신속한 국내 정국 안정을 마련해 경제발전에 다시 집중하고자 했다. 마오쩌둥시대로의 회귀는 그가 계획했던 것이 결코 아니었기 때문이다. 이러한 그의 속내는 1992년 중국의 개혁·개방을 가속화하기 위한 남순강화(南巡講話)로 나타났다.

공교롭게도 천안문사태의 혼돈은 소련연방과 동구권의 붕괴로 이어지는 냉전의 종식과 비슷한 시기에 발생함으로써 중국 제재에 집중하던 서방국가들의 관심이 다소 약화되었다. 그러나 문제는 냉전 후의 세계에서는 '시장 자본주의' 및 '자유 민주주의' 정부가 국제사회의 합법적인 회원 자격을 상징하는 문명의 새로운 표준으로 자리 잡는 흐름이 강해졌다는 데 있었다. 따라서 구소련과 동구권 등 대부분의 국가들이 탈냉전 후 브레턴우즈 체제(*Bretton Woods System*)가 낳은 국제통화기금(IMF: International Monetary Fund)과 세계은행의 차관과 가이드라인에 의지하며 정치, 경제 부문에서 힘겨운 변혁기를 보내야만 했다.

공산권 중 거의 유일하게 중국은 탈냉전이라는 거대한 흐름에 휩쓸리지 않고서 정치 구조와 경제발전을 자체적으로 유지하기 위해 아프리카와의 협력에 지대한 노력을 쏟아 부었다. 1990~1998년까지 장쩌민 주석, 리펑(4대) 총리, 주룽지(朱鎔基, 5대) 총리 등 130명의 중국 공산당 최고 수뇌부들이 아프리카 40개국을 방문하였다. 같은 시기 아프리카에서도 대통령 43명, 총리 14명이 중국 방문을 하는 등 외교부문에서 상당한 성과를 거두었고 이를 통해 중국은 경제 분야에서도 '사회주의 시장경제' 노선이라는 자국만의 길을 개척하는 데 성공했다.

덩샤오핑은 눈을 감기 전까지도 군대를 동원한 천안문 시위대의 강경 진압에 대해 어떠한 유감이나 사상자에 대한 애도를 표현하지 않았다. 중국에게는 공산당 일당 독재가 최고의 정치 시스템이라는 그의 신념을 끝까지 버리지 않았던 것이다. 리펑 전 총서기의 일기에 따르면 천안문사태가 발발하기 전인 1989년 5월 19일 덩샤오핑은 리펑에게 "계엄령 조치는 단호하게 진행되어야 한다. 피해를 최소화해야 하지만 우리 손에 피를 묻힐 준비도 해야 한다"고 말했던 것으로 나타났다. 이미 시위대를 향한 무력 강경 진압을 고려하고 있었던 것이다.

한편, 천안문사태로 다시 연결된 중국과 아프리카는 서방국가들의 인권과 민주주의 침투를 차단하는 방어적 성격의 동맹을 유지하면서 경제적으로는 활발한 교류를 하게 된다. 이는 1996년 양국 간의 교역액이 40억 달러, 2000년에는 100억 달러를 달성하고, 같은 해에 중국과 아프리카의 관계를 상징하는 최고의 경제기구인 '중국·아프리카협력포럼'(FOCAC: Forum on China-Africa Cooperation)이 탄생하는 데에 밑거름이 되었다.

6

중 국 의 인 식 전 환

1. 아프리카 자원에 대한 인식 전환의 계기

중국은 1978년 시작된 개혁·개방 이후부터 2011년 현재까지 두 자리 수를 넘나드는 폭발적인 경제성장률을 기록하고 있다. 이는 인류 역사상 가장 거대한 국가가 최고의 속도로 최장기간의 기록을 낳고 있는 전무후무한 사례라고 할 수 있다. 중국 인민들의 생활수준도 10년마다 두 배 이상으로 개선되었고, 구매력평가(*PPP*: *Purchasing Power Parity*) 기준으로 세계 GDP에서 차지하는 비중이 2000년 7.1%에서 2010년 13.3%를 기록, 2020년에는 20.7%까지 높아질 것으로 전망한다. 아울러 기존의 경제 대국들을 차례차례 앞서가면서 2000년에는 이탈리아를 제치고 세계 6위로, 2005년에는 프랑스를 제치고 세계 5위로, 2006년에는 영국을, 2007년에는 독일을, 2010년에는 일본을 제치고 세계 2위의 경제대국으로 발돋움해 세계 경제의 판도를 완전히 뒤집어 놓았다. 게다가 15년 이내에 미국을 넘어 세계 1위의 경제대국이 될 것이라는 목소리에는 이견이 없을 정도다. 10년 전까지만 하더라도 중국 경제의 미래가 비관적일 것이라고 예견했던 학자들조차 이제는 중국이 미국을 제치고 세계 1위의 경제 대국으로 올라서는 것은 오직 시간문제일 뿐이라고 입을 모은다.

한편, 이만큼의 기록적인 경제 성장 뒤에는 엄청난 자원의 수요가 뒤따르는 것이 당연지사다. 이미 1993년에 석유 순(純) 수입국이 된 중국은 2002년에 일본을 제치고 세계 2위의 석유 수입국으로, 2003년에는 미국의 뒤를 잇는 세계 2위의 석유 소비국으로 부상하였다. 세계에너지기구(IEA: International Energy Agency)의 '2011년 세계 에너지전망'에 따르면 향후 25년 내에 중국이 세계 에너지 소비의 30%를 소비하는 세계 최대의 소비국이 될 것으로 내다봤다. 2010년 중국의 1일 평균 석유 소비량은 9백 2십만 배럴(*barrel*)에 달한다. 반면 같은 기간 자국 내 1일 생산량은 4백만 배럴에 불과해 나머지 부족분은 전량 수입해야만 한다. 문제는 중국의 엄청난 인구수에 대한 비율을 따졌을 경우, 그 어마어마한 소비량조차도 아직 OECD국가 1인당 평균 소비량의 30%밖에 되질 않는다는 것이다. 2035년에는 중국이 미국보다 무려 70% 이상 많은 에너지를 소비할 것이나 워낙 인구가 많기 때문에 1인당 소비량으로 환산할 경우 미국 수준의 절반에도 미치지 못할 것으로 예상되고 있다. 따라서 장차 OECD국가나 미국의 수준으로 중국의 에너지 소비가 늘어날 것이라는 전망과 인구 증가 추세를 감안하여 중국의 미래 석유 소비량을 예측해 본다면 중국이 세계 에너지 시장의 가장 큰손이 되어 석유 수입처 확대에 총력을 기울일 수밖에 없는 급박한 상황인 것이다.

단지 교통부문만 살펴봐도 중국의 석유 소비량 증가는 보통 심각한 문제가 아니다. 하루 약 5만 대씩 엄청난 속도로 늘고 있는 중국의 자동차 수는 에너지 수급에 심각한 문제를 일으키고 있기 때문이다. 2006

~2010년 사이에 중국의 자동차 수가 무려 5천만 대나 증가한 것으로 나타났다. 2011년 11월 기준으로는 1억 4백만 대에 달했고, 2020년에는 2억 4천만 대 이상으로 늘어날 것으로 예상하고 있다. 2010년 중국의 석유 수입량이 하루 4백 8십만 배럴로, 전년 대비 17.5%나 증가한 것도 자동차 수 증가와 밀접한 관계가 있다. 전기자동차와 같은 대체 에너지의 사용을 배제한다면 향후 5년 이내에 중국은 전 세계 석유 수요 증가의 절반을 차지할 것으로 내다보고 있다.

석유 이외에 제조 산업 전반에 필수적인 광물 수입도 폭발적으로 늘어나고 있다. 석탄-필리핀, 천연가스-호주, 금-볼리비아, 구리-칠레 및 아프가니스탄 등 중국은 지금 전 세계를 상대로 한 광물의 수입에 혈안이 되어 있다. 문제는 중국의 자원 폭식으로 국제 거래 가격이 요동친다는 데 있다. 2004년, 중국 경제 성장의 여파로 인해 전년 동일기간 대비 아연과 알루미늄 25%, 석유 33%, 구리 37%의 가격이 급등했다. 2007년에는 전년 대비 아연 218%, 니켈 760%, 구리 344%의 가격이 폭등하는 데 중국이 결정적 역할을 했다. 이는 중국의 경제 성장에 의해 전 세계적으로 거래되는 자원의 가격이 결정되는 구조가 공고해지고 있다는 의미다.

더 큰 문제는 자원 소비량이 지칠 줄 모른다는 데 있다. 2010년 중국은 세계 시멘트 생산량의 54%, 철광석과 석탄 생산량의 45%, 세계 알루미늄 생산의 40%, 아연 생산의 43%, 니켈 생산의 약 25% 등을 소비하였고 이는 매년 증가 추세를 보이고 있다. 미래에 예상되는 중국의 자원 소비와 수요 증가가 세계 자원 시장을 옥죄게 될 것이라는 판단 아래 중국은 새로운 자원 부국들과의 보다 안정적이고 장기적인 우호 관계 조성에 총력을 기울이고 있다.

중국이 아프가니스탄의 구리 광산 채굴권을 획득하는 과정을 살펴보면 자원수급을 위해서 불법과 편법은 예사고 상업성까지도 무시한 모든 수단을 총동원하는 등 무모하리만치 자원에 집착하고 있다는 것을 알 수 있다. 이미 전 세계 구리 생산량의 40%는 중국으로 수출되고 있다. 그럼에도 불구하고 2007년 중국의 국영기업인 중국야금과공집단공사(MCC: Metallurgical Corporation of China)는 아프가니스탄 아이나크(Aynak)에 위치한 세계 최대 매장량을 지닌 미(未)개발 구리광산 입찰에 나섰다. 아프가니스탄 전(前) 광산부 장관 모하메드 이브라힘 아델(Mohammad Ibrahim Adel)에게 무려 2천 9백만 달러의 뇌물을 제공하였고, 캐나다, EU, 러시아, 미국, 카자흐스탄의 경쟁업체보다 무려 1억 달러나 높은 34억 달러를 제시하여 25년 이상을 임차 받는 데 성공하였다. 게다가 아이나크 광산 채광에 필요한 전력 공급을 위해 400메가와트 용량의 발전소를 독자적으로 건설하기로 하고, 이 발전소를 운영하기 위해 근처의 석탄 광산까지 개발하기로 하였다. 또한 중국 서부에서 타지키스탄(Tajikistan)을 경유해 아이나크 광산으로 바로 연결되는 철도를 건설하면서 학교, 이슬람 사원도 지어주기로 합의했다. 중국은 3조 달러 이상에 달하는 넘쳐나는 외환보유고를 바탕으로 다른 국가와 기업이 엄두조차 내지 못할 정도의 천문학적 투자를 쏟아 부은 끝에 아이나크 광산을 손에 넣고야 만 것이다.

아프가니스탄은 다양하고 풍부한 광물자원에도 불구하고 테러리즘, 이슬람근본주의, 그리고 세계 최악의 치안 부재로 인해 그동안 다른 외국 기업들이 섣부른 진출을 꺼렸던 국가다. 중국도 이 같은 위험에서 열외는 아니었으며 오히려 2004년 6월 아프가니스탄의 북부 도시 쿤두즈(Kunduz)에서 탈레반과 알카에다의 습격으로 중국 철도건설 노동자 11명이 사망하고 4명이 부상을 당하는 사고까지 발생했다. 여기서 눈여겨볼 점은 이런 인명 피해와 장차 미군 철수 이후 더욱 높아질 수밖에 없는 다양한 위험에 거의 무방비로 노출될 상황이 너무나도 명백함에도 중국은 이러한 위험마저 적극 감수하겠다는 태도를 취하고 있다는 것이다.

이미 아프리카에서도 자원 획득과 개발과정에서 많은 중국인들의 희생이 있었고 지속적으로 사상자가 발생하고 있으나 중국에겐 이 같은 사실이 아무런 장애요소가 되지 않는 듯하다. 과거의 중국인 치안 피해 기록을 살펴보면, 2004년 3월 15일 수단 남부에서 중국인 노동자 두 명이 반군에게 납치되었다. 2006년 11월에도 수단 다르푸르에서 세 차례에 걸쳐 중국 석유 시설과 아부자브라(Abu Jabra) 유전지대에 반군들의

〈표 6-1〉 2010년 중국의 고수요 자원 소비 현황

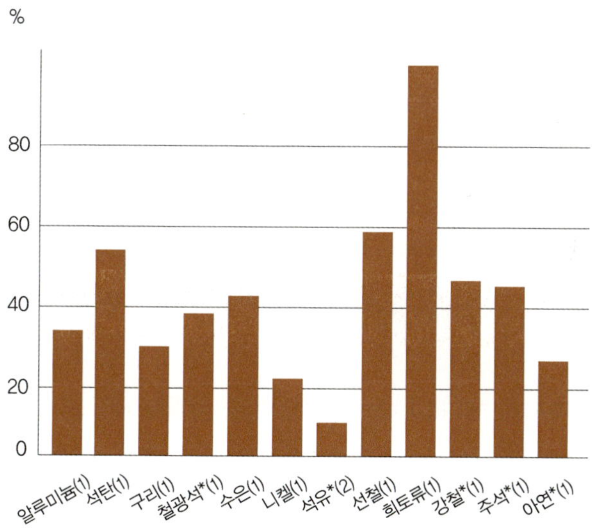

주: *2009년 자료. 중국은 주요 자원 소비량(석유 제외)에 있어서 세계 1위를 기록하고 있다.

출처: Compiled information from various sources. World Coal Institute(2010), World Steel Association(2010), USGS(2010).

단체인 니제르델타해방운동(MEND: Movement for the Emancipation of the Niger Delta)은 중국의 나이지리아 석유 투자를 '도둑질'로 취급하고 중국인 노동자와 경비원 공격, 자동차 폭탄 테러, 석유 저장 시설 및 석유 시추 시설과 연결된 다리의 파괴를 노리는 공격을 단행하였다. 2007년 1월 나이지리아 남부 교통 중심지 포트하커트(Port Harcourt)에서는 중국인 통신회사 직원 5명이 납치되었고, 2주 후에는 바엘사(Bayelsa) 주에서 석유 시추 시설을 공격한 단체에 의해 중국인 노동자들 9명이 추가로 납치되었다. 2007년 4월 에티오피아 오가덴(Ogaden) 지방에서도 중국석유화공집단공사(中國石油化工集團公司, SINOPEC)가 운영하는 중위안석유탐사국(中原石油勘探局) 소속 9명의 엔지니어들이 오가덴민족해방전선(ONLF: Ogaden National Liberation Front)의 공격으로 사망하였고 7명 이상이 납치되었다. 이처럼 끊임없이 발생하는 자국민의 희생에도 불구하고 중국은 어떠한 자원 개발 계획도 축소하거나 취소하지 않고 있다. 중국에게 안정적인 자원 수급이란 어떤 대가를 치러서라도 반드시 이루어내야만 하는 필수적 요소, 즉 국가의 장래 흥망을 결정짓는 가장 중대한 요소로 자리 잡은 것이다.

1990년대 후반부터 아프리카 자원에 대한 중국의 실질적인 투자는 전혀 이루어지지 않았다. 그러나 공산당 최고 지도부의 아프리카 자원에 대한 인식은 이미 냉전 당시와는 판이하게 변해서 어떻게든 자국의 경제와 연결시키고자 했다. 때문에 21세기 중국의 대 아프리카 정책의 중심에는 아프리카를 오로지 중국의 경제 성장에 필요한 가장 중요한 자원 공급처로 인식하고 아프리카의 자원 확보를 노린 실용 정책만이 존재할 뿐이었다. 결국 중국 지도부의 전(全)방위 자원외교 및 과도한 경제적 지원 정책이 지닌 목적은 다름 아닌 '자원 백화점인 아프리카의 독점'에 있었던 셈이다. 자국의 기적적 경제 성장력을 뒷받침할 수 있는 석유,

천연가스, 광물 등 모든 자원이 집중된 지역, '원스톱(*one-stop*) 자원 수급'이 가능한 세계 유일한 지역이 바로 아프리카이기 때문이다.

2. 경제 성장의 궁극적 목표

그렇다면 중국이 경제 성장에 집요할 정도로 전력투구하는 이유는 무엇인가. 2000년대 이후 적절한 해답을 찾기 위해 수많은 연구와 보고가 발표되었으며 그중 벌써 주류로 자리 잡은 이론, 파생 이론들도 많다. 그러나 중국의 경제 성장 목적은 아주 단순하게 압축된다. 바로 사회안정과 부국강병 두 가지를 성취하기 위해서다.

먼저 중국의 사회 불안정에 대한 우려가 갈수록 높아지고 있다. 1990년대에 접어들면서 공산당 정부가 저지른 부정부패를 비롯하여 각종 사회 불안 요소가 높아지고, 이에 따른 인민들의 불만이 시위로 표출되기 시작했다. 2008년 쓰촨(四川) 대지진 당시 지방 정부가 부실 시공한 학교는 어이없을 정도로 쉽게 붕괴되어 수천 명의 학생이 숨진 것에 이어, 2010년 4월 칭하이(青海)성 위수(玉樹)현 지진 때도 11곳의 학교가 붕괴되어 학생과 교사 등 70여 명이 사망했다. 또 끊임없이 터져 나오는 식품 안전 문제, 소수 민족 차별 문제 등으로 인민들의 심각한 공산당 불신 풍조가 만연해지고 과격 시위로까지 번지는 횟수가 증가하고 있다. 미 의회조사국(CRS: Congressional Research Service)의 보고에 따르면 1993년에는 8천 7백여 건의 시위가 일어난 반면 2006년에는 8만 7천여 건으로 10배 이상 증가했고, 2010년에는 무려 18만여 건으로 폭증한 것으로 나타났다. 2004년에서 2006년 사이에 고용악화, 환경파괴, 공공서비스 질적 하락, 정부의 부패가 50%나 증가하면서 인민들의 정부 비판 목소리가 점차 거세지고 있다. 아직은 인민들의 불만과 시위대의 규모가 공산당 정부를 전복할 만큼의 능력을 갖추진 못했지만 현재의 13억 인구가 2025년에는 약 14억 2천 3백만 명으로 증가할 것으로 예상되는바, 중국 대다수의 인민들이 충족하는 정도 또는 방향으로 경제 성장이 이루어지지 않는다면 사회 불만이 폭증하여 중국공산당의 통제가 불가능할 수도 있을 것이란 두려움 또한 증가하고 있다. 공산당의 추정으로는 매년 7~10%의 경제 성장을 달성해야만 정부의 통제 기능을 유지한 채 지속적으로 증가하는 사회 불안정 요소를 해소하고 비효율적인 산업구조 개선과 사회 변혁을 지속할 수 있을 것이란 판단이다.

두 번째 목적인 부국강병은 중국이 기원전 220년부터 19세기를 제외하고는 항상 세계의 중심 국가였다는 뿌리 깊은 민족적·문화적·경제적 우월감을 바탕으로 21세기에 성취한 경제발전에 힘입어 과거의 영광을 되찾고 싶은 욕망을 대변한다. 결국 지속적 경제 성장 없이는 군사·외교·문화의 힘을 팽창시켜 초강대국으로 거듭나는 것이 불가능하다는 것을 너무나도 잘 알고 있기 때문이기도 하다. 이미 4세대 지도부가 들어선 이후 중국의 경제력은 군사력과 외교력에도 그에 걸맞은 힘을 실어주고 있다. 특히 급팽창하고 있는 중국의 군사력에는 이웃 아시아 국가들뿐만 아니라 미국까지도 우려를 자아내고 있다. 중국이 과거와는 달리 항공모함 건조에 열성을 기울이는 등 군사력 팽창 야심을 공개적으로 드러내고 있기 때문이다. 이는 석유 230억 톤, 천연가스 7,500㎢ 등이 매장된 자원의 보고로 알려진 남·동중국해 대륙붕의 영유권을 놓고 이해관계가 얽혀 있는 일본, 베트남 등 다른 국가들과 빚어질 충돌에 대비하기 위해서이며, 한편으로는 남중국해의 제해권을 장악하여 가까운 미래에 미국의 군사력 전개 능력을 무력화하겠다는 의지, 즉 군사력의 범위를 아시아를 넘어 세계로 뻗치겠다는 야심을 명백하게 드러내고 있는 것이다. 이 모든 것을 가능케 할 수 있는 유일한 방법이 바로 지속적 경제 성장에 달려 있다는 것을 중국은 항상 명심하고 있다.

3. 중국・아프리카협력포럼(FOCAC) - 효율적인 자원외교 및 신흥시장 개척

냉전기간 중국 수뇌부들의 아프리카 방문 목적은 오직 프롤레타리안 혁명론의 확산을 위한 이념 외교를 위해서였다. 아프리카의 풍부한 천연자원을 자국의 경제발전 이용에 전혀 연계시키지도 않았을 뿐 아니라 오히려 미국을 비롯한 서유럽 제국주의 세력의 수탈로부터 보호하기 위해 지극한 노력을 펼쳤다. 1963년 저우언라이 총리와 천이 부총리는 55일간 아프리카 10개국(이집트, 알제리, 모로코, 튀니지, 가나, 말리, 기니, 수단, 에티오피아, 소말리아)을 방문하며 반제국주의, 반식민주의, 반신식민주의, 반인종차별주의, 반팽창주의(*anti-expansionism*)를 공개적으로 천명하고 아프리카 국가들이 추구하는 중립 및 비동맹(*non-alignment*) 노선을 지지하는 등 이념 추구에 모든 총력을 쏟았다.

반면, 개혁・개방 이후 중국 수뇌부의 아프리카 방문 목적은 이념과는 무관한 경제와 무역관계에 집중되었고 2000년대 들어서는 고(高) 수요 에너지 및 광물자원 획득을 위한 자원외교로 변경되었다. FOCAC(Forum On China-Africa Cooperation)는 이러한 중국의 대 아프리카 정책의 변화를 반영해 설립되었다.

FOCAC의 기원은 1996년 장쩌민 주석이 5월 8일부터 22일까지 아프리카 6개국(이집트, 케냐, 에티오피아, 말리, 짐바브웨, 나미비아)을 방문하고 아프리카통일기구 본부(에티오피아)에서 발표한 중국과 아프리카의 새로운 관계를 정립한 5원칙, 즉 '선린 우호, 주권 평등, 내정 불간섭, 상호 이익개발, 국제 협력'에서 비롯되었다. 실질적으로 FOCAC의 설립이 구체화된 계기는 일본에서 열린 도쿄아프리카개발국제회의(TICAD: Tokyo International Conference on African Development)가 성공적으로 진행되고 아프리카에 대한 경제적 영향력이 확대되어가는 것에서 받은 자극 때문이다.

일본은 아프리카 시장의 중요성을 일찍이 인지하고 1993년 TICAD를 설립해 5년마다 한 번씩 자국에서 아프리카 국가들과 회담을 진행해오고 있었다. 중국은 TICAD를 벤치마킹하며 2000년 10월 10~12일 제 1회 FOCAC를 베이징에서 개최하기에 이르렀다. 따라서 FOCAC의 메커니즘은 남남협력이라는 단 한 가지를 제외하고는 TICAD, EU-ACP(ACP: Africa Caribbean Pacific Group) 등 기존의 북남협력〔선진국(공여국)과 개도국(수여국) 간의 협력〕기구들과 별다른 차별성을 찾아보기 힘들다.

이것은 2003년 제 2회 FOCAC 이후 중국에 대한 아프리카 국가들의 반응에서도 포착할 수 있다. '만족 / 조정기간필요 / 권모술수 / 새로운 종속관계 / 아프리카연합 및 아프리카연합이 2001년 결성한 경제협력 프로그램인 아프리카 발전을 위한 신경제파트너십(NEPAD: New Economic Partnership for Africa's Development)의 영향력 상실이나 흡수' 등 아프리카 국가의 여러 입장을 나타내는 다양한 표현이 언급되었기 때문이다. 실제로 NEPAD의 설립 목적, 원칙, 활동 계획 등이 거의 대부분 FOCAC와 중복되거나 동일하였다. 게다가 북남협력기구들과 마찬가지로 FOCAC 내부에도 아프리카를 대표하는 사무국이나 중국을 견제하고 감시할 수 있는 메커니즘이 전혀 없었다. 중국이 발표한 수십

가지의 서약들 중 일부는 제대로 진행되고 있는지 확인조차 할 수 없는 것들도 많았다. 예를 들어, "지원을 두 배로 하겠다"는 발표에 그 두 배의 기준 액수가 정확히 알려지지 않는 경우라든지, 지원금이 어디에 지출되는지, 완전한 지출은 이루어졌는지 등을 전혀 파악할 수 없었다는 것이다. 또한 중국정부가 맡았던 인도적 지원 활동이 갑작스럽게 기업으로 넘어가 이익 창출의 수단으로 변질되는 경우가 발생한다는 것에도 문제가 있었다. 물론 아프리카 국가들이 가진 장점, 즉 단체 교섭을 통한 FOCAC의 투명성 요구 등 부분적인 개선을 요구할 수도 있었겠으나 한편으로 아프리카의 다양성 측면을 고려한다면 사공이 많아 배가 산으로 가는 경우가 다반사일 가능성이 크기에 통일된 의견을 도출하는 것이 불가능한 것이 사실이다. 이러한 점은 중국에서도 이미 간파하고 있었을 터다.

FOCAC의 초대총장직은 중국대외경제무역협력부(中國對外經濟貿易合作部, 2003년 상무부로 통합) 부장 스광성(石廣生)이 맡았다. 이 밖에도 권한을 행사할 수 있는 주요 지위는 대부분 중국측 인사가 도맡아, 차관보 이상의 FOCAC 정부고위직 실무 모임인 'FOCAC 고위급회담'을 주도하는 자리도, 'FOCAC 중국 후속위원회'(中非合作論壇中方后續行動委員會) 사무총장직도 모두 루사예(盧沙野) 아프리카사(Director-General of Department of African Affairs) 사장이 맡았다. 무엇보다도 FOCAC 운영에 직·간접적으로 참여하는 28개 조직, 기관, 부처가 모두 중국 소속이다.

FOCAC는 표면상으로는 중국과 아프리카의 정치·경제·사회·문화 등을 묶어주는 다자간의 맨틀(*mantle*) 또는 느슨한 형태의 다목적협력기구라고 할 수 있으나 현실적으로는 중국의 경제 성장을 뒷받침하기 위한 또 다른 이름의 자원외교 및 신흥시장 개척 기구였던 것이다.

인민대회당에서 제3회 FOCAC 개막을 선언하는 후진타오. 출처: 신화사(新華社).

따라서 FOCAC의 설립은 중국의 대 아프리카 정책에서 크게 두 가지의 어젠다(*agenda*), 중국 경제성장에 필요한 안정된 에너지 공급처로서의 역할과 중국의 상품을 흡수할 수 있는 신흥 시장으로서의 역할을 명확히 설정하였다는 것을 의미한다.

두 가지의 어젠다는 다시 여섯 개로 세분화해 볼 수 있다. ① 농산물을 포함한 자원 공급처로서의 보장, ② 중국 제품과 서비스 수출을 위한 시장 창출, ③ 농업부문의 기득권 유지 목적으로 토지 취득, ④ 중국인들의 대량 이주, ⑤ 국제 분쟁 및 유사시 정치적 지원, ⑥ 서구 발전모델의 대안 모델로서의 지위 확보이다. 이는 아프리카를 정치경제적 이익을 취하기 위한 대상으로서 평가하겠다는 것이며 중국이 아프리카와 수교를 맺은 지 44년, 개혁·개방 이후로는 22년 만에 처음으로 제대로 된 성과를 수확할 수 있는 기초를 마련한 것이라고 할 수 있다. 추가적으로 개발 모델의 관점에서 접근해 본다면 그동안 아프리카에서는 서방국가들의 경제발전 모델이 진리처럼 통용되었으나 이제는

〈표 6-2〉 FOCAC 설립 목적

GENERAL AGENDA	DETAILED AGENDA
• 중국 경제성장에 필요한 자원의 안정적인 공급처 확보 • 중국의 상품을 흡수할 수 있는 신흥시장 개척	• 농산물을 포함한 자원 공급처 확보 • 중국 제품과 서비스 수출을 위한 시장 창출 • 농업부문의 기득권 유지 목적으로 토지 취득 • 서구 발전모델의 대안모델로서의 지위 확보 • 국제 분쟁 및 유사시 정치적 지원 제공 • 중국인들의 대량 이주 장려

출처: 저자 작성.

FOCAC를 통해 중국만의 유니크(*unique*) 한 경제발전 모델을 중요한 사례로 여겨 아프리카 국가들이 깊이 연구하거나 배우기를 바라는 자부심 또한 담겨져 있다고 볼 수 있다. 특히 중국의 아프리카 빈곤문제, 의료, 보건 등 사회적인 문제 해결을 위한 지원까지 포함된 남남협력의 맥락에서 워싱턴 컨센서스(Washington Consensus)가 보편적 개발 패러다임으로 간주될 수 없다는 실질적 증거를 보여 준 셈이다.

FOCAC의 가장 강력한 영향력 행사 도구는 막대한 물리적 지원이다. 물리적 지원 중에서도 가장 핵심은 외국인직접투자(*FDI: Foreign Direct Investment*)의 규모와 확대다. 중국의 투자 포트폴리오는 아프리카의 산림, 농업, 건설, 제조업부문, 천연자원 추출 등을 포함하는 거의 모든 산업부문에 걸쳐있다. 심지어 무형의 시스템 산업인 금융부문도 예외는 아니다. 중국 최대이자 국영은행인 중국공상은행(中國工商銀行)은 2007년 남아공의 스탠더드은행의 주식 20% 매입에 55억 달러를 투자하였다. 이것은 남아공 외국인투자 사상 단일 거래로는 가장 큰 규모였다. 모든 분야로 확대되는 중국의 FDI 흐름은 장차 아프리카 개발에 지배적 역할을 할 것이 자명하다.

2000년, 2003년 두 번의 FOCAC 회의를 통해 채무탕감, 관세면제, 중국 기업의 FDI 등 각종 경제적 수혜를 입은 아프리카 국가들은 제 3회 FOCAC에도 큰 기대를 걸었다. 2006년 11월 4일 베이징에서 열린 제 3회 FOCAC는 비록 장관급 회담이지만 아프리카 국가의 수장과 대통령들이 앞다투어 참석하는 바람에 마치 정상 회담을 방불케 했다. 아프리카 53개국 중 대만과 수교를 맺고 있는 5개국(말라위, 스와질란드, 감비아, 부르키나파소, 상투메프린시페)을 제외한 48개국이 모두 참가하였다. 중국 또한 아프리카의 기대에 걸맞게 1, 2회 회담보다 훨씬 대규모의 지원책을 쏟아 냈다. 후진타오 주석은 중국의 대외정책과 글로벌

〈표 6-3〉 2007~2009 베이징 액션플랜

- 2009년까지 아프리카에 대한 지원을 2006년의 두 배 규모로 확대
- 향후 3년 내 아프리카 국가에 30억 달러의 양허성차관(concessional loan)과 20억 달러의 구매자차관(buyer's credit)을 제공
- 중국기업의 아프리카 투자를 장려하기 위해 중국아프리카발전기금 명목으로 50억 달러 규모의 펀드 조성
- 아프리카 국가들의 자립과 통합 과정을 지원하기 위해 아프리카 연합 컨퍼런스 센터 건설
- 중국과 외교관계를 맺은 아프리카 최저개발국가(LDC: Least Developed Country)와 악성채무빈국(HIPCs: Heavily Indebted Poor Countries)의 2005년 만기 정부 무이자 차관과 채무 전액을 탕감
- 추가적 시장 개방을 통해 중국과 외교관계를 맺은 30개 아프리카 최저개발국가의 대중 수출품목의 무관세 적용을 199개에서 440개 이상으로 확대
- 향후 3년 내 아프리카에 3~5개의 경제무역협력지구를 구축
- 향후 3년 내 아프리카 전문가 1만 5천 명 양성, 선임 농업전문가 1백 명 파견, 특수농업기술시범센터 10개 설립, 병원 30개 건립, 항말라리아예방치료센터 30개 설립 및 알테미시닌(artemisinin, 말라리아예방혼합물) 공급을 위한 무상원조 3억 위안 지원, 청년자원봉사자 3백 명 파견, 아프리카 시골지역 1백 개 학교 건립, 2009년 이전까지 중국정부가 지원하는 아프리카장학생 수를 매년 2천 명에서 4천 명으로 확대

비전에서 아프리카의 중요성을 재확인하고 중국과 아프리카의 새로운 유형의 전략적 파트너십을 공고히 할 수 있는 여덟 가지 구체적 제안이 담긴 FOCAC 베이징 선언문과 '2007~2009 베이징 액션플랜'을 발표하였다.

베이징 선언문과 2007~2009 베이징 액션플랜 발표 이후 아프리카 지도자들의 중국 지지 선언과 공개적 찬사가 잇따랐다. 아프리카 지도자들은 또한 FOCAC에서 쏟아진 대규모 지원 혜택을 보다 많이 쟁취하기 위해 경쟁적으로 자신들이 가진 최고의 자산을 바탕으로 중국에 자발적으로 협조하고자 하였다. 일부 아프리카 국가들은 중국이 FOCAC를 설립한 목적에 100% 부합하는 발언을 공개적으로 강조하기도 하였다. 원조의 규모가 어마어마하지만 결코 중국이 손해 보는 장사를 펼치고 있는 것은 아니다.

4. 아프리카의 답례

에티오피아 총리 제나위(Meles Zenawi)는 FOCAC 지지 연설 후 서방언론으로부터 공격적인 질문 세례를 받았다. 그중 한 외신 기자의 "중국은 싸고 질 낮은 제품만 아프리카에 팔고 있다"는 지적에 대해 그는 "아프리카 제품들은 더 싸고 더 질이 낮다"고 응수하면서 오히려 "중국 제품들은 아프리카 저소득층에 적합하다"고 강조하였다. 게다가 에티오피아 외교부 장관 메스핀(Seyoum Mesfin)은 "FOCAC는 아프리카 빈곤 타파와 상호 발전 및 우호증진에 기여한다"고 주장하였다. 자발적으로 중국을 방어하고 나선 것이다. 이집트 외교부 장관 게이트(Aboul Gheit)도 "중국과 아프리카의 상호작용은 아프리카 대륙의 평화와 안보

증진에 중요한 역할을 할 것이다"라고 발언하였고 뒤이어 이집트 대통령 무바라크(Hosni Mubarak)는 "FOCAC를 계기로 중국과 아프리카는 전략적 동반자관계임을 재확인하였고 공통의 관심사를 기반으로 중국과 아프리카 모두의 장기적 목표에 부응하고 있다"는 발언을 덧붙였다. 부룬디 외교부 장관 바툼와이어(Antoinette Batumubwira)는 "FOCAC의 역할은 기존 중국과 아프리카의 협력과 우정을 더욱 강화시키고 있다"고 발언하였다. 이 밖에도 세계은행 아프리카담당 부총재 난카니(Gobin Nankani)는 중국과 아프리카 간에 형성되는 새로운 무역 관계는 향후 몇 년간 아프리카 경제발전에 크게 기여할 것으로 예상한다고 밝히는 등 대부분의 발언들이 FOCAC 찬양 일색이었다.

아프리카 현지의 언론들 역시 FOCAC의 장점만을 부각시킨 긍정적인 기사를 쏟아 냈다. 수단의 〈비전일보〉(*Vision Daily News Paper*)는 FOCAC에 참가한 아프리카 국가들을 율리우스 카이사르(Caesar)의 명언을 빌어 다음과 같이 표현하기도 했다.

> 왔노라, 보았노라, 수십억 달러의 서약을 정복했노라.
> (*They came, they saw and they conquered billions of dollars in pledges.*)

한편, FOCAC가 열리는 기간 동안 아프리카 국가들은 축제분위기에 휩싸였지만 중국은 마음속으로 승리를 외치기 위한 준비, 즉 계산기 두드리기에 여념이 없었다. 제 3회 FOCAC는 중국과 아프리카의 인프라, 천연자원, 기술, 금융, 통신 등 약 19억 달러, 총 16개의 상업적 계약을 체결하며 폐막되었다. 가장 큰 계약은 9억 3천 8백만 달러의 이집트 알루미늄 제철소 건설 건으로, 중국 기업 중신지투안(中信集團, CITIC: China International Trust and Investment Company)이 맡았다. 수단의 섬유산업 개발에 6천만 달러, 나이지리아 도로 정비에 3억 달러

〈표 6-4〉 FOCAC 지원에 대한 아프리카의 반응

• 잠비아
FOCAC 회담기간 중국과 잠비아는 여러 건의 광산개발 계약에 서명. 대표적으로는 2억 달러 규모의 참비시(Chambishi) 구리 제련소건설과 광산개발 프로젝트를 위한 양해각서 교환을 들 수 있음
• 나이지리아
대통령 마마두 탄자(Mamadou Tandja)는 15개 서아프리카 국가들을 대표한 연설에서 "서아프리카는 풍부한 광물과 에너지 자원을 보유하고 있고 우리는 중국과의 협력관계가 더욱 깊어지기를 희망한다"고 강조함
• 나미비아
통상산업부장관 은가지세크(Immanuel Ngatjizeko)는 중국 경제의 부상과 특히 알루미늄, 니켈, 구리, 강철, 석유, 가스 자원에 대한 수요증가를 해소하는 데 아프리카는 자원 공급자로서 이바지하였다는 점을 언급하고 이러한 역할이 지속될 것임을 약속함. 중국의 눈부신 경제성장은 상품 수요증가를 불러올 것이고 아프리카 제품의 중국 수출이 확대됨으로써 아프리카의 경제성장과 함께 새로운 기회를 제공해 줄 것이라고 강조함
• 레소토
남부아프리카개발공동체(SADC: Southern Africa Development Community, 15개국 가입)를 대표해 레소토 총리 모시실리(Pakalitha Mosisili)는 중국과의 발전관계 맥락에서 FOCAC는 '아프리카 희망의 상징'이라고 극찬하며 SADC는 중국 기업들이 아프리카 투자에 관심을 가질 수 있도록 투자환경을 개선하는 데 최선을 다 할 것이라고 약속함
• 기니비사우
총리 고메스(Carlos Gomes)는 잠재적으로 FOCAC가 중국을 아프리카의 가장 큰 투자국으로 변환시킬 것이며 이는 곧 아프리카 국가들의 '새천년개발목표'(MDGs: Millennium Development Goals, 2000년 UN에서 채택된 의제로, 2015년까지 빈곤을 반으로 감소시키자는 범세계인 약속)을 실현하는 데 도움이 될 것이라고 발표함
• 모리셔스
총리 람굴람(Navin Ramgoolam)은 FOCAC가 중국과 아프리카 관계를 검토하고 평가할 수 있는 메커니즘으로써 더 긍정적으로 상호 작용을 향상시킬 수 있는 기회 및 상호신뢰, 독립성을 바탕으로 서로의 주권과 영토보전 등의 긍정적인 상호작용을 제공한다고 평가함
• 탄자니아
외무부 장관 미기로(Asha-Rose Migiro)는 FOCAC가 중국과 아프리카의 공동개발 프로그램들이 제대로 작동하는지에 대한 서로의 의견을 교환할 수 있는 최고의 기구라고 평가함. 또 FOCAC라는 남남협력 모델을 통해 아프리카 개발도상국들이 자체적으로 종합적인 개발 어젠다를 수립해 현실화시킬 수 있는 희망을 부여해 준다고 극찬함
• 콩고공화국
대통령 은게소(Denis Sassou Nguesso)는 FOCAC가 중국과 아프리카 간의 협력과 발전의 핵심요소라고 칭함. 베이징에서 합의한 문서들은 WTO 도하라운드(Doha Round), NEPAD의 맥락에서 중국의 아프리카 지원을 확장하는 견고한 토대를 마련한 것으로 평가함

출처: compiled information from various sources. Taylor(2011), The Rockefeller Foundation (2010).

계약이 성사됐고 가나와는 총공사비 6억 달러의 전화 네트워크 구축과 댐 건설, 두 건의 계약을 맺었으며 사업은 중국수리수전건설집단공사(中國水利水電建設集團公司, Sino Hydro Corporation)가 맡았다. 중국의 입장에서 FOCAC는 '세상에 공짜란 없다'는 중대한 원칙 실현의 장, 즉 중국의 안방에서 이루어진 효율적이고도 정교한 자원외교의 결정판이었다.

5. 중국의 대 아프리카 자원정책 협력 조직

중국의 국무원은 총리 1명, 부총리 4명, 국무위원 5명, 각 부처의 부장 등으로 구성되어 있는 중앙 인민정부이며 최고 권력기관의 집행기관이자 최고 국가행정기관이다. 중국의 아프리카 진출을 총괄하는 업무를 담당하는 곳 또한 국무원이며 국무원 내 설치된 국가발전개혁위원회(國家發展和改革委員會, NDRC)가 상무부(商務部, MOFCOM), 재정부(財政部, MOF), 국토자원부(國土資源部, MOLR), 외교부(外交部, MOFA)에 가격 결정, 국내외의 에너지 프로젝트 허가 결정 등 부처의 정책과 관련된 지침을 내리는 시스템으로 운영되고 있다. 현재 중국의 자원 정책은 장관급 부처 및 부서, 정부 금융기관, 국영기업이 포함되어 동시에 의제를 통하여 결정된다. 가끔 의제의 다양성과 부처 이기주의에 따른 충돌이 문제가 되기도 하며 명확한 결정을 내릴 수 있는 권한을 가진 기관이 불분명해 조율이 어려울 때가 많은 것으로 알려지고 있다.

이 같은 문제는 위의 정부 부처들에만 해당되는 것이 아니라 거의 독립적으로 운영되는 국영 에너지기업들도 자체적으로 겪고 있는 문제다. 이를 해결하고자 가장 상위에 위치한 국무원의 국가발전개혁위원회의 소속 7개 기관 중 2003년 설립된 국가에너지국(國家能源局)에 국영 에너지기업 간의 의견을 조율할 수 있는 최종 결정권이 부여되었다.

아프리카 진출에 가장 깊숙이 관여하는 기관은 재정부, 외교부, 국유자산감독관리위원회(國有資產監督管理委員會, SASAC: State-owned Asset Supervision and Administration Commission) 그리고 상무부다.

우선 재정부는 중국기업의 FDI, 유입된 국유자본 관리, 연간 해외 예산 및 할당, 해외 중국기업에 관한 법령 및 규정, 조세정책과 재정 등을 책임지고 있다. 외교부는 아프리카 현지정책과 외교접촉, 국제정치의 흐름을 분석하고 정책조정과 전략을 수립하는 역할을 맡고 있다. 국유자산감독관리위원회는 중국의 주식교환시장과 중국인 해외투자를 지원하기 위해 2003년에 설립되었으며, 중국 최고 국영기업 50개를 글로벌 기업으로 활성화시켜 포춘 상위 500대 기업(Fortune 500)에 포함시키려는 목표를 가지고 출범하였다. 마지막으로 상무부는 수립된 정책의 구체적 실행부문에 있어서 가장 중요한 역할을 담당하고 있는 부처로 쌍방개발정책, 국내외유출입개발지원자금 등을 책임지고 있다.

상무부 산하에는 다양한 개발 협력 부서들이 자리 잡고 있다. 먼저 대외원조사(對外援助司, DAFC: Department for Aid to Foreign Countries)는 중국과 외국 파트너와의 계약 협정 서명, 중국의 개발 원조 정책 계획의 공식화, 양허성차관(*concessional loan*)과 무이자 차관 발행 등을 책임지고 있다. 국제경제협력국(國際經濟合作局, BIEC: Bureau for International Economic Cooperation)은 대외원조사와 동등한 위치에 있으며, 개발 프로젝트에 필요한 조직의 구성, 교육 과정, 자료 제공 등을 관리한다. 또 무상원조와 무이자 차관 그리고 기술 협력에 관한 행정 업무도 맡고 있다. 대외무역경제협력부(對外貿易經濟合作部, DTFEC:

Department for Trade and Foreign Economic Cooperation)는 중국 기업의 모든 외부 투자 규제와 중국인 노동력의 해외 송출을 책임지고 있다. 예를 들어, 해외투자를 원하는 모든 중국 기업은 1만 달러 이상의 FDI에 대해 반드시 대외무역경제협력부에 등록을 해야 한다. 대외무역경제협력부는 필요시 외교부의 서아시아·아프리카사(西亞非洲司,

〈표 6-5〉 중국의 아프리카 진출 협력 조직

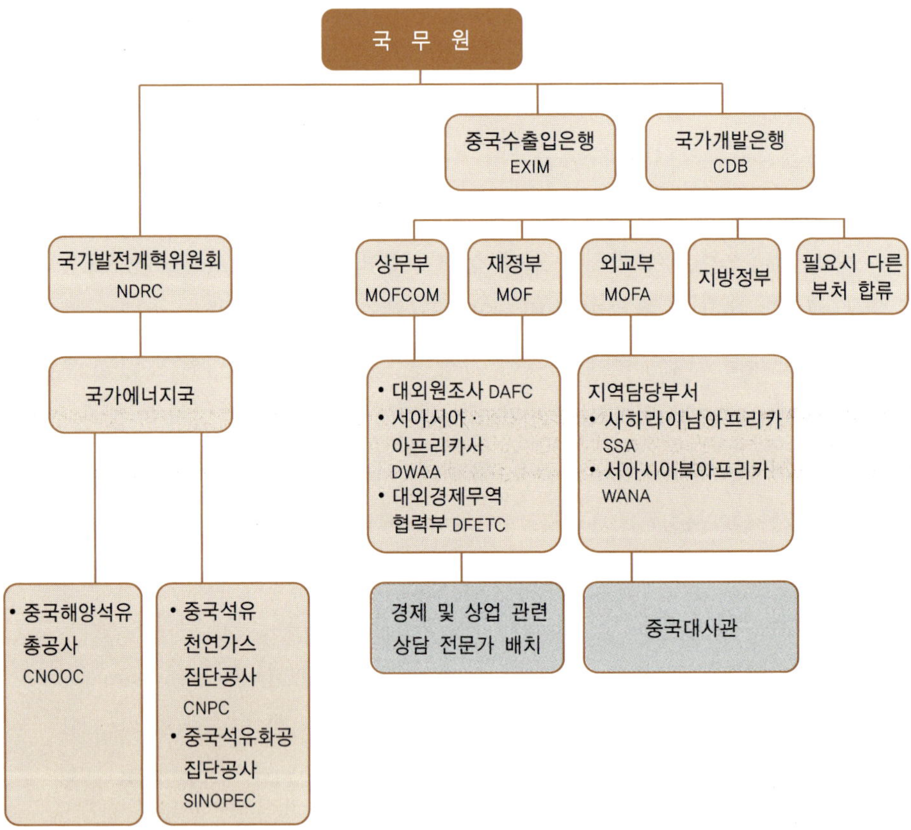

출처: GTZ: Gesellschaft für Technische Zusammenarbeit(2008). Lugt(2011).
주: 아프리카 지역 대표부.

DWAA: Department of West Asian and African Affairs)와 사하라 이남 아프리카(Sub-Saharan Africa) 등 다른 부처로부터 지원을 받기도 한다.

아프리카 현지 대사관과 경제 및 상업 상담전문가 그룹은 상무부 소속으로 각종 프로젝트 모니터링과 경과보고의 임무를 맡고 있다. 아울러 상무부는 양허성차관을 허가하는 기능도 갖고 있으며 이는 중국수출입은행(中國進出口銀行, EXIM: Export-Import Bank of China)을 통해 처리된다.

중국수출입은행은 1994년 설립된 국무원 산하기관으로서 중국 유일의 양허성차관을 운용하는 은행이다. 또 중국인들의 아프리카 투자활성화를 위해 수출신용(수출 구매자와 수출 판매자)과 국제보증 기능도 하고 있다. 2011년 현재 1,538억 달러의 자산을 보유한 세계 최대의 수출 신용기관으로 이미 2006년 한 해에만 아프리카에 120~150억 달러의 양허성차관을 제공해 세계은행을 훨씬 앞질렀다.

중국의 아프리카 자원 획득을 위한 기본적 투자 및 지원 형태는 크게 세 가지, 무상원조, 무이자차관 그리고 양허성차관으로 나눌 수 있다.

첫 번째 형태인 무상원조는 비상환보조금(*no-repayable aid*)이라는 표현으로도 사용된다. 이것은 인도적 지원, 교육, 직업훈련, 재료 및 기술지원, 주택건설, 식수개선, 학교, 병원 등 사회 공헌 프로젝트들을 의미한다. 두 번째 형태인 무이자차관은 정부가 직접 제공하는 지원으로 대부분의 자금이 인프라 건설에 투입된다. 세 번째 형태로 분류되는 양허성차관은 시장금리 이하의 초저금리를 적용해 독점적으로 수출입은행을 통해서만 제공되는 대출이다. 시장금리와 대출금리의 차이 부분은 상무부가 수출은행에 부담하는 시스템이다. 무상원조와 무이자차관은 상무부 부서인 국제경제협력국에서 책임지고 있으나 가용인원이 100명에 불과해 아프리카 특정 국가와 자원에 대한 상세한 정보

〈표 6-6〉 상무부 아프리카 진출 지원 조직

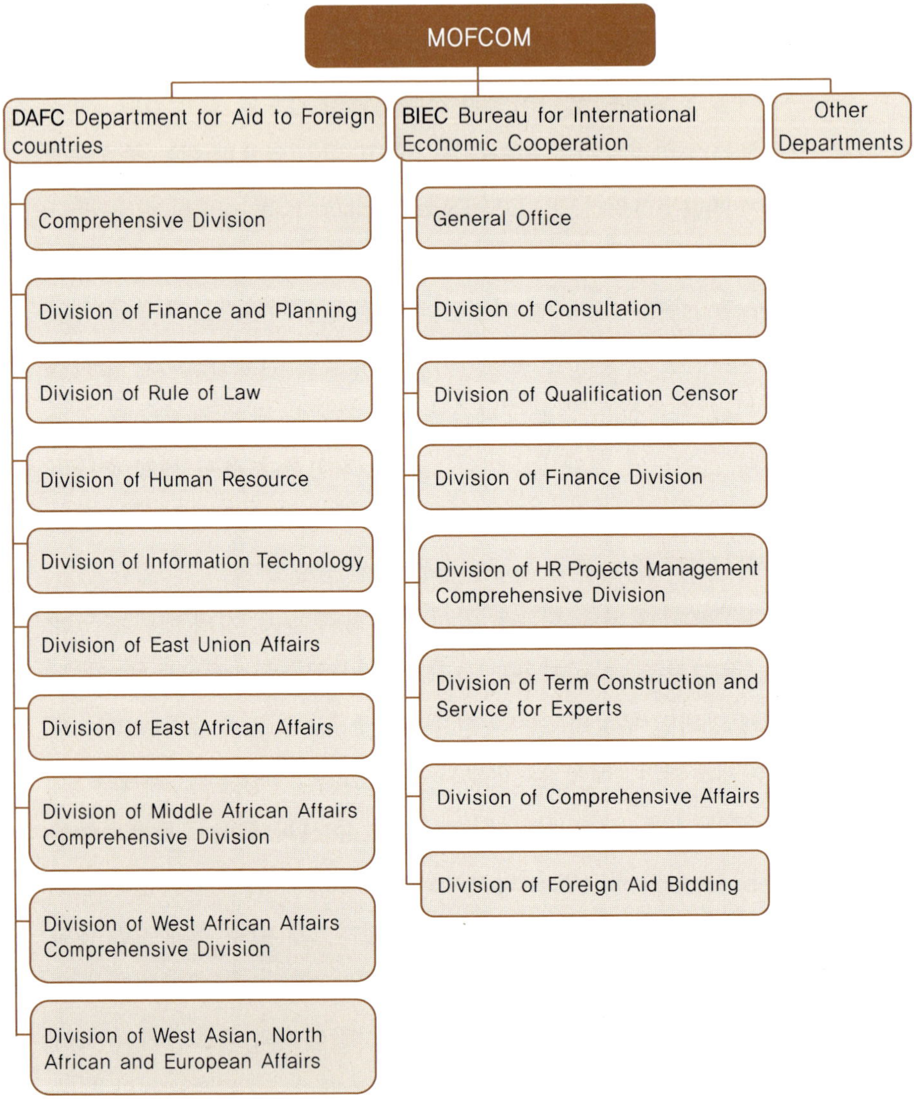

출처: compiled information from various sources. 중국 상무부.

는 중국 대사관에 상주하는 자원 담당관들의 역할에 크게 의지하고 있다.

끝으로 중앙정부 이외에도 지방 기업들과 지방 국영기업들의 아프리카 투자 활성화를 위해 지방정부의 33개 부서와 상하이를 비롯한 4개 직할시들의 자원외교 활동도 활발하게 진행되어 이미 세계적 수준에 올라섰다. 이것은 2005년 상무부와 국가외환관리국(國家外匯管理局, SAFE)이 미화 3백만 달러 미만의 소규모 해외 투자는 복잡한 과정을 거쳐야 하는 베이징이 아니라 지방정부에서 곧바로 결정할 수 있도록 프로그램을 구성했기 때문이다. 이러한 지방분권의 결과로 2003년 11월 동안 중국 기업의 아프리카 투자가 2002년 동일기간 대비 무려 92%나 증가하였다.

6. 자원백화점 - 냉전시기 축적된 인적 네트워크 활용

중국이 아프리카를 '자원백화점'이라고 칭하는 이유는 다른 지역과 달리 경제 성장에 필요한 모든 자원의 구색을 고루 갖춘 데다 매장량도 풍부하기 때문이다. 아프리카의 석유 매장량(*reserve base*)은 중동, 북미 다음인 세계 3위로서 1,200억 배럴 이상의 매장량을 자랑하고 있다. 아프리카 지역 내 국가들의 매장량 분포는 리비아(35%), 나이지리아(31%), 알제리(10%), 앙골라(8%)가 대표적이다. 또 산업에 필수적인 거의 모든 금속 및 광물도 골고루 분포되어 있다. 알루미늄, 보크사이트, 알루미나, 콜탄, 철광석, 수은, 니켈, 아연 등과 형광체 원광, 석탄, 우라늄 등의 매장량도 풍부하다. 특히 주요 전략광물인 크롬, 코발트, 마그네슘 그리고 희유원소(지구상에 그 산출량이나 존재량이 적은 원소의 총칭)인 플래티넘족 등이 매우 풍부하다. 무엇보다 이들

전략광물은 무기 제조와 첨단산업에 필수 자원으로 대부분이 남아프리카공화국, 콩고민주공화국, 짐바브웨, 잠비아에 편중되어 있다. 예를 들어, 세계 크롬 매장량의 44%가 남아프리카공화국에 집중되어 있고 세계 코발트 매장량의 58%는 콩고민주공화국과 잠비아, 세계 망간 매장량의 82%, 플래티넘족은 88%가 남아프리카공화국에 집중적으로 매장되어 있다. 따라서 중국 이외에도 미국, 일본, 서유럽의 관심이 대단히 높을 수밖에 없고 한국을 비롯한 신흥공업국들은 뒤늦게라도 아프리카에 뛰어들고 있다.

그러나 중국은 이들 경쟁 국가들보다 훨씬 유리한 고지를 이미 점하고 있다. 우선 중국은 미국이나 서방국가들과는 다르게 아프리카가 민감해하는 부분은 굳이 건드리지 않았다. 아프리카 국가가 불편해하는 경제

〈표 6-7〉 아프리카 주요 광물 생산량 및 매장량

단위: %

광물 및 금속	생산량	세계 순위	매장량	세계 순위
플래티넘족	54	1	88	1
인회암	27	1	66	1
금	21	1	42	1
크롬	44	1	85	1
망간	28	2	82	1
바나듐	51	1	95	1
코발트	57	1	60+	1
다이아몬드	78	1	88	1
알루미늄	4	7	45	1
우라늄	16	3	18	2
보크사이트	9	3	27	1

주: 2005~2009년 평균생산량. 생산량·매장량 순위 세계 기준. 그래프 저자 작성.

출처: compiled information from various sources. World Mineral Production 2005~2009(2011). UN Economic and Social Council(2009). Statistics South Africa(2010). USGS Mineral Commodity Summaries. January 2011(2011).

〈표 6-7〉 계속

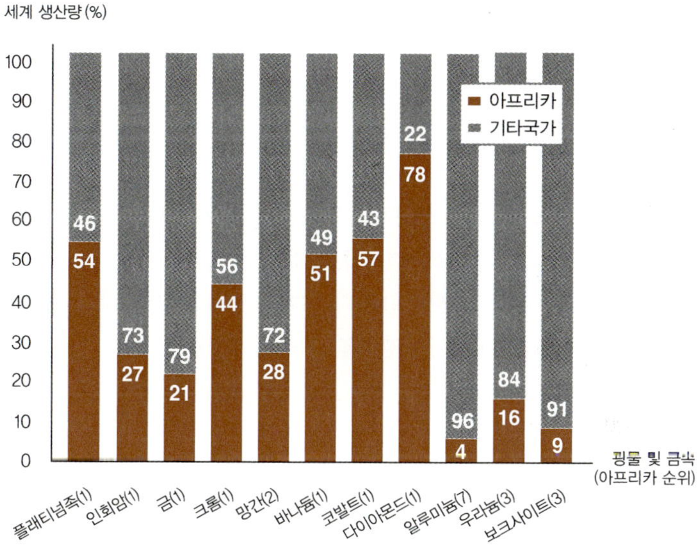
세계 생산량 (%)
100
90
80
70
60
50
40
30
20
10
0
아프리카
기타국가
46
54
73
27
79
21
56
44
72
28
49
51
43
57
22
78
96
4
84
16
91
9
광물 및 금속
(아프리카 순위)
플래티넘족(1)
인회암(1)
금(1)
크롬(1)
망간(2)
바나듐(1)
코발트(1)
다이아몬드(1)
알루미늄(7)
우라늄(3)
보크사이트(3)

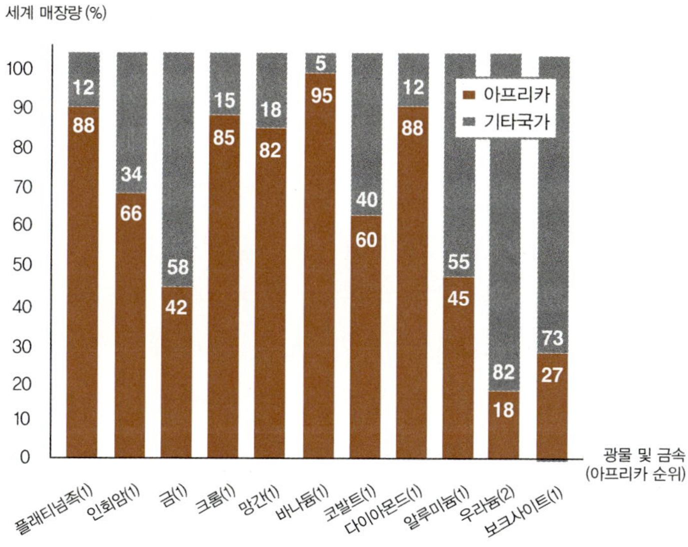
세계 매장량 (%)
100
90
80
70
60
50
40
30
20
10
0
아프리카
기타국가
12
88
34
66
58
42
15
85
18
82
5
95
40
60
12
88
55
45
82
18
73
27
광물 및 금속
(아프리카 순위)
플래티넘족(1)
인회암(1)
금(1)
크롬(1)
망간(1)
바나듐(1)
코발트(1)
다이아몬드(1)
알루미늄(1)
우라늄(2)
보크사이트(1)

협력 조건들, 즉 정치 개혁, 회계 투명성, 인권 보호 및 부패 척결 등을 제시하지 않는 것이 성공 비결 중 하나로 작용한 것이다. 주중 시에라리온 대사의 발언을 통해 중국이 아프리카에서 자원 획득과 사업 부문의 성공률이 높은 이유를 짐작할 수 있다.

> 만약 G8 국가들이 아프리카에 경기장을 재건축하기로 계획했다면, 우리는 여전히 그들과 회의만 하고 있었을 겁니다. 그러나 중국인들은 와서 곧바로 건축을 시작합니다. 그들은 좋은 정부나 나쁜 정부에 대한 판단, 인권문제, 환경영향평가 등을 위해 회의를 열거나 지연하는 일이 없습니다. 물론 이러한 진행 방법이 옳다고 주장하는 것은 아닙니다. 단지 중국인들은 높은 벤치마크를 설정하지 않는다는 겁니다.

2005년과 2008년에 중국이 나이지리아, 앙골라, 모잠비크 3개국에 지원한 차관 규모(80억 달러)가 세계은행이 아프리카 전체에 지원한 차관 규모(23억 달러)의 3배 이상 달할 정도로 신속한 결정이 이루어지고 있다. 중국이 아프리카를 지원할 때는 장기간의 연구나 타당성 조사 등 복잡한 절차를 거치지 않기 때문에 서방국가는 여기서부터 중국에 비해 경쟁력을 잃는다.

게다가 중국은 무려 3조 달러라는 천문학적인 외환보유고를 바탕으로 엄청난 인프라 투자와 장기저리 차관 및 부채탕감 등을 제공함으로써 경쟁 국가들을 훨씬 뒤로 따돌리고 있다. 예를 들어, 중국과는 자원협정이 성사될 때마다 인프라, 위생시설, 전력시설, 보건·의료시설 등 각종 패키지가 반드시 따라 붙는다. 이 중에서도 인프라 건설은 아프리카 자원 획득과 성공률을 높이는 핵심 무기다. 2006년 4월 나이지리아는 니제르델타 유전지대 4개의 석유 시추 면허를 40억 달러의 중국 인프라 패키지와 교환하기로 협정을 맺었다. 또 중국은 추가 시추 면허를 위해 같은 해 10월, 25억 달러를 투자해 나이지리아에 새로운 철도 노선 건설과 오래된 철도를 보수하고 새로운 차량과 운영 장비를 교체해주기로 협정을 맺었다. 막대한 투자비이긴 하지만 어차피 철도 시공사는 중국토목공학그룹유한공사(中國土木工程集團有限公司)가 맡게 됨으로써 결국 중국의 투자비가 다시 고스란히 자국기업의 호주머니로 들어가도록 만들어 두는 묘략도 잊지 않았다.

중국의 아프리카 자원획득을 성공으로 이끌어주는 또 다른 무기는 바로 냉전의 유산인 '인적 네트워크'다. 제3회 FOCAC에서 토고 대통령 그나싱베(Faure Essozimna Gnassingbe)는 정상회담 직후 발표한 성명에서 FOCAC는 중국과 아프리카 모두에게 더 나은 협력관계를 구축하기 위한 무대로서 무엇보다 역사적 링크의 중요성, 즉 냉전시기에 중국이 아프리카를 지원했던 이타적 협력 때문에 21세기 FOCAC가 더욱 효과적이라고 언급했다. 같은 날 우간다 대통령 무세베니(Yoweri Museveni)도 냉전시기에 중국이 아프리카 해방운동의 강력한 지원뿐만 아니라 인프라 구축에 크게 기여했다는 것을 잊지 말아야 할 것이라고 강조했다.

실제로 중국은 FOCAC와 더불어 냉전기간 축적된 인적 네트워크를 활용해 자원 확보 성공률을 획기적으로 높이고 있다. 콩고민주공화국은 세계 코발트 매장량의 50%, 다이아몬드의 30%, 콜탄의 80%를 보유한 천연자원대국이다. 2007년 중국과 콩고는 약 90억 달러 규모의 경제개발 협정을 맺었다. 이것은 콩고의 2007년 예산의 거의 열 배에 달하는 엄청난 규모의 협정이었고 곧바로 세계적 뉴스로 떠올랐다. 당시 미국은 노골적으로 불쾌감을 표시하였고 세계 금융기구들, 특히 국제통화기금(IMF)은 재협상 압력까지 넣었다. 중국이 미국, 영국, 호주, 벨기에, 캐나다 등 선진 경쟁국을 제치고 협정을 맺을 수 있었던 것은

1972년 자이르의 모부투 세세 세코 대통령 때부터 이어져 내려온 35년간의 축적된 '인적 네트워크'를 잘 활용했기 때문이다. 모부투는 중국을 다섯 번이나 방문했을 정도로 친중국 성향이었다. 쿠데타로 모부투를 몰아내고 집권한 로랑데지레 카빌라(Laurent-Désiré Kabila) 전 대통령과 그의 아들인 조지프 카빌라(Joseph Kabila) 현 대통령 역시 베이징에 위치한 중국인민해방군 국방대학교 출신으로 친중국 성향이다.

기니와의 사례에서도 인적 네트워크의 위력을 확인할 수 있다. 기니는 세계 최대의 보크사이트 생산국가일 뿐만 아니라 다이아몬드·금 등의 귀금속 매장량이 높다. 중국은 2009년에 성사된 기니와의 70억 달러 규모 광산개발에도 기니의 초대 대통령 아메드 세쿠 투레 때부터 시작해 50년간 지속되어 온 인적 네트워크를 적극 활용하였다. 중국 외무부 대변인 마자오쉬(馬朝旭)는 UN, EU, 미국 및 국제 NGO단체를 의식해 정확한 합의 내용과 결과 공개는 거부하면서도 '전통적 우호관계'(*traditional friendship*)라는 표현을 사용하며 축적된 인적 네트워크의 활용이 협상에 도움이 되었다는 것을 숨기지 않았다.

중국이 냉전시대와는 전혀 다른 개념으로 아프리카를 바라본다는 것을 중국도 부정하지 않고 있다. 이념 때문이 아니라 경제적 이익을 고려해 전쟁범죄와 인권유린을 묵인하고 오히려 가해 정부와 경제적 협력을 강화하고 있는 것이다. 오히려 이제는 냉전시기에 그토록 혐오하였던 식민주의와 신식민주의의 성향을 스스로 드러내고 경제적 이익 쟁취를 위해 UN, 미국, EU와 IMF를 비롯한 국제금융기구로부터의 아프리카에 대한 내정 간섭과 제재, 영향력 행사를 차단해야 하는 입장에 놓였다. 상업주의와 실용주의에 입각한 중국에게 아프리카는 안정된 자원 수급과 중국 물품 수출 및 직접 투자가 가능한 '신흥 시장'으로 확고하게 자리를 잡기에 이르렀다.

7

중국 · 아프리카 경제관계 현황

중국과 아프리카의 경제 관계는 크게 무역, 투자, 이민 세 가지 부문으로 나뉜다. 먼저 현재 양측의 무역관계는 1998년 이후 10배 이상 성장함으로써 2000년대 초반 예상했던 규모를 훨씬 초과하는 기록적인 성장세를 이어가고 있다. 또한 중국의 아프리카 투자는 중국의 전체 해외 투자 대비로 본다면 적은 편에 속하지만 자원개발, 인프라 등에 대한 투자는 해마다 증가하고 있다. 마지막으로 중국인들의 아프리카 이주는 냉전시기부터 있어 왔고 순수한 정치적 의도가 전부였다. 탄자니아-잠비아 철도 건설을 위해 2만 5천 명 이상의 중국인들이 아프리카 땅을 밟았고 철도 완공 이후 대부분 귀국하였다. 그러나 최근의 중국인 이주는 경제적인 목적, 즉 무역과 투자 증가에 따른 자연스러운 결과라고 볼 수 있으며 영구적으로 정착하는 경우도 늘어나고 있다. 또 최근 몇 년간 중국정부나 기업과는 관계없이 독립적이고 다양한 종류의 이주(*heterogeneous migration*)도 증가하고 있어 아프리카 다수의 국가에서 점차 사회적 문제가 되고 있다.

1. 무 역

중국과 아프리카의 무역 관계는 2000년 1백억 달러를 돌파한 이후에도 꾸준히 증가하여 2009년에는 908억 7천만 달러, 2010년에는 1,233억 달러를 달성해 10년 만에 무려 12배 이상 증가했다. 2010년에 아프리카로부터 수입한 규모는 635억 달러, 수출한 규모는 598억 달러에 달했다. 아울러 지난 10년간 중국과 아프리카의 전반적인 무역 관계 성장 속도는 아프리카의 전통적이고 오래된 무역 파트너인 미국과 EU를 능가했다. 특히 2000~2008년의 중국의 대 아프리카 무역 성장 속도는 미국과 EU의 배 이상이었으며 2009년 908억 달러를 기록하여 미국의 889억 달러 기록을 누르고 처음으로 아프리카 최대 무역국으로 올라섰다. 주목할 만한 부분은 2000~2010년 양측의 연평균복합성장률(*CAGR*: *Compound Annual Growth Rate*)이 무려 27.8%에 달했다는 것이다.

그렇지만 아프리카의 중국 수출 품목은 기존 무역 파트너들과 별다른 차이가 없다. 아프리카 수출의 절대 다수는 여전히 원자재인 석유, 광물 및 금속이 차지하고 있기 때문이다. 2010년 아프리카의 대중국 수출 품목 중 93% 이상이 금속, 광물, 석유였고 나머지가 목재, 면화, 농산품 등이었다. 특히 석유 부문은 불균형이 매우 심하다. 아프리카 단 4개국의 수출량만 하더라도 아프리카 전체의 93%를 차지하고 있기 때문이다. 앙골라가 51%, 수단이 18%, 콩고공화국이 13%, 적도기니가 11%를 차지하고 있으며 나머지는 나이지리아가 3%, 가봉과 차드가 각각 1%씩 나눠 갖고 있다.

아프리카의 수출 형태가 수십 년간 변화의 폭도 없이, 심지어는 정형화되기까지 한 이유는 숙련된 노동력과 장비 및 기술적 수단의 부족, 빈약한 인프라, 높은 거래비용 등 저개발 지역의 특성을 그대로 안고 있기 때문이다. 그리고 동아시아나 중아시아는 내륙인구가 23%에 불과해 인접국가 간 교류에 발생하는 물류비용이 적지만 아프리카는 인구의 40% 이상이 내륙에 분포하고 있어 아프리카 국가 간의 물류비용마저도 만만치 않아 교역 활성화에 장애가 된다.

그러나 중국에게 아프리카는 중동(39%)에 이어 두 번째로 큰 석유 공급지역(26%)으로 그 중요성은 여타 장애요소에 비할 바가 못 된다.

〈표 7-1〉 2000년~2010년 중국 아프리카 무역 증가율 (연평균복합성장률)

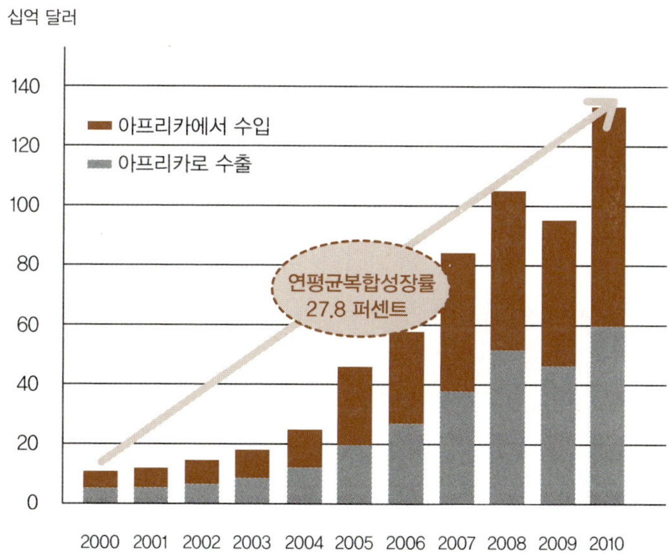

출처: compiled information from various sources. 중국세관, Edinger & Pistorius (2011).

〈표 7-2〉 2010년 중국 아프리카 주요 부문 수출입 현황

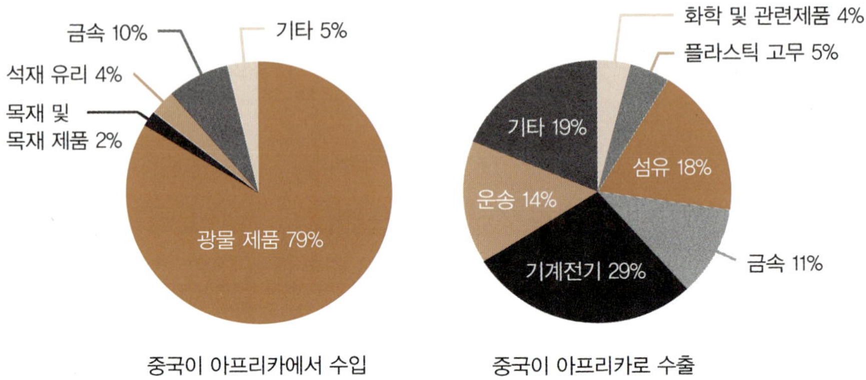

출처: compiled information from various sources. World Trade Atlas. UN Comtrade. 중국세관.

또한 아프리카에게 중국은 막강한 구매력과 수요량을 가진 대국인데다 세계 최대 제조 산업국가로서 과거에 비해 현격히 개선된 공산품을 아프리카에 매우 저렴한 가격으로 수출해 주고 있으므로 무역 상대국으로 이보다 더 좋은 조건을 가진 국가가 없다 해도 과언이 아니다. 오히려 아프리카 입장에서는 자연의 섭리로 우연히 누리게 된 자원을 단지 공급한다(원자재 수출)는 이유만으로 공급자(아프리카) 중심의 가치가 적극적으로 반영된 무역 패턴을 누리고 있다고 볼 수 있다.

2010년 중국의 아프리카 무역 파트너 상위 10개국 중 6개국이 석유 생산 국가로 구성되어 있다. 다른 4개국 무역 파트너 국가에 속하는 남아프리카공화국(크롬, 알루미늄 등 각종 광물 약 90%), 잠비아(구리 90%), 콩고민주공화국(구리 및 코발트 90% 이상)도 대형 원자재 생산 국가이다. 2010년 앙골라는 석유 228억 달러, 남아프리카공화국은 원자재 114억 달러, 수단은 석유 67억 달러, 리비아 석유 45억 달러, 콩고민주공화국은 원자재 32억 달러를 중국에 수출하였다. 이들 5개국

이 아프리카 대륙 전체 대중국 수출의 76.46%를 차지했다. 아프리카의 중국발(發) 수입 중 대부분은 남아프리카공화국, 이집트, 알제리, 라이베리아, 나이지리아 5개국으로 아프리카 대륙 전체의 53.35%를 차지했다. 여기에 적도기니, 모로코, 이집트, 나이지리아를 포함시키면 94% 이상으로, 중국과 나머지 국가들 간의 무역관계는 사실상 존재하지 않는다고 봐도 무방할 만큼 매우 미미한 수준이다. 이러한 중국과 아프리카의 무역 패턴은 안정적으로 상호 조화를 이루고 있으므로 아프리카에서 정치・경제・사회 전 부문을 뒤흔드는 혁명적 개혁이 발생하지 않는 한 중・장기적으로 굳건하게 유지될 것으로 전망된다.

2. 투자

중국 상무부에 따르면 중국의 해외직접투자(*OFDI: Outward Foreign Direct Investment*) 규모는 2006년 176억 달러, 2007년 265억 달러, 2008년 559억 달러, 2009년 565억 달러로 매년 증가하고 있다. 대부분의 자금이 국영기업에 투입됨으로써 타국 기업들의 추종을 불허하는 경쟁력을 갖추게 되었다. 중국 국영기업의 무서운 점은 바로 이러한 자금력을 바탕으로 해외 자원 관련 기업 및 광산, 유전 등을 인수할 때 경쟁 국가들을 압도하는 금액을 제시함으로써 국제자원시장의 거래성사 평균금액을 급격하게 상승시키는 동시에 그 영향력으로 시장에 군림하는 위치를 차지했다는 데 있다.

2011년 7월 남아프리카공화국의 구리 및 코발트 광산기업 메토렉스(Metorex)가 매물로 올랐을 때 브라질 최대 광산업체인 발레(Vale)가 12억 달러를 제시해 인수가 확정되다시피 했다. 그러나 중국 국영기업인

〈표 7-3〉 2010년 지역별 중국 OFDI 현황

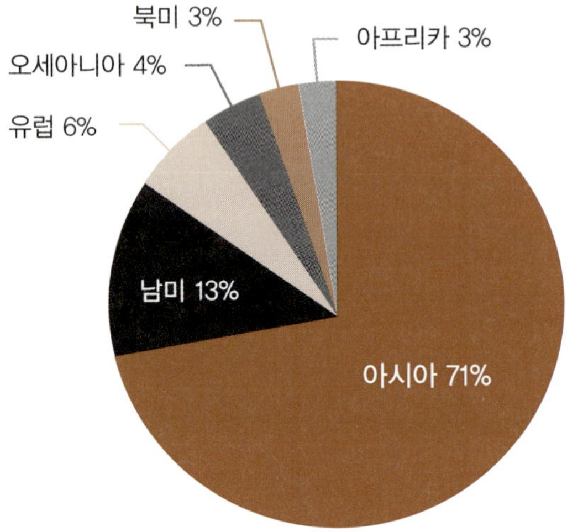

출처: 중국상무부 (2010).

진촨집단유한공사(金川集團有限公司)가 뛰어들어 13억 2천만 달러를 제시해 가로챘다. 이처럼 중국 국영기업들이 해외 자원관련 기업 인수 시 무지막지한 자금을 쏟아 붓는 것은 전혀 새로운 일이 아니다. 2005년 8월 가채매장량 5.5억 배럴의 대형 캐나다 석유회사 페트로카자흐스탄(PetroKazakhstan)이 국제 M&A시장에 매물로 나왔다. 페트로카자흐스탄의 최대 인수 금액은 20억 달러가 될 것으로 예상했으나 인도국영석유회사(ONGC: Oil and Natural Gas Corporation)가 36억 달러를 제시하여 모두를 놀라게 했다. 그러나 최종 낙찰은 ONGC가 아닌 중국 최대의 정유회사인 석유천연가스집단공사(CNPC: China National Petroleum Corporation)에게 돌아갔다. CNPC가 제시한 페트로카자흐스탄 인수 가격은 무려 41억 8천만 달러로, 당시에는 세계 유전 거래 사상 최대 액수였다. CNPC는 2005년 9월에도 에콰도르의 엔카나(EnCana) 유전을 평가 가치의 3배가 넘는 14억 2천만 달러에 매입했다.

중국의 전체 글로벌 투자에 비해 아프리카로 유입되는 OFDI는 상대적으로 매우 적어 2003년 7,480만 달러에 그쳤으나 제 3회 중국·아프리카협력포럼을 기점으로 2007년 14억 4천만 달러, 2008년 54억 9천만 달러를 기록해 2003년 대비 7천 % 이상 증가했다. 또 동일 기간 중국의 아프리카 외국인직접투자자산(*FDI stock*)도 78억 달러에 달해 7천 % 이상 상승하였다.

2009년 글로벌금융위기로 다소 주춤했던 투자는 2010년에 다시 활기를 되찾았다. 2010년 7월 중국알루미늄공사(中國鋁業公司)는 기니 시만두(Simandou) 보크사이트 광산에 투자하였고 같은 해 12월 진촨집단유한공사는 남아프리카공화국 플래티넘늄 광산개발 업체인 웨시즈웨플래티넘(Wesizwe Platinum)의 지분 51%를 인수했다. 중국비철금속집단유한공사(中國有色礦業集團有限公司)도 잠비아 구리 광산에 2009년 5천만 달러를 투자한 이후 2011년까지 추가적으로 최대 3억 달러를 투자할 계획임을 밝혔으며 중후이국제광업그룹(中輝國際礦業集團)은 독자적으로 50억 달러를 투자해 잠비아 북서 지방의 구리벨트를 개발할 예정이다.

중국의 아프리카 외국인직접개발투자 대부분은 아프리카 자원부국의 광산에 집중되어 있지만 한편으로는 인프라, 제조업, 서비스 부문의 투자도 가속화되고 있다. 특히 수력발전 및 발전소 건설부문은 사업성격상 투자규모가 거대하다. 대표적으로 가나의 400메가와트 용량의 부이댐(Bui dam) 건설에 6억 달러를, 잠비아의 360메가와트 용량의 노스뱅크(North Bank) 프로젝트에는 4억 달러를 투자했다. 아프리카 전체적으로는 무려 30개 국가들이 중국의 기금으로 수력발전소와 발전소건설 프로젝트를 진행하고 있으며 기금의 총액이 무려 53억 달

〈표 7-4〉 중국의 아프리카 외국인직접투자자산

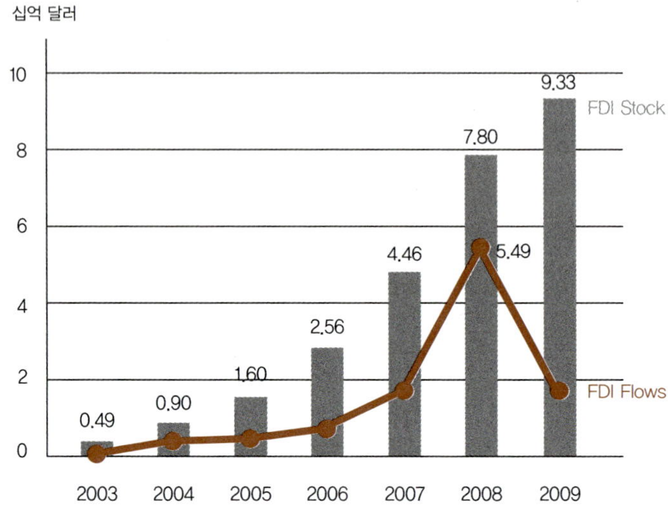

출처: 중국상무부.

러에 달한다. 이 중 10개의 대형 수력발전소만 완공되더라도 6천 메가와트의 발전이 가능해지고, 이것은 사하라 사막 이남 총 수력발전 용량의 30%를 차지하게 된다. 중국이 이렇게까지 아프리카 발전소에 투자를 아끼지 않는 가장 큰 이유 중 하나는 아프리카에 중국 지휘 하의 광산 개발이 원활하게 이뤄지도록 안정적 전력 공급 환경을 조성하기 위해서다.

2006년 제 3회 중국・아프리카협력포럼 이후 증가하고 있는 중국의 아프리카 투자는 앞으로도 지속될 것으로 예상된다. 중국 상무부 부부장 푸즈잉(傅自應)은 아프리카 대륙의 83%에 달하는 지역에서 4,600개 이상의 기업들이 활발한 투자 활동을 벌인 결과 2005~2008년 사이 아프리카 투자가 네 배 이상 증가했다고 밝혔다. 또 아프리카 최대 은행인 스탠더드 은행의 전망에 따르면 글로벌금융위기와 같은 급격한

〈표 7-5〉 2010년 중국의 아프리카 부문별 외국인직접투자자산

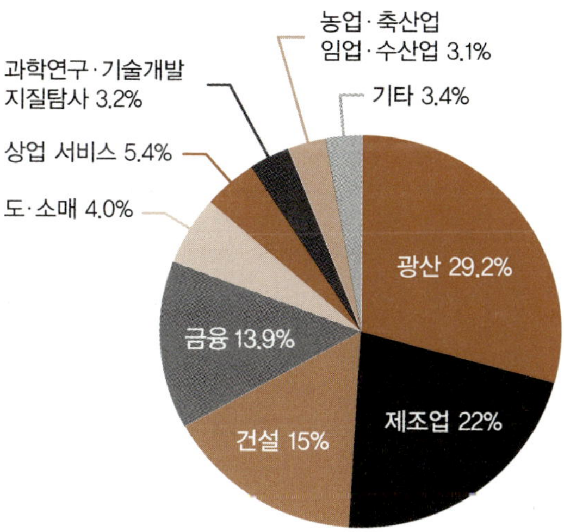

출처: compiled information from various sources. 중국상무부.

변수가 아니라면 2015년에는 중국의 아프리카 투자는 2009년 대비 70%나 증가한 5백억 달러에 달할 것이라고 한다.

이러한 전망치는 아프리카에 기대 이상의 긍정적 결과를 가져다줄 것으로 예상된다. 투자액의 전부가 자원 개발에 필요한 전력 생산 시설과 광산에서 항구까지 원자재를 운송하기 위한 도로, 철도 등의 인프라에만 소비된다는 제한적 가정을 두더라도 어떻게든 이익이다. 아프리카의 도로, 교통 인프라가 너무나도 열악한 탓에 세계에서 상품 한 개당 가장 높은 운송비용이 소요되고 있다는 현실을 감안한다면, 장차 아프리카가 운송비에 지속적 가격 경쟁력을 가질 수 있다는 점만으로도 대단한 경제적 이득임이 분명하다는 것이다.

〈표 7-6〉 2008~2010년 중국 아프리카 주요 기업 지분 투자

국가	내용	부문/원자재	가치(달러)	금융 및 계약 파트너
기니	칼리아(Kalia) 철광석 매장지	광산/철광석	27억	중국국제기금
라이베리아	봉(Bong) 철광석 매장지 중국인롄(中國銀聯) 소유	광산/철광석	26억 8천만	중국인롄의 우한제철그룹 중국아프리카개발기금(85%)으로부터 60% 지분 인수
보츠와나	모럽퓨얼 B(Morupule B) 석탄화력발전소 확장	전력/석탄	16억	공상은행, 스탠더드 은행(Standard Bank), 중국전기설비총공사
시에라리온	톤콜릴리(Tonkolili) 철광석 광산	광산/철광석	15억	산둥철강 아프리카 미네랄(AML: African Mineral) 프로젝트로부터 지분 25% 인수
기니	시만두(Simandou) 철광석 프로젝트	광산/철광석	13억 5천만	중국알루미늄공사, 리오틴토(Rio Tinto) 합작투자 47:53
가나	보크사이트 및 알루미늄 제철소	광산/보크사이트	12억	중국개발은행, 중국아프리카협력기금, 보사이미네랄그룹(博赛矿业) 합작 투자
남아공	웨시즈웨플래티넘, 프라이스체와그드-레디그 (Frischgewaagd-Ledig) 매장지	광산/플래티넘	8억 7천 7백만	부채 6억 5천 만 달러. 진촨그룹. 중국개발은행, 중국아프리카개발기금으로부터 2억2,700만 달러 자본지원. 공동으로 웨시즈웨플래티넘 지분 51% 소유
잠비아	루안샤(Luanshya) 구리광산 참비시 제련소	광산/구리	6억	중국비철금속집단유한공사, 중국기계수출입유한공사
카메룬	두알라(Douala) 버스제조공장	제조업	5억	중국기계수출입유한공사
가나	선온 아소글리(Sunon Asogli) 천연가스화력발전소	발전/가스	4억 5천만	선전에너지그룹유한공사 60%, 중국아프리카개발기금 40%.

〈표 7-6〉 계속

국가	내용	부문/원자재	가치(달러)	금융 및 계약 파트너
남아공	태양열 및 재생에너지 단지, 관련 제품 제조 공장	재생에너지/ 태양	4억 3천 5백만	잉글리그린에너지(英利绿色能源, 중국 3대 광전지생산업체), 중국아프리카개발기금으로부터 4천 만 달러 지원
시에라리온	아프리칸미네랄	광산/철광석	2억 3천 2백만	중국철도재료상업공사 AML 주식 12.5% 매입
남아공	시멘트 공장	시멘트	2억 2천 1백만	지동개발그룹과 중국아프리카개발기금 51% 지분확보, 45% 자금지원
나이지리아	컨테이너 터미널	항만 인프라	1억 5천 4백만	중국아프리카개발기금, 중국상인홀딩스국제유한공사 40:60, 터미널 지분 47.5% 지분 인수
가나	ICT(Informations Communication Technology) 네트워크 업그레이드	통신 인프라	1억 2천만	화웨이(华为)와 보다폰 (Vodafone, 1억 2천만 달러 GSM 업그레이드)
케냐	조모 케냐타(Jomo Kenyatta) 공항 현대화 사업	운송 인프라	1억 1천 3백만	케냐공항위원회, 세계은행, 유럽투자은행, 프랑스개발기구, 중국항공기술국제공정공사, 중국우이산업공유유한공사
남아공	자동차조립공장	제조업	1억	중국아프리카개발기금 4,500만 달러 투자
니제르	소미나(Somina) 우라늄	광물/우라늄	9천 5백만	중국국가우라늄공사, 니제르 정부 합작투자
케냐	노스리프트(North Rift) 섬유광학 프로젝트	ICT/인프라	8천만	세계은행 케냐정부에 지원, ZTE(Zhongxing Telecommunication Equipment Corporation, 中兴通讯股份有限公司)와 계약
에티오피아	가죽 공장	제조업	6천 7백만	중국아프리카개발기금으로부터 45% 자금 지원. 신샹헤이티엔밍량 제혁유한공사(新乡黑田明亮制革有限公司) 55% 지분 소유

출처: compiled information from various sources. 주상하이 한국총영사관. World Mineral Production 2005~2009(2011). Jiang&Sinton(2011). Frontier Advisory(2011).

〈표 7-7〉 2008~2011년 중국수출입은행 및 개발은행 지원 중국 아프리카 투자

국가	내용	부문/원자재	가치(달러)	금융 및 계약 파트너
가나	인프라 개발	석유, 가스, 철도, 도로, 발전소, 농업	128억 7천만	다수의 국영기업, 국부펀드(SWF: Sovereign Wealth Fund), 투자컨소시엄 포함. 첫 단계로 19억 달러를 도로개선에 배정
콩고 민주공화국	인프라 개발	운송, 전력, 하우징, 사회기반 인프라	60억	양허성차관 제공. 구리와 코발트 채굴 및 운송 관련 인프라 개발. 중국철로공정총공사 등 다수 국영기업 계약에 참여
가나	미국 코스모스에너지(Kosmos Energy LLC)의 석유, 가스전 인수	석유, 가스	50억	중국해양석유총공사(CNOOC), 가나석유공사(GNPC: Ghana National Petroleum Corp) 합작으로 코스모스가 보유한 주빌리(Jubilee, 2015년 하루 생산량 24만 배럴 가능) 유전지대 인수 입찰
니제르	석유, 송유관 건설	석유, 가스	50억	중국석유천연가스공사(CNPC)와 니제르 정부 간의 계약. 아가뎀(Agadem) 유전지대에서 진데르(Zinder)까지 2천 km 송유관 건설계획. 진데르에 하루 2만 배럴 생산 규모의 정유공장 건설 계획
가나	가스 및 정유 플랜트	석유, 가스	30억	중국수출입은행(EXIM Bank) 시장가격 차관 제공
콩고 민주공화국	카탕가(Katanga)주 구리 및 코발트 광산	광산/구리	26억	중국수리수전건설집단공사, 콩고민주공화국 국영기업 게카민(Gecamines)과 함께 개발
모잠비크	테테(Tete) 1.3기가와트 수력발전 댐	발전/수력	24억	중국수출입은행 시장가격 차관 제공
앙골라	산업 설비	석유, 가스/기계	21억	랴오닝성화금통달화공고분유한공사(辽宁省华锦通达化工股份有限公司), 앙골라 준국영회사 소난골(Sonangol) 합작투자

〈표 7-7〉 계속

국가	내용	부문/원자재	가치(달러)	금융 및 계약 파트너
에티오피아	자이브 III(Gibe III) 수력발전 댐	발전/수력	17억 5천만	중국공상은행과 에티오피아 정부 협정. 전체 건설비용 제공 안됨. 세계은행과 아프리카개발은행 환경영향평가 재차요구
우간다	에이야고(Ayago) 남북 530메가와트 수력발전 계획	발전/수력	9억	중국수출입은행, 중국국제신탁투자공사, 중국갈주패수리전력유한공사(中国葛洲坝水利电力有限公司)
카메룬	멤블레(Memve'le) 200메가와트 수력발전 댐	발전/수력	7억 9천 5백만	수출입은행, 다수의 아프리칸개발은행, 중국수리수전건설집단공사 계약
가나	부이(Bui) 400메가와트 수력발전 댐	발전/수력	6억 2천 2백만	수출입은행 2억 6,300만 달러 양허성차관, 2억 9,850만 달러 구매자차관, 가나 정부 6천만 달러 지원, 중국수출입은행 2011년 4월 1억 6,800만 달러 지원. 중국수리수전건설집단공사 턴키 방식
남아공	크롬 생산	광산/크롬	4억 4천만	시노스틸(中钢集团) 추가투자. ASA Metals 60% 지분
짐바브웨	카리바(Kariba) 남부 강둑 300메가와트 수력발전 확장 공사	발전/수력	4억	중국수출입은행, 중국개발은행 차관. 중국수리수전건설집단공사와 짐바브웨전기공급청(ZESA: Zimbabwe Electricity Supply Authority)
콩고 민주공화국	수력발전 댐 150메가와트 종고(Zongo) 폭포	발전/수력	3억 6천 7백만	중국수출입은행 시장 가격 차관 제공, 중국수리수전건설집단공사 계약

출처: compiled information from various sources. 주상하이 한국총영사관. CSIS(2008). Afrodad(2008). Frontier Advisory(2011).

3. 중국인의 아프리카 이주 및 부작용

아프리카에 머물고 있는 중국인 중에는 단기 체류자가 많다. 이들은 중국국영기업 또는 민간기업 소속으로 2~3년간의 계약기간이 만료되면 귀국하는 경우가 대부분이다. 한편, 이와는 전혀 별개로 경제적 기회를 찾아 독립적으로 아프리카로 이주하는 사례가 증가하고 있다. 2009년 공식적인 추정 자료에 따르면 2008년 아프리카 38개국에 58만 명에서 80만 명 이상의 중국인들이 거주하고 있는 것으로 나타났다. 2007년 최대 75만 명으로 추산되었던 중국인들이 1년 만에 5만 명 이상 늘어난 것이다. 아프리카 최대 중국인 이주 국가는 남아프리카공화국으로 약 40만 명에 달하며, 나이지리아 10만 명, 수단 7만 4천 명, 앙골라 4만 명, 알제리 2만 명순이다. 특히, 40만 명이나 거주하는 남아공의 경우 현재는 전체 인구수의 1% 이하에 머무르고 있으나 급격한 증가세를 보이고 있어 머지않아 1%를 돌파할 가능성이 높다.

4,600개 이상의 중국 국영기업과 민간기업이 고용한 중국인의 정확한 통계는 확인되지는 않았으나 2011년 현재 약 15만 명에 달할 것으로 추산하고 있다. 경제적 기회를 찾아 아프리카로 이주한 중국인들은 현지 기업이나 노동시장에 참여하는 것이 아니라 현지의 언어가 장벽이 되지 않는 분야 또는 소액자본으로도 가능한 중국산 제품 도·소매상점이나 무역업에 종사하고 있다. '차이나 숍'(*China shops*)이라고 불리는 도·소매상점은 아프리카 전 지역에 생겨나고 있으며 초저가의 중국산 신발, 벨트, 핸드백, 의류 등 이미테이션 제품과 장난감, 자전거 등 대부분 공산품을 판매하는 가게를 말하며 중국 식당도 포함된다. 또 '중국·아프리카 상공회의소'(中非民間商會)에 따르면 최근 몇 년간 후베이성에서 수천 명 이상의 중국인 농부들이 케냐, 우간다, 가나, 세네갈로

중국산 초저가 제품의 아프리카 대량 유입을 희화한 카툰. 출처: ZAPIRO.

이주해 온 것으로 확인됐다. 또 다른 연구에 의하면 짐바브웨, 잠비아, 남아공에도 많은 수의 중국인 농부들이 이주해 온 것으로 나타났다. 종합적으로 아프리카 28개국에 약 1만 5천 명 이상의 중국인 농부들이 다소 외지거나 고립된 지역에 정착하여 50여 개의 농촌을 세우는 등 이주 농민 사회가 조성 중인 것으로 파악된다.

문제는 중국 국영기업이 아프리카 현지인이 아닌, 중국인 노동자들을 일자리에 적극적으로 투입하는 데서 발생하고 있다. 아프리카의 실업률이 세계 여느 지역보다도 높은 까닭에 중국의 기업 투자와 함께 고용 창출의 효과도 기대했던 아프리카로서는 굉장히 민감한 이슈로 부각될 수밖에 없다. 게다가 독립적으로 사업을 벌이는 중국인들이 주로 아프리카의 저소득층과 사업 경쟁을 벌이고 있는 것도 문제다. 실제로 차이나 숍의 증가로 인해 특정 시장은 포화상태에 직면해 경쟁이 심화되었다. 특히 아프리카 현지인들이 운영하는 가게는 중국 제조사로부터 제품을 공급받지 못해 차이나 숍과의 경쟁에서 도태되고 있다. 이에 따라 반중국, 반중국인 정서가 생겨나고, 중국인을 대상으로 한 폭력사건과 증오범죄가 증가하고 있다. '한 명의 중국인은 용(*dragon*)이지만 다수의 중국인들은 벌레에 지나지 않는다'라는 표현이 사용되는 정도에 이르렀다.

무엇보다 그동안 아프리카 정치 조직만큼은 대 중국 비판에 침묵해 왔으나 일부 국가의 야당에서는 반중국인 정서를 자신들의 지지 기반으로 이용하려는 움직임도 나타나고 있다. 남부 아프리카 지역 국가의 야당들은 중국을 '신식민주의'라고 비난하기도 했다. 실제로 르완다 정치권은 중국인들의 아프리카 개발과 시장진출에 대한 문제로 뜨거운 논쟁 중에 있고, 잠비아도 같은 주제로 정치권이 심각한 대립 상황에 놓인 적이 있다. 특히 현재 잠비아 대통령 사타(Michael Sata)의 경우 야당 대표시절이었던 2006년 대통령 선거 당시 '중국인들을 잠비아에서 몰아내자'라는 공약을 내걸기도 했다. 2006년 당시 잠비아의 실업률은 50%, 전체 인구의 75% 이상이 빈곤선 이하에 놓여 있던 상태였기 때문에 중국 국영기업의 개발 방식과 차이나 숍의 확산은 문제가 될 수밖에 없었다. 게다가 중국 기업들의 불법 자원개발, 석유 유출에 따른 환경오염, 열악한 노동조건 때문에 2005년 구리 생산지인 카브웨(Kabwe)에서 46명의 잠비아인이 사고로 사망하고, 2007년에는 키트웨(Kitwe) 구리 광산에서도 37명이 안전사고로 사망하는 등 반중국, 반중국인 정서를 부채질하는 상황도 잇따랐다.

중국에서 수입되는 의류, 섬유, 가구, 신발 등은 아프리카 제조업 생태계를 뿌리째 흔들어 놓고 있다. 가나의 가구 · 의류 생산업체와 에티오피아의 신발제조업체, 나이지리아의 의류 · 신발제조업체는 고사 직전에 놓여 있다. 실제 중국의 초저가 의류가 아프리카에 유입됨으로써 나이지리아 카노(Kano) 의류 생산단지 공장 500개 중 80%가 문을

〈표 7-8〉 2001년, 2003~2008년 아프리카 거주 중국인 현황

국가	중국인 수			국가	중국인 수		
	2001년	2003~2008년			2001년	2003~2008년	
알제리	2,000	20,000	2007	마다가스카르	30,000	60,000	2003
앙골라	500	20,000~40,000	2006	말라위	40	2,000	2007
베닝	—	4,000	2007	말리	—	3,000~4,000	2008
보츠와나	40	3,000~10,000	2006~7	모리셔스	40,000	30,000+	2008
부르키나파소	—	1,000	2007	모잠비크	700	1,500	2006
브룬디	—	150	2007	나미비아	—	5,000(40,000)	2006
카메룬	50	1,000~7,000	2005	니제르	—	1,000	nd
카보베르데	—	2,000	2006	나이지리아	2,000	100,000	2007
차드	—	300~500	2008	레위니옹	20,000	25,000	2004
콩고 공화국	—	7,000	2006	세네갈	—	2,000	2007
콩고 민주공화국	200	500~10,000	2007	시에라리온	20	400~500	2008
코트디부아르	200	10,000	2007	남아프리카공화국	30,000	200,000~400,000	2007
이집트	110	6,000~10,000	2007	수단	45	20,000~74,000	2007
에티오피아	100	3,000~7,000	2006	스와질란드	90	300	2006
가나	500	6,000	2005	탄자니아	600	3,000~20,000	2006
가봉	—	6,000	nd	토고	50	3,000	2007
기니	—	5,000~8,000	2007	튀니지	—	2,000	2008
케냐	190	7,000+	2007	우간다	100	5,000~10,000	2007
레소토	1,000	5,000	2005	잠비아	150	4,000~6,000(40,000)	2007
라이베리아	120	600	2006	짐바브웨	300	5,300~10,000	2005~7
리비아	500	3,000	2008				
합계	129,605명(2001년), 583,050~820,050명(2003~2008년)						

출처: Park(2009).

닫았고 25만 명의 노동자가 일자리를 잃었다. 남아프리카공화국 섬유 노조에 따르면, 중국의 인조섬유가 지역 생산품인 '면 플러시 사라사'(*cotton print*)를 대체하면서 10만 명의 노동자가 일자리를 잃은 것으로 나타났다.

건설부문도 크게 다를 바 없다. 알제리의 하우징 건설 프로젝트에만 2만 명가량의 중국인 노동자들이 근무하며, 건설 자재 대부분을 중국에서 수입해 현지 하도급 회사의 수익이 매우 낮게 형성되고 있다. 또 앙골라의 각종 건설 프로젝트에 참여하고 있는 중국 국영기업은 중국인 노동자의 비율이 90%나 되는 것으로 조사되었다. 이것은 앙골라뿐만 아니라 대부분의 아프리카 국가들에서 공통적으로 발견되고 있는 문제다. 이처럼 중국인 노동자의 이주와 초저가 제품의 유입은 중국의 대규모 투자에 따른 잠재적, 긍정적 효과를 감소시키는 원인이 되고 있다.

일부 언론에 따르면, 2011년 상반기 기준 아프리카에 이주한 중국인 수는 이미 100만 명을 돌파했을 것이라는 주장도 나오고 있다. 영국 경제 주간지 〈더 이코노미스트〉(*The Economist*)는 과거 400년간 유럽인들이 아프리카를 식민지화했을 때보다 지난 10년간 중국인들이 아프리카에 진출한 수가 더 많을 정도라고 언급했을 정도다. 물론 다소 과장된 표현이었겠지만 한때 자국의 뒷마당이던 아프리카를 중국이 빼앗고 있다는 서방국가들의 경계와 불편한 심기가 고스란히 담겨 있다고 볼 수 있다. 차후 중국의 경제성장 여하에 따라 변동이 있을 수 있지만 중국정부는 자국민의 아프리카 이주를 적극적으로 장려하고 있어 중국인 이주민 수는 꾸준히 증가세를 유지할 것으로 보인다. 따라서 이미 쟁점에 놓인 문제들이 더욱 확대됨으로써 장기적으로 중국인의 아프리카 이주 문제가 중국과 아프리카의 관계에 가장 큰 장애로 대두될 것으로 전망된다.

8

타 산 적 상 호 의 존 성

1. 불균형

현재 중국과 아프리카의 관계를 논할 때 피해갈 수 없는 논쟁거리는 바로 '불균형'(*asymmetry*)이다. 무역 불균형, 정치 불균형, 투자 불균형 등 양측의 모든 분야에서 불균형한 거래가 지속되고 있다는 지적이 끊임없이 제기되고 있다. 또한 중국이 과도한 자원획득 욕심으로 아프리카의 자원 쓸어 담기에만 혈안이 된 채 반인륜적 범죄와 인권문제, 독재정권, 초극빈 생활수준 등 사회문제는 외면하고 있다는 비난이 서방국가를 비롯한 국제기구 및 단체에서 쏟아지고 있다. "중국은 아프리카에서 '돈 되는 것' 외에는 결코 신경 쓰지 않는다"는 것이다.

대표적인 예로 수단, 앙골라, 짐바브웨의 사정을 들 수 있다. 수단 정부를 등에 업은 아랍계 민병대 '잔자위드'(Janjaweed)가 다르푸르에서 벌인 잔혹한 학살행위를 중국이 그저 수수방관했다는 비판이다. 특히 2005년 UN이 수단에 무기수출 금지조치를 내렸음에도 2004~2006

년 수단이 수입한 권총, 기관총, 소총, 휴대용 미사일 등 소화기(小火器)의 90%는 중국의 판매로 공급되었으며, 수단이 연간 석유수출로 벌어들이는 수익 5억 달러의 80%는 중국으로부터의 무기구입에 사용되었다. 게다가 중국은 아예 수단에 탄약 생산시설을 포함한 세 개의 무기공장을 지어주며 UN의 압력을 조롱하기도 했다. 이렇게 공급된 무기들은 잔자위드 민병대가 다르푸르에서 대량학살(45만 명)과 270만 명의 난민을 발생시키는 데 직접적으로 사용되었다. 중국을 향한 맹비난이 쏟아지자 양원창(楊文昌) 중국 외교부 부부장은 다음과 같이 딱 잘라 언급하였다.

> 비즈니스는 비즈니스일 뿐이다. 중국은 아프리카에서 정치와 경제를 분리한다. 수단의 다르푸르 사태는 지극히 국내적인 문제로 중국이 간섭할 부분도 아니며 그럴 만한 위치에 있지도 않다.

중국은 뒤늦게 2007년 UN 안보리 결의안 제1796호인 '다르푸르 분쟁종식 및 인권개선을 위한 평화유지 활동'에 찬성하였으나 이미 너무 많은 희생자가 발생한 뒤였기 때문에 국제여론 악화로 인해 마지못해 협조했다는 비판을 받아야 했다. 또 남부의 흑인계 '수단인민해방군'(SPLA: Sudan People's Liberation Army)과의 전투로 150만 명의 인명피해가 발생하자 서방국가와 UN은 인권문제를 거론하며 중국의 개입을 촉구했지만 중국은 별다른 반응을 보이지 않았다. 당시 수단의 중국 무역 및 수출의존도가 각각 35%, 60% 이상 달했던 까닭에 중국이 수단에 가장 큰 영향력을 행사할 수 있는 유일한 국가였다고 볼 수 있는 이유는 충분했다.

한편, 중국은 수단 전체 석유자원의 40%를 차지하고 있었고, 남부

유전지대에서 수출항이 집중되어 있는 북부 홍해로 연결되는 1,500km의 송유관을 단 1년 만에 완공했을 정도로 수단의 석유에 공을 들이고 있었다. 그럼에도 불구하고 수단 내의 반인륜적 범죄행위에 대해서는 내정간섭을 핑계로 들며 수수방관하였던 것이다.

중국이 독이 오른 눈을 치켜뜨고 자원확보에 달려든 사례는 이뿐만이 아니다. 2005년 1월 평화협정으로 남부 자치정부가 수립된 지 6년 만인 지난 2011년 1월, 수단 국민투표에서 남부 주민들의 99%가 분리독립을 적극적으로 찬성하는 것으로 나타났고 결국 7월에 남부 수단의 독립이 확정되었다. 대부분이 황량한 사막지대인 북부와 달리, 유니티주(Unity state)를 비롯한 남부에는 수단 석유 매장량의 70% 이상이 묻혀 있다. 반면 중국이 그동안 무기까지 공급해 주며 공을 들였던 곳은 안타깝게도 북부의 오마르 알바시르(Omar Al-Bashir) 대통령 정부와 잔자위드 쪽이었으며 남부 수단인들의 고통에는 무관심으로 일관했다. 그러나 중국은 최근 들어 갑자기 입장을 선회하여 남부 수단 정부와 긴밀히 접촉하고 있다. 안정된 석유수급에 차질을 빚을까 우려하여 기존의 태도를 전광석화처럼 바꾼 것이다.

국제투명성기구(TI: Transparency International)에 따르면 앙골라는 2004년 부패지수에서 전체 조사대상국인 145개국 중 133위를 차지했을 정도로 최악의 부패국가다. 당해 국제통화기금은 앙골라 정부가 약속했던 예산 투명성과 부패방지를 위한 모니터링 메커니즘을 만족시키지 못하자 곧장 차관을 중지시켰다. 국제통화기금은 차관을 징벌적 레버리지(*leverage*)로 활용하고 있었던 것이다. 앙골라 정부가 국제통화기금에 재협상을 요청하였으나 중국이 갑자기 끼어들어 정치적 조건이나 개혁 등의 단서 없이 20억 달러의 차관을 떡 하니 내놓았다. 앙골라 정부는 중국의 차관을 석유로 대신 상환하기로 하고 즉시 국제통화기금과의 정부개혁 협상을 취소하였다.

중국은 또 부패와 인권유린, 폭정으로 경제를 파탄시킨 짐바브웨의 무가베 정권이 무려 30년 이상 장기 집권할 수 있도록 지탱해 줌으로써 전 세계적 비난을 받았다. 특히 2005년 무가베는 인권탄압과 백인 농장주에 대한 무차별적 폭력, 살인행위를 방조함으로써 미국, EU, 영연방 국가의 경제제재를 받았으나, 중국의 측면지원으로 인해 서방국의 조치가 유명무실해졌다. 오히려 중국은 경제지원과 함께 전투기, 전투차량을 비롯한 2억 달러가량의 무기를 제공하고, 반정부 방송송출을 방해하는 장비와 야당인사들을 감시하는 장비까지 제공하여 인권탄압을 우회적으로 돕기도 하였다. 이를 통해 중국은 짐바브웨 중소기업 육성정책(SMEs: Small and Medium Enterprises and Cooperative Developments)을 통해 금·은·백금·크롬·니켈을 비롯한 광물자원이 풍부한 '그레이트다이크'(Great Dyke) 지역의 우선개발권과 중국기업 우선참여권을 손에 거머쥐었다.

추가적으로, 2007년 8월 차드 대통령 데비(Idriss Deby)는 〈뉴욕타임스〉(*The New York Times*)와의 인터뷰에서 다음과 같이 발언했다.

> 이웃국가(수단)가 우리를 침략하려고 용병을 보내 문제를 겪고 있었을 때 중국의 방해로 인해 UN에 어떠한 고소(항의)도 통과시키지 못했다. 우리가 대만과 교류를 단절하고 중국 투자자들에게 투자 기회를 열어주고서야 금지(*taboo*) 사항 없이 우리의 우려를 제기할 수 있었다.

2007년 9월 데비 대통령은 중국을 방문해 후진타오에게 다르푸르 사태로 인한 차드와 수단의 분쟁을 해결해 달라는 요청을 하였다. 중국은 이 요청에 동의한 대가로 차드의 수도 엔자메나(N'Djamena) 북쪽

중국 아프리카 무기 수출 선박. 짐바브웨에 공급할 AK-47 탄약 3백만 발, 로켓추진 수류탄 발사기, 박격포 1천 5백 기 등 77톤의 무기를 선적한 안웨장(安岳江)호.
출처: Swedish Defence Research Agency(2009).

50km 지점의 석유정제 플랜트 건설에 착수할 수 있는 협정을 맺었다. 또 중국 석유개발 기업들과 공동으로 석유 탐사를 진행하고 마요케비(Mayo-Kebbi)와 시디구이(Sidigui) 지역에서 광물 채굴을 할 수 있도록 합의하였다. 중국은 인권, 국제분쟁에서조차 자원이 결부되지 않는다면 어떠한 일에도 꿈쩍하지 않는다는 속내를 들킨 셈이었다.

수단, 앙골라, 짐바브웨 외에 다른 자원부국을 대상으로도 유사한 외교적 행태를 수십 년간 유지해오고 있는 중국정부는 아프리카에서 정치와 경제의 철저한 분리를 주장하며 정치 개입에 난색을 표하고 있지만 실제로는 독재자와 군사정부의 배만 불리고 부패정권 연장에 기여함으로써, 오히려 아프리카 정치 발전에 역행을 조장하고 있다는 선진국들의 비난을 피하지 못 하고 있다. 특히 미국의 비난은 점차 구체적으로 변해가고 강도도 높아지고 있다. 2011년 6월 10일 미 국무장관 클린턴(Hillary Clinton)은 1976년 전(前) 국무장관 헨리 키신저(Henry Kissinger) 이후 35년 만에 잠비아를 방문하였다. 11일 클린턴 장관은 잠비아 수도 루사카에서 '아프리카 360' 방송을 비롯한 현지 언론과의 집단인터뷰 도중 중국의 대 아프리카 영향력 확대를 '신식민주의'로 규정하며 강도 높게 비판했다. 또 "식민지 시절엔 (아프리카에) 쉽게 들어와서 천연자원을 이용하고, 소수 리더들에게 대가를 지불하고 떠나기 쉬웠다"며 "장기적으로 아프리카에 대한 투자는 아프리카 사람들에게 이익을 주어야 한다고 생각한다"고 말했다. 그는 이어 "미국은 잠비아의 특정 엘리트들이 아닌, 일반 국민들에게 장기적으로 투자하고 있다"고 언급하며 중국과의 차별성을 강조하였다. 또 2011년 11월에는 조니 카슨(Johnny Carson) 미 국무부 아프리카담당 차관보가 "아프리카에서 석유와 가스, 광물을 마구 사들이는 중국은 책임 있게 행동하라"고 비난했다. 이처럼 미국은 중국의 아프리카 정책에 대해 비난 수위와 횟수를 증가시키고 있다.

2. 타산적 상호의존성 - 실체 및 정의

'중국과 아프리카의 관계가 여전히 불균형한가'에 대한 평가는 어느 정도의 객관성을 띤 국제기구와 단체 등의 각종 자료를 바탕으로 접근해 볼 수 있다. 2011년 1월 국제통화기금에서 발표한 세계경제전망(World Economic Outlook) 보고서에 따르면 사하라 사막 이남 47개 아프리카 국가들의 2010년 경제성장률은 당초 예상한 4.5%보다 높은 5%였고, 2011년에도 5.5%의 높은 경제성장률이 예상된다고 밝혔다. 이는 부분적으로 중국 및 아시아·중남미 지역의 고속 성장국과의 교역이 증가한 덕분이라고 결론 내렸다. 중국이 아프리카로부터 일방적으로만 천연자원을 착취하는 것은 아니며, 실질적으로 아프리카의 경제

성장에 도움을 주고 있다는 반증인 셈이다. 즉, 중국과 아프리카의 거대한 공생관계가 비로소 형성된 것으로 평가할 수 있다는 것이다.

중국이 과거 10년 동안 이 지역의 광산, 유전 등 천연자원 개발에 투자를 확대해 왔으며, 부채탕감, 우대차관 제공, 도로, 교량 등 사회기반시설 건설에도 투자하는 등 각종 지원을 아끼지 않음으로써 결과론적으로는 아프리카의 지속적 경제성장에 기여하고 있는 것은 분명하다. 예를 들어, 아프리카 내 철도 2,200km와 도로 3,400km는 1960년대 후반부터 중국의 지원을 받아 건설되었다. 게다가 중국은 2001~2007년까지 아프리카 수력발전소 건설에만 35억 달러를 지원했다. 아프리카개발은행(ADB: African Development Bank)은 중국의 아프리카 사회간접시설에 대한 투자를 "아프리카를 위한 신의 축복이다"라고 표현했을 정도로 대단히 긍정적으로 인식하고 있다.

객관성은 다소 부족하지만, 중국정부가 발행하는 '2010년 중·아프리카 경제무역 협력백서'(White paper on China-Africa Economic and Trade Cooperation)에 따르면 2000년 100억 달러에 머물던 무역 규모가 2010년 1,141억 달러를 기록해 열 배 이상 늘었고, 수입과 수출에서도 2008년 중국의 아프리카 수출은 500억 달러, 수입은 560억 달러로 일방적인 무역 관계를 탈피하여 수출입에서 거의 상호 균형을 이루고 있는 것으로 나타났다. 양측의 진출 기업을 살펴보면 이는 더욱 확연하다는 것을 알 수 있다. 물론 수적 측면에서는 중국이 압도적으로 많지만 중국에 진출한 나스퍼스(Naspers), 사솔(Sasol), 에스에이비밀러(SAB Miller), 리치몬트(Richemont) 등 수많은 아프리카 기업들의 성공 비율이 아프리카에 진출한 중국 기업의 비율보다 더 높은 것으로 조사되었다. 아프리카의 기업들이 세계 최대의 시장에서 엄청난 수익을 올리고 있다는 의미가 된다.

2008년 아프리카의 대 중국 무역과 대 미국 무역은 유사한 형태를 갖고 있다. 구체적인 품목을 살펴보면 놀라울 정도로 흡사하다. 가장 비중 있는 수입 품목인 광물연료의 경우, 중국은 아프리카에서 전체 광물연료의 83.9%를 수입하고 있다. 동일한 품목에 대해 미국도 아프리카에서 86.1%를 수입하고 있다. 귀금속을 비롯해 대부분의 품목도 마찬가지다. 또 사하라 이남 아프리카에서 생산하는 석유를 가장 많이 수입하는 국가는 미국으로 37%에 이른다. 중국은 19%로 2위에 머물고 있을 뿐이다. 따라서 중국만이 아프리카에서 자원을 빨아들이고 있다는 미국 및 서방국가들의 비판과 비난은 그 자체가 불균형적 시각을 담고 있다고 볼 수 있다.

무역 부문 외에 서방국가들이 가장 문제로 삼고 있는 것은 중국의 고수요 에너지 부문 투자다. 1995년 중국이 아프리카에서 가장 먼저 석유 탐사를 실시한 국가는 수단이다. 수단의 석유 매장량은 67억 배럴로 사하라이남 아프리카에서 3위를 차지하는 석유 부국이다. 그럼에도 불구하고 빈약한 자본과 기술, 내전 등으로 1998년까지 석유 수입국가로 지냈다. 중국은 수단 진출 이후 20억 달러 이상을 투자해 석유 시추시설 외에 원유 정제 플랜트와 송유관 등의 시설을 건설하였고 수단 정부의 석유개발사업을 지원하였다. 중국의 막대하고 적극적인 지원으로 1999년 8월 30일 수단은 석유 부문 사상 처음으로 수출이 이루어졌고 현재 자체적으로 석유개발, 석유·가스 정제플랜트, 운송시설, 판매망 구축을 하였다. 석유와는 별개로 중국은 수단인들을 위해 학교, 에이즈(AIDS), 말라리아 치료를 위한 병원 신축 등 사회개발에도 적극적으로 지원하였다.

반면 미국의 셰브런(Chevron)은 수단에서 1974~1992년까지 18년간 석유를 생산했으나 수단 정부나 국민들의 삶에 영향을 줄 만한 기여를 한 사례가 없다. 또 다른 미국기업으로 텍사스에 본사를 둔 마라톤 석유회사(Marathon Oil Corporation)도 1980~1985년까지 수단에서 석유를 생산하였고, 캐나다의 최대석유회사 탈리스만에너지(Talisman Energy) 등 많은 서방기업들이 수단의 석유 생산에 관여했으나 오로지 이익만을 추구했을 뿐 인도적 기여를 한 사례는 찾아보기 어렵다.

또 다국적 기업 쉘(Royal Dutch Shell plc)은 나이지리아에서 50년간 석유를 생산했지만 나이지리아 국가 자체는 여전히 가솔린을 수입하고

〈표 8-1〉 2008년 아프리카와 중국, 아프리카와 미국 무역 프로파일

단위: %

분류	아프리카 → 중국	아프리카 → 미국	중국 → 세계
광물연료	83.9	86.1	2.5
귀금속	3.2	4.2	0.6
섬유	0.8	2.0	12.5
수송	0.0	1.7	5.0
비금속(卑金屬)	4.6	1.5	10.1
화학	0.7	1.3	4.8
조리식품	0.5	0.9	1.3
기계 및 전기	0.7	0.6	42.7
특수 품목	2.8	0.5	0.1
채소 · 과일	0.3	0.4	0.8
플라스틱 · 고무	0.3	0.3	2.9
목재	1.8	0.1	0.8
축산품	0.1	0.1	0.6
잡화	0.0	0.0	5.8
신발류 등	0.0	0.0	2.5
석재 · 유리 · 세라믹	0.0	0.0	1.6
펄프 · 종이	0.1	0.0	0.7
첨단장비	0.0	0.0	3.3
총 합계 (US $ million)	55,883	113,520	1,428,869

출처: US Department of Commerce and World Trade Atlas data in Sandrey and Edinger (2010).

있고 변변한 석유 시추, 생산시설 등을 소유하지 못하고 단지 원자재 생산국가로만 남아 있다. 이것은 비단 수단과 나이지리아 두 국가에서만 발견되는 사례가 아니라 아프리카 전역에서 지금도 벌어지고 있는 상황이다.

광산부문도 크게 다르지 않다. 지난 몇 년간 글로벌금융위기로 인해 '희토류'(*REEs: Rare Earth Elements*)를 제외한 모든 광산 채굴 기업들이 어려움에 직면하였고, 특히 실물자산 가치가 급락하며 중소규모의 광산과 외국 광산기업에 대한 의존성이 높은 아프리카는 유독 그 충격을 심하게 입었다. 투자자들은 아프리카로부터 발을 빼는 데 급급하였고 개발 프로젝트들은 기약 없이 중단되었다. 남부아프리카개발은행(DBSA: Development Bank of Southern Africa)에 따르면 금융위기 이전 2,361개에 달하던 광산 개발 프로젝트가 2009년 1,114개로 52.8%나 줄어든 것으로 나타났다. 초극빈국 국가들이 집중된 아프리카는 이 정도의 강한 충격을 흡수할 만한 완충 요소가 없어 수십만 명의 아프리카인들은 직장을 잃고 많은 가계들이 재정적인 어려움에 빠지게 되었다. 투자 약속이 중단되거나 버려진 프로젝트의 대부분은 서방기업들이 자행한 것이었다.

반면 중국 기업들은 약속했던 투자를 지속하거나 오히려 강화시켜 서방기업들이 포기한 위험 자산과 재정적으로 과도하게 책정된 자산에 투자하는 모습을 보였다. 예를 들어, 중국 진촨그룹은 캐나다 광산기업 앨비든(Albidon)이 보유하고 있던 잠비아 광산을 금융위기가 최고조일 때 인수하였다. 또 중국비철금속광업집단유한공사는 잠비아 구리광산의 생산량과 노동자들의 고용을 금융위기 이전 수준으로 유지하였다. 또 다른 중국 기업인 보사이미네랄그룹은 가나 서부에 위치한 워소(Awaso)의 보크사이트 광산을 인수하였다. 중국 국영기업들은 금융위기 기간에도 이전의 투자약속을 철저하게 이행함으로써 중국은 '투자를 받는 국가의 경제뿐만 아니라 정치적, 사회적 책임까지 짊어져야 한다'는 그동안의 공언을 일부분 실천해 보인 것이다.

중국의 책임감 있는 대 아프리카 정책 사례는 아주 흔하게 찾아 볼 수 있다. 말리가 자원부국이 아님에도 불구하고 중국은 1968년부터 첫 의료진을 파견한 후 현재까지도 무료 의술을 펼치고 있다. 또 2009년 니제르강의 두 번째 다리도 무료로 건설해 주었다. 말리 대통령 투레(Amadou Tounmany Toure)는 "후진타오 주석을 만나면 매우 당황스럽다. 중국은 우리가 원하는 모든 것을 공급하지만 우리는 보답할 것이 아무것도 없기 때문이다"라고 말했을 정도다.

클린턴 국무장관이 중국을 겨냥해 천연자원을 이용만 하고 떠난다고 한 발언은 오히려 서방국가들에게 더 적합하다고 볼 수 있다. 클린턴과 조니 카슨의 중국 비난 발언의 정확한 의미는 '미국이 2000년대 들어 중국에 비해 아프리카 진출에 많이 뒤쳐졌다'는 초조함과 세계사와 자국 역사에 대한 무지를 드러낸 것일 뿐이었다. 아프리카 국가들의 정책 결정자 및 학자, 시민단체들은 미국과 서방국가들의 중국위협론(*China threat theory*)과 중국을 향한 '포식자'라는 비판을 '서방의 위선'과 중국에 대한 '모함'으로 치부하고 있을 정도다. 또한 미국이 자국의 대외정책을 '패권적 국제관계론'(*theory of hegemonic international relations*)을 바탕으로 펼치고 있다는 것을 너무나도 명확하게 보여주고 있다는 의미도 된다. 즉, '초강대국은 다른 국가와 평등한 관계를 바라지 않으며 휴머니즘 또는 인권(정의)이라는 대의명분을 내세워 타국의 내정 개입과 경제 제재에 정당성을 부여하지만, 이 모든 것은 '국익'이라는 이름의 또 다른 표현일 뿐'이라는 것이다.

몇몇 아프리카 독재자들이 포함되기는 했으나 아프리카의 수장들은 미국, 영국, 프랑스 등 서방국가들의 아프리카에 대한 무기판매가 냉전이 종식된 이후에도 단 한 차례도 중단되지 않고 매년 계속 되고 있다는 것을 명백히 알고 있다. 따라서 중국의 아프리카 무기판매에 대해서만 유죄를 씌우는 것도 문제가 있다는 입장이다. 특히, 영국에 망명한 아프리카 인사들의 발언은 여러 번 곱씹어 볼 만하다. 그중 콩고민주공화국 출신의 학자는 "우리의 지도자들은 자국민의 신체에 해를 가하지만 그것은 서방의 지원이 있었기에 가능했다"고 말한다.

현재 중국과 아프리카의 새로운 동반자 관계는 아프리카를 무대로 새로운 전쟁, 즉 '경제 전쟁'을 상징하고 있다. 미국, 영국, 프랑스 그리고 다른 서방국가들이 과거 아프리카에서 누렸던 영향력이 21세기에도 유지되기를 바라기 때문이다. 중국은 2011년 아프리카 33개 국가와 투자촉진 및 보호협정을, 11개 국가와는 이중과세방지협정을 각각 체결했다. 2007~2009년에는 아프리카 국가들에 대해 50억 달러 규모의 우대차관을 제공하며 무역 및 투자 확대에 나서고 있으며, 그간 석유와 천연가스, 광물 광산에만 집중되어 있던 분포들이 최근 들어서는 제조업, 부동산, 서비스 등 다른 산업으로 확대되고 있는 추세다. 또 본격적으로 아프리카에 경제특구(*SEZ: Special Economic Zone*)를 조성 중이다. 이것은 중국의 의지가 아니라 아프리카 국가들의 적극적 구애로 성사되는 경우가 대부분이다. 미국의 영향력이 미치는 세계은행조차도 중국의 경제특구는 장차 아프리카 각국의 고용창출과 외환보유고를 늘리는 중요하고 다각적인 수입원 중 가장 핵심적 시설이 될 것이라고 긍정적으로 평가하였다. 실제로 아프리카 정부들의 계산에 의하면 경제특구에서 60개의 중국인 회사가 가동될 경우 최소 6만 개의 새로운 일자리가 창출될 것이라고 발표하였다.

이처럼 중국은 적어도 아프리카가 꼭 필요로 하는 개발에 적극 투자

〈표 8-2〉 아프리카에 조성 중인 중국경제특구

잠비아	•진척도 2007년 2월 건설 시작 2011년 완공 예정 •운영범위 제조업 부문 활성화 •세부사항 2억 5천~3억 달러 구리 제련소 건설, 중국비철금속유한집단공사 시공 •예상결과 국내 및 수출지향 산업, 구리와 다른 광물들의 안정적인 수급 가능
모리셔스	•진척도 2007년 7월 건설 발표, 2009년 9월 건설 시작 •운영범위 섬유 및 의류, 간단한 공학제품. 소수의 첨단 기구 생산 •세부사항 산시성텐리그룹, 타이위안강철공사 5억~7억 5천만 달러 투자 •예상결과 국내(COMESA*, SADC) 및 동남아시아지역으로 수출생산 가능, 3만 4천 개의 새로운 일자리 창출
이집트 수에즈	•진척도 2007년 건설 시작 •운영범위 간단한 제조업. 물류 및 부가가치 서비스 •세부사항 텐진경제기술개발구와 이집트투자청(GAIF)이 공동투자로 설립 •예상결과 EU와 중동지역을 겨냥한 무역허브로서의 기능, 100여개 이상의 중국인 기업 투자 예상
나이지리아 레끼 (Lekki)	•진척도 2007년 발표 •운영범위 중국회사들의 제조 및 조립가공 중심지 육성 •세부사항 중국토목공학그룹유한공사, 중국철건설투자공사, 나이지리아 라고스주(Lagos) 지분 20%, 레끼세계투자회사 공동투자로 설립 •예상결과 나이지리아 자체 및 아프리카 공급, EU시장을 겨냥한 제품 생산
나이지리아 오군주 (Ogun)	•진척도 2007년 발표 •운영범위 약 100여 개의 중국인 기업, 수출가공구(원료, 부품 무관세 수입) •세부사항 중국국가개발은행과 나이지리아연합은행 공동투자로 조성 •예상결과 나이지리아 자체 및 아프리카 공급, EU시장을 겨냥한 제품 생산
시에라리온	•진척도 운영 중 •운영범위 20개 중소규모의 중국인 기업 입주 완료 •세부사항 허난(河南) 고우지그룹이 설립 및 건설 총괄 •예상결과 샴푸, 비누 등 생활필수품 간단한 제조업 성장
탄자니아	•진척도 2008년 발표 •운영범위 잠비아 구리생산지역에서 채굴된 상품의 환적(trans-shipment) 허브(hub) •세부사항 중국개발은행 검토 중 •예상결과 탄자니아, 잠비아뿐만 아니라 남아프리카 지역 교통의 중심지 역할 기대

주: *COMESA: Common Market for Eastern and Souther Africa. 코메사 '동남아프리카 공동시장' 동남아프리카 지역의 안보 및 상호협력을 강화하기 위해 1994년 설립, 총 21개 회원국, 인구 3억 5천만 명의 거대기구.

출처: compile information from various sources. Danchie(2010). Brautigam(2011).

하고 있다. 아프리카에서 유럽인들이 남기고 간 인프라 부족의 격차를 빠르게 줄이고 있는 것이다. 중국의 정책결정자들은 아프리카에 "우리는 당신들이 원하는 어떤 인프라도 구축해 줄 것이다. 그것은 어떤 형태로든 당신들의 국가의 미래에 영향을 미칠 것이다"라는 강력한 메시지를 전하고 있다. 그렇다면 중국의 열성적 아프리카 지원을 중국의 입장에서만 접근해 볼 것이 아니라 아프리카의 입장에서 접근해 본다면 어떨까. 아프리카의 중국에 대한 경제적 의존성이 높아지는 만큼, 중국 또한 (아프리카에 대한 경제적 의존성이라고까지는 표현하기 어렵지만) 자국의 경제에 미치는 아프리카 경제의 영향력이 미약하나마 높아지고 있다고 볼 수 있다. 즉 아프리카 국가들이 중국의 지원을 정치 안정과 더불어 경제 및 사회 전 부문에 걸쳐 유용하게만 사용한다면 "자원 부국은 결코 경제적으로 부유한 국가가 될 수 없다"는 '자원의 저주'(*resources curse*)를 '자원의 축복'(*resources blessing*)으로 변신시킬 수 있는 레버리지로 활용할 수도 있다는 것이다. 이것이 바로 '타산적 상호의존성의 실체'라고 할 수 있다.

클린턴 국무장관이 잠비아에서 "중국의 일방통행식 통제경제는 개발도상국들의 모델이 될 수 없다"고 했으나 실제로는 일방통행식이 아닌 광범위한 분야의 협력과 타산적 상호의존성이 명백하게 확인되었다. 중국과 아프리카의 관계를 그동안 '앙골라 모델'(*Angola Model*)이라는 자원과 현금 교환 형식의 단순한 관계로 낙인찍었던 것은 양측이 가진 강점의 표면적 면만을 부각했기 때문에 발생한 오류였던 셈이다.

분명한 것은 아프리카 대부분의 국가에서 중국식 경제 모델의 아프리카 도입을 긍정적으로 인식하고 있다는 것이다. 나이지리아의 저명한 역사학자 페미 아코몰라페(Femi Akomolafe)는 "중국의 급속한 경제 변화는 아프리카에서 우리들에게 특별한 시사점을 제공하고 있다"고 언급하기도 했다. 따라서 중국과 아프리카 사이의 '타산적 상호의존성'의 정의는 다음과 같이 내릴 수 있다.

> 타산적 상호의존성이란, '양 국가의 이해요소가 서로 맞물려 상대국의 인적 · 물적자원 이용을 목적으로 원조 및 교역 관계에 주력하는 한편, 윤리 및 정의 등 이타적인 가치관이 반영되는 상대국의 정서 · 사회적 쟁점에는 탄력적으로 대처하여 서로 자국의 정서, 경제, 안보 및 사회에 최대한의 이익을 도모하고자 하는 성향'을 말한다.

현재 중국과 아프리카는 타산적 상호의존성 관계를 공고히 다져가며 냉전시대 사용하던 '형제'라는 표현을 다시 사용할 정도로 급속하게 가까워진 상태다.

3. 중국과 아프리카의 미래

2000년 9월 전 세계 187개국 정상과 정부 대표들이 새로운 세기에 접어들어 인류가 맞이하게 될 미래에 대해 토론하고자 뉴욕 UN본부에서 새천년 정상회의(Millenium Summit)를 갖고 지난 세기 동안 해결하지 못하고 남겨진 각종 개발의 난제들을 공동으로 해결하자는 천년선언에 서명하였다. 세부적인 실천계획으로는 'UN새천년개발목표'(UN Millennium Development Goals) 8개항을 다음과 같이 수립하였다. ① 절대빈곤 및 기아 퇴치, ② 보편적 초등교육 달성, ③ 남녀평등 및 여성능력 고양, ④ 아동 사망률 감소, ⑤ 모성 보건 증진, ⑥ HIV, AIDS, 말라리아 및 기타 각종 질병 퇴치, ⑦ 지속가능한 환경보전, ⑧ 개발을 위한 범지구적 파트너십 구축을 목표로 제시하고 있다.

아프리카의 UN새천년개발목표 달성을 위해서는 최우선적으로 외국 부채, 병원, 학교 등 공공시설의 부족, 비위생적인 환경, 식량 부족 등의 문제가 해결되어야 할 것이다. 중국은 이런 사항들에 대해 큰 관심을 가지고 아프리카인들의 삶의 질을 높이기 위해 노력하고 있다. 의료 서비스 개선, 학교 설립, 농업 생산량 증가지원, 재난구호, 채무탕감 등 각종 사회 공공복지시설 건설과 인도적 지원을 병행하며 개선 계획을 도모하고 있다. 적극적인 공공복지시설 구축의 예로는 저렴한 주택건설, 공용우물 파기, 급수시설 개선, 하수처리, 라디오와 TV 방송국 설립, 통신네트워크 연결 등이 있으며 아프리카인들의 직접적인 생활수준 향상에 크게 기여하고 있다. 실제로 저렴한 주택건설 프로젝트가 진행 중에 있는 앙골라, 에티오피아, 모잠비크, 세이셸(Seychelles)의 경우, 지역 주민들의 거주 수준(*dwelling condition*)이 개선된 것으로 확인되었다. 또 공용우물 파기 프로젝트가 진행 중인 세네갈, 적도기니, 나이지리아와 급수시설 개선 프로젝트가 진행 중인 탄자니아, 니제르의 경우도 많은 주민들의 식수문제가 해결된 것으로 확인되었다. 또 적도기니의 경우 국영 TV 방송국 시설이 업그레이드되어 TV전파 범위가 전국으로 확대되었다.

중국의 관심은 식량 부문에서도 높은 수준을 유지하고 있다. 식량의 안정적인 공급과 확보는 빈곤 완화에 필수적 요소다. 이를 잘 인지하고 있는 중국은 아프리카의 농업 생산량 증대에 대규모 지원을 하고 있다. 2009년 말까지 '농업시범사업소', '농업기술보급센터', '농장' 등 142개의 농업관련 프로젝트 건설을 직·간접적으로 지원했다. 또 아프리카 전역에 14개의 '농업특수기술시범센터'를 설립하고 대규모 농업관련 장비와 농업 재료를 제공하였다. 부채탕감에 있어서도 서방국가나 국제금융기구보다 통 큰 결단을 내리고 있다. 2000~2009년 아프리카 35개국의 대중국 부채 312건 총 189억 6천만 달러를 전액 탕감해 준 바 있다.

4. 의료

중국의 대 아프리카 정책들 중 대표적인 것으로는 장기저리의 차관 제공, 부채탕감, 사회간접자본시설 건설, 무기 제공 등이 있지만 이러한 정책은 일관성이 결여되어 있기 때문에 집행과정에서 축소되거나 변경되는 경우가 잦았다. 그러나 중국의 대 아프리카 정책 중 오직 다음의 두 가지만은 탈냉전 이후에도 전혀 변함없이 진행되고 있다. 바로 '국가위상프로젝트'(National Prestige projects) 라고 할 수 있는 헬스프로그램(외교) 과 교육프로그램이다.

아프리카의 의료와 교육은 중국이 제일 큰 관심을 갖고 있을 뿐만 아니라 장기적으로 시행해 온 부문이다. 먼저 의료부문을 살펴보면 대표적인 예로 2006년 제 3회 FOCAC에서 후진타오가 직접 천명한 "2009년 이내 30개의 병원 건립, 30개의 항말라리아예방치료센터 설립"계획을 들 수 있다. 실제로 중국은 2009년 30개 항말라리아예방치료센터를 완공하였고 3천만 달러가량의 항말라리아 약품을 공급해주었다. 게다가 글로벌금융위기가 닥쳤음에도 오히려 당초 약속보다 더 많은 54개의 병원을 건립을 완료하였다. 2009년 제 4회 FOCAC에서 원자바오(溫家寶) 총리는 항말라리아 약품 공급과 예방 클리닉 등의 지원을 2006년의 두 배로 늘리고 3천 명에 달하는 아프리카인 의사와 간호사들의 교육을 전면 책임질 것이라고 약속했다. 이미 2002년부터 장쑤성기생충제어센터(江蘇省血吸虫病防治研究所) 에서는 아프리카 43개국

169명의 의료진들에게 항말라리아 관련 교육을 실시하고 있으며, 세네갈에도 전문 의료진을 파견해 180명 이상의 현지 의사와 정부 의료 관계자들에게 항말라리아 교육을 실시하였다. 또 2003년부터 마다가스카르, 케냐, 카메룬 현지에서도 항말라리아 교육프로그램을 실시해 왔다. 케냐 나이로비에는 중국 말라리아 전문가들이 상주해 아프리카 14개국의 의료진들이 매주 한 번씩 참석하는 항말라리아 프로그램도 운영 중이다.

사실 아프리카의 의료부문에 대해 중국 최고 지도자들이 직접적 지원 발언을 아끼지 않고 실제로도 가장 큰 관심과 막대한 자금을 쏟는 이유는 따로 있다. 미국의 싱크탱크 '퓨리서치센터'(Pew Research Center)의 2007년 설문조사 '세계는 중국을 어떻게 보는가'(How the World Sees China)에 따르면 대부분의 아프리카 국가들이 중국을 바라보는 시각이 매우 우호적인 것으로 나타났다. 코트디부아르와 말리의 경우 응답자의 92%가 중국에 우호적이라고 답했으며, 케냐, 세네갈, 가나, 나이지리아, 탄자니아, 에티오피아의 국민들은 67~81%가 우호적이라고 답했다. 이처럼 의료지원은 수혜국의 정치권뿐 아니라 국민들에게 직접적이고 즉각적으로 긍정적 영향을 미치기 때문에 대단히 중요한 외교적 수단이 되어 버린 것이다. '헬스외교'라고 표현되는 중국의 아프리카 의료지원의 역사는 매우 깊고 그 영향력 측면에서도 매우 효율적이라는 것이 냉전기간에도 여러 차례 입증되었다. 대표적인 예로 아프리카 국가들이 1972년 중국의 UN 가입을 지지하고 찬성하게 된 데는 중국 의료진의 활동이 적지 않은 영향을 끼쳤다는 것은 이미 잘 알려진 사실이다. 이러한 영향력은 냉전 종식 이후에도 지속되어 2001년 모스크바에서 열린 제 112회 국제올림픽위원회총회에서의 2008년 제 19회 올림픽 개최지를 선정할 때에도 베이징을 지지하는 아프리카의

〈표 8-3〉 아프리카의 중국 항말라리아센터

국가	설립년도	위 치
라이베리아	2007.2.1	몬로비아(Monrovia, 수도)
차드	2007.12.28	엔자메나(N'Djamena, 수도) 프리덤병원
세네갈	2007	다카르(Dakar, 수도)
부룬디	2008.3.27	부줌부라(Bujumbura, 수도)
우간다	2008.5.15	캄팔라(Kampala, 수도) 물라고병원(Mulago Hospital)
콩고공화국	2008.8.13	브라자빌(Brazzaville, 수도)
가봉	2008.9.28	리브르빌(Libreville, 수도) 중국가봉협력병원 (China-Gabon Cooperation Hospital)
베닝	2008.11.1	—
기비니사우	2008.12.10	비사우(Bissau, 수도)
토고	2009.1.7	로메(Lome, 수도)
말리	2009.2.13	바마코(Bamako, 수도) 카디병원(Kadi Hospital)
카메룬	2009.3.26	야운데(Yaounde, 수도) 여성아동병원(Women & Children Hospital)
코트디부아르	2009.4.7	아비장(Abidjan, 행정수도)
르완다	2009.5.8	—
적도기니	2009.6.7	바타(Bata)
잠비아	2009.6.26	루사카(Lusaka, 수도)
코모로	2009.7	—
마다가스카르	2009.10.6	안타나나리보(Antananarivo, 수도)
수단	2009.10.14	에드다마진(Ed Damazin)
중앙아프리카 공화국	2009.10.25	방기(Bangui, 수도)
가나	2009.10.28	아크라(Accra, 수도)
앙골라	2009.10.23	루안다(Luanda, 수도)
기니	2009.11.6	코나크리(Conakry, 수도)
모잠비크	2009.11.25	마푸토(Maputo, 수도)
시에라리온	2009.11.30	—
탄자니아	2009.11.30	—

주: — 항말라리아 센터개설에 관한 중국 측과의 조인식 서류, 사진 등의 자료는 있으나 정확한 위치는 언급되지 않음.

출처: compiled information from various sources. The Forum on China-Africa Cooperation 2011(2011). 중국외교부 홈페이지, 중국상무부 홈페이지.

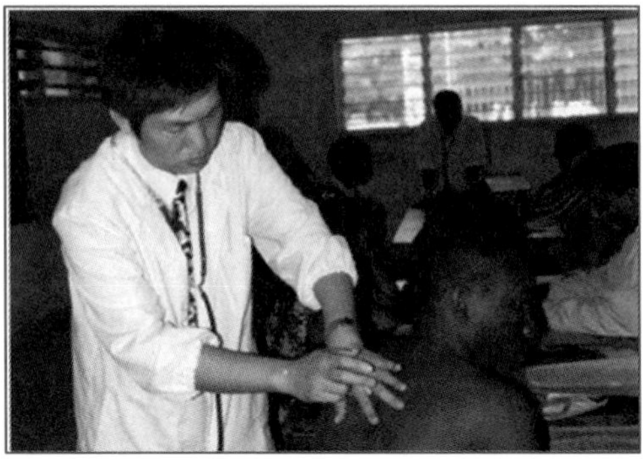

탄자니아에 파견된 14번째 중국 의료팀. 출처: 주영국 중국 대사관.

몰표(*en bloc*)가 또 한 번의 결정적 역할을 수행했다.

실제로 중국의 아프리카에 대한 의료지원의 역사는 47년에 달할 정도로 매우 길다. 1962년 알제리전쟁의 패배로 프랑스는 알제리에 남아 있던 모든 의료 관련 인력을 철수시켰다. 알제리 적십자사와 보건부 장관은 당시 우호적 관계였던 중국에 의료진 파견을 요청하였다. 중국은 1963년 4월 아프리카 국가로서는 최초로 알제리에 중국인 의료진(CMT: Chinese Medical Teams)을 파견하였다. 이후 알제리에 대한 모든 의료관련 업무는 후베이성 위생청(衛生廳)이 맡도록 하였다. 후베이성 위생청은 1997년부터 레소토까지 담당하게 되었고 2006년까지 의사, 간호사 등 3천 명의 의료진을 파견하였다. 전(前) 주부르키나파소 미국대사와 주에티오피아 미국 대사를 역임한 데이비드 신(David Shinn)은 2006년 'Africa, China and Health Care'에서 자신이 경험한 중국의 의료진에 대해 언급했다.

> 중국 의료진들은 중국 전통약제를 제공하기도 했다. 최근 모리타니에 도착한 의료진 구성은 촬영, 정형외과, 전염병학, 부인과, 외과, 안

〈표 8-4〉 1963~2008년 중국 성(省) · 자치구(自治區) · 직할시 위생청의 의료팀 담당 아프리카 국가

국가	담당 성, 자치구, 직할시	첫 파견 연도	변경 사항
알제리	후베이(湖北)성	1963.4	내전으로 1995년 철수, 1997년 재파견
잔지바	장쑤(江蘇)성	1964.8	
소말리아	지린(吉林)성	1965.6	내전으로 1991년 철수
콩고공화국	톈진(天津)	1967.2	내전으로 1997년 철수, 2000년 12월 재파견
말리	저장(浙江)성	1968.2	
탕가니카 (탄자니아)	산둥(山東)성	1968.3	
모리타니	헤이룽장(黑龍江)성	1968.4	
기니	베이징(北京)	1968.6	
수단	산시(山西)성	1971.4	
적도기니	광둥(廣東)성	1971.10	
시에라리온	후난(湖南)성	1973.3	내전으로 1993년 철수, 2002년 12월 재파견
튀니지	장시(江西)성	1973.6	1994년 첫 침술센터 설립
콩고민주 공화국	후베이(湖北)성	1973.9	전쟁으로 1997년 철수, 2006년 재파견
에티오피아	허난(河南)성	1974.11	1979년 9월 철수, 1984년 12월 재파견
토고	상하이(上海)	1974.11	
카메룬	상하이(上海)	1975.6	1979년 철수, 1985년 산시성 의료진 파견
세네갈	푸젠(福建)성	1975.7	1996년 철수, 2007년 재파견
마다가스카르	간쑤(甘肅)성	1975.8	

〈표 8-4〉 계속

국가	담당 성, 자치구, 직할시	첫 파견 연도	변경 사항
모로코	상하이(上海)	1975.9	2000년 장시성 의료팀 증원
니제르	광시좡족(廣西壯族) 자치구	1976.1	1992년 7월 철수, 1996년 12월 재파견
모잠비크	쓰촨(四川)성	1976.4	
상투메프린시페	헤이룽장(黑龍江)성	1976.6	중국과의 단교로 1997년 철수
부르키나파소	베이징(北京)	1976.6	대만과 수교 1994년 철수
기니비사우	구이저우(貴州)성	1976.7	1990년 철수, 2002년 쓰촨성 의료팀 재파견
가봉	톈진(天津)	1977.5	
감비아	톈진(天津)	1977.5	1991년 광둥성 의료팀으로 교체, 1995년 철수
베닝	닝샤후이족(寧夏回族) 자치구	1978.1	
잠비아	허난(河南)성	1978.1	
중앙아프리카 공화국	저장(浙江)성	1978.7	1991년 7월 철수, 1998년 8월 재파견
차드	장시(江西)성	1978.12	1979년 철수, 1989년 재파견. 1997년 철수, 2006년 재파견. 2008년 2월 철수, 5월 재파견
보츠와나	푸젠(福建)성	1981.2	
지부티	산시(山西)성	1981.2	

〈표 8-4〉 계속

국가	담당 성, 자치구, 직할시	첫 파견 연도	변경 사항
르완다	네이멍구(內蒙古) 자치구	1982.6	
우간다	윈난(雲南)성	1983.1	
짐바브웨	후난(湖南)성	1985.5	
리비아	장쑤(江蘇)성	1983.12	계약만기로 1994년 철수
카보베르데	헤이룽장(黑龍江)성	1984.7	1998년 2월 쓰촨성 의료진으로 교체해 파견, 이후 후난성 의료진으로 재교체 파견
라이베리아	헤이룽장(黑龍江)성	1984.7	1989년 철수, 2005년 재파견
세이셸	광시좡족(廣西壯族) 자치구	1987.5	
부룬디	광시좡족(廣西壯族) 자치구	1986.12	칭하이성 의료진으로 교체
나미비아	저장(浙江)성	1996.4	
코모로	광시좡족(廣西壯族) 자치구	1994	
레소토	후베이(湖北)성	1997.6	
에트리아	허난(河南)성	1997.9	
앙골라	쓰촨(四川)성	2007	의료진 숙소 미비로 연기됨, 첫 의료진 2009년 6월 23일 도착
말라위	산시(山西)성	2008.6	
가나	광둥(廣東)성	2008	의료진 출발 2009년 12월

출처: 희토류 자원전쟁(2011). Li Anshan(2011).
주: 1979~1980년 덩샤오핑의 개혁 개방 정책으로 아프리카의 이념적 중요성이 사라져 중국은 아프리카에 의료진 파견을 중지함.

과, 수화학(水化學), 세균학, 바이러스학 전문의와 전문가가 포함되어 있었다. 중국 의료진들은 아프리카 의사들조차 왕진하기를 대단히 꺼려하는 시골지역과 외딴지역에서도 적극적으로 의료활동을 펼쳤다.

이외에도 중국 의료진들의 진정성이 묻어나는 의료활동에 관한 사례는 무수히 많다. 한번 파견에 2년간 현지에서 활동하는 중국의 아프리카 헬스외교는 단기간의 원조에 그치는 것이 아니라 철저한 연계 시스템을 구축해 각 성·자치구·직할시가 담당 국가를 책임짐으로써 장기간 수준 높은 의료서비스를 제공했다. 1963년 아프리카에 최초로 의료팀을 파견한 이후 현재까지 2만 명에 달하는 의사, 간호사를 비롯한 의료관계자들이 아프리카 47개국 2억 명 이상의 아프리카 환자를 진료하였다. 탄자니아에서만 19년 동안 10만 명 이상의 에이즈(AIDS) 환자들을 돌봐오고 있으며 2008년 통계에 따르면 47개의 의료팀 1,235명의 의사 및 간호사들이 아프리카 122개 병원에서 활동하고 있는 것으로 파악되었다. 또 2009년에도 45개 의료진 9백 명이 아프리카 44개국 100개의 병원 및 관련 시설에서 활동하고 있는 것으로 파악되었다. 이처럼 무려 47년간 끊임없이 지속되고 있는 중국의 아프리카 의료지원은 아프리카 국민들의 신체뿐만 아니라 마음까지 자연스럽게 친중국 성향으로 변화시키고 있다.

5. 교육

2006년 제3회 FOCAC에서 공개한 '2007~2009 베이징 액션플랜'에는 아프리카 교육프로그램에 대한 지원을 강조하고 있다. 중국은 3년 동안 1만 5천 명의 아프리카인에게 다양한 교육을 제공하기로 했고, 아프리카 장학생 수를 2006년 2천 명 수준에서 해마다 증가시켜 2009년에는 4천 명까지 늘리기로 했다. 2009년 이집트 샤름 엘 셰이크(Sharm el Sheikh)에서 열린 제4회 FOCAC에서는 매년 4천 명의 장학생을 2012년 5천 5백 명으로 확대하기로 약속하였다. 또 1천 5백 명의 교사와 교장, 중국 대학 또는 전문대학 20개와 이에 상응하는 아프리카 교육기관과의 1 : 1 협력 강화 프로그램인 '중국·아프리카대학 20+20 협력계획'(中非高校 20+20 合作計划)을 시행하기로 하였다. 다만 제3회 FOCAC에서 약속했던 아프리카 시골지역 100개 학교 건립은 중국·아프리카친선학교 50개를 3년 이내에 건립하는 것으로 대체되어 사실상 축소되었다. 특별히 중국과 아프리카의 과학·기술 협력을 강화하기 위해 아프리카 국가 과학기술분야 100명의 박사 취득 후 과정을 중국 관련기관에서 진행할 수 있도록 하였다. 또 중국에서 단기간 직업 훈련 과정을 수료할 수 있는 아프리카인 수를 2003년 6천 명에서 2만 명으로 확대하였다.

중국의 아프리카 교육부문의 투자와 지원을 경제적 측면에서 접근해보면 단기적으로는 전혀 경제적이지 못하고 중장기적으로도 명확한 이익이나 수익을 수치화하기 불가능하다. 그럼에도 불구하고 중국의 아프리카 교육부문에 대한 관심은 아프리카 첫 수교와 함께 시작되었을 정도로 장구한 정통성을 자랑한다.

1955년 반둥회의 이후 한 달 만에 중국과 아프리카는 '문화교류협정'

에 서명했다. 4년 후인 1956년 1월, 중국은 처음으로 이집트 학자 네 명과 학생 네 명을 자국에 초청하였고 학비, 생활비 등 모든 것을 부담하였다. 1957년에는 말라위, 카메룬, 우간다, 케냐에서 10명의 아프리카 장학생을 추가로 선발하였다. 다만 냉전기간 중국의 교육지원혜택을 받은 아프리카 인재와 장학생 전체에 대한 정확한 수치나 통계는 존재하지 않는다. 단편적으로 1962년 118명의 아프리카 장학생이 중국에서 수학한 것으로 나타났다. 차드 1명, 콩고 3명, 가나 4명, 카메룬 36명, 케냐 2명, 소말리아 48명, 로디지아 1명, 수단 1명, 우간다 4명, 잔지바르 18명이 이에 해당한다. 1998년 이후 폭발적으로 늘어나기 시작한 아프리카 장학생은 2001년 1천 2백 명을 돌파하였고 2005년에는 아프리카 국가당 평균 26명이 장학생으로 선발되는 것으로 파악되었다.

중국 교육부에서 제공하는 자료에 따르면 2006년 3,737명, 2009년 12,436명의 아프리카 학생들이 중국에서 유학생활을 한 것으로 확인된다. 또 2008년 중국교육부는 1950년대부터 스와질란드, 부르키나파소, 상투메프린시페를 제외한 50개국 총 1만 7천 명 이상의 아프리카 장학생을 선발해 중국에서 다양한 교육혜택을 제공했다고 발표하였다. 중국에서 교육받은 대표적인 고위 인사로는 에리트레아의 '이사이아스 아페웨르키'(Isaias Afewerki) 대통령, 콩고민주공화국의 '로랑 데지레 카빌라'(Laurent-Désiré Kabila) 전(前) 대통령과 '조지프 카빌라' 현(現) 대통령 등이 포함된다.

중국은 아프리카에 50년 이상 변함없이 '국가위상계획'을 실천함으로써 각계각층의 인사들로 구성된 인적 네트워크를 축적하였다. 또한 탈냉전 이후 중국의 대 아프리카 경제정책 진행과정에서 이들을 활용함으로써 성공적인 결과를 얻고 있다. 중국이 중장기적으로 대규모의

2011년 4월 20일 케냐 나이로비 대학을 방문한 리장춘 위원은 보다 많은 아프리카 학생들이 중국에서 고등교육을 받을 수 있도록 하겠다고 천명하였음. 출처: 신화사(新華社).

지중파(知中派), 친중파(親中派) 등 제대로 된 현지 전문가 수의 증가와 확산을 위해 심혈을 기울이고 있다는 것을 알 수 있다. 이것이 미래의 중국과 아프리카의 관계 증진에 든든한 밑거름이 될 것이라는 데는 이견이 없을 정도다. 중국정부는 자국에서 공부를 마친 학생들이 아프리카로 귀국해 일부는 분명히 공공부문과 민간부문의 여러 기관과 기업에서 중국과 아프리카의 관계에 중요한 역할을 할 것이라는 것을 믿어 의심치 않고 있는 것이다.

아프리카 최초의 장학생 네 명중 한 명이었던 헤바 에나야프(Heba Enayaf)는 1961년 이집트로 돌아가 화가로서 명성을 쌓았다. 그는 중국과 이집트의 우호를 위해 평생 다양한 사회 문화 활동에 힘썼다. 중국은 이에 대한 감사의 표시로 2002년 중국인민대외우호협회(中國人民對外友好協會)와 중앙미술학원(中央美術學院) 공동으로 헤바 에나야프 부부를 위해 '부부의 작품과 예술인으로서의 삶에 대한 회고전'이라는 성대한 전시회를 마련해 주었다.

중국의 의료와 교육부문의 지원은 형상화하기 어려운 아프리카인들의 '정신'이라는 무형자원에 대한 투자로 장차 천연자원보다 더 높은 가치와 이익을 중국에 선사해 줄 것이다. 중국과 아프리카 간에는 분명히 장애요소도 다수 존재한다. 서방국가들의 이간정책과 견제, 중국인의 아프리카 이주문제, 무역충돌, 환경오염 등 전방위에 걸쳐 수많은 마찰과 충돌이 발생할 것이다. 그러나 중국이 아프리카인들의 마인드를 친중 성향으로 서서히 붉게 물들여 놓는 한 아프리카와의 우호적 관계는 오랫동안 유지될 것이다.

9

한국의 선택

1. 한국의 현재 상황 – 문제점과 한계

현재 아프리카가 성장 잠재력이 매우 큰 신흥시장이라는 인식이 확산되면서 전자, 자원, 자동차부문의 한국 대기업들이 속속 진출하고 있다. 삼성, 엘지, 포스코, 현대차 등 한국 대표기업들은 사회공헌 활동에 적극적으로 참여하고 다양한 프로그램을 선보이면서 현지시장에 적합한 마케팅 전략과 제품들을 선보이며 점유율과 자원획득률을 높이고 있다. 실제로 삼성은 '아프리카 맞춤형'(*Built for Africa*) 제품을 선보이고 있다. 예를 들어, 전력이 불안정하고 물이 부족한 지역을 상대로 에너지 효율은 70%까지 높이고 물은 30% 이상 절약할 수 있는 세탁기, 전기충전이 가능한 TV, 태양전지로 충전하는 넷북, 삼중보호막(*Triple Protector*) 에어컨 등 아프리카 현지에 적합한 제품을 생산하는 연구개발센터를 설치해 아프리카 시장 특성에 맞는 제품만 따로 생산하고 있다.

아프리카의 자원획득과 시장확대의 중요성을 인식하고 한국 정부도 다양한 시도를 진행했다. 2006년 '아프리카 개발을 위한 한국 이니셔티브'를 발표하였으며, 외교통상부가 운영하는 2009년 11월 '제 2회 한·아프리카 포럼'을 통해 2008년 1억 달러 규모였던 아프리카에 대한 공적개발원조 규모를 2012년까지 두 배 이상 증액시킨다는 '서울선언'을 채택하였다. 기획재정부는 '한·아프리카장관급경제회의'(KOAFEC: Korea Africa Economic Cooperation)를 운영하고 있으며, 지식경제부는 2011년 이미 '제 4차 한국·아프리카 산업협력포럼'을 개최하였다. 이를 통해 국내 민간기업이 아프리카 해외자원 개발에 적극적으로 참여할 수 있도록 금융·세제 등 다양한 지원방안을 마련하고 있다. 그러나 한국 기업들은 적극적이고 유연한 시장 접근법으로 현명하게 길을 개척하고 있는 듯한 반면 한국 정부의 계획에는 벌써부터 한계가 보이는 듯하다.

현재 민간기업이 해외자원개발에서 겪는 장애물은 중국 등 경쟁국에 비해 상대적으로 불리한 금융여건과 이로 인한 대규모 투자재원 확보가 어렵다는 것이다. 게다가 더 큰 문제는 한국 정부가 마련한 아프리카 해외자원 개발 촉진방안이 여타 국가에 대한 다른 방안들과 별다른 차별성이 없이 단기적 정책에 지나지 않는다는 것이다. 특히 금융지원 부문에서는 현재의 여건에서 중국과 경쟁하는 것이 거의 불가능하다. 예를 들어 중국 국영기업들은 2009년 상반기에만 해외 천연자원 확보에 609억 달러(약 72조 8천억 원, 차관 455억 달러, 직접투자 154억 달러)를 사용하여 8개 이상의 해외 자원 기업에 투자하거나 인수하였다. 이것은 한국의 2009년 한 해에 해당하는 에너지 자원 투자 목표액인 52억 달러의 약 12배에 해당하는 것으로, 동일 기준(상반기) 대비 약 24배에 달하는 액수다.

한국은 먼저 거시적이면서도 면밀한 계획 없이 중국의 원조, 차관제공, 사회간접자본시설 건설 등과 같은 거대 프로젝트를 단지 겉으로 보이는 대로 벤치마킹하는 근시안적 태도에서 벗어나야 한다. 외교부, 지식경제부, 재정부에서 각각 따로 운영 중인 아프리카회의를 하나로 통합하여 불필요한 낭비를 줄이고 회의의 진정성 및 사업규모를 높여야 하며 다각적으로 계획을 조율하고 최종 결정을 내릴 수 있는 컨트롤타워 시스템을 구축해야 한다. 또한 컨트롤타워 산하에 예산확보 및 집행권한을 반드시 부여해 실질적으로 대외원조 업무를 총괄할 수 있도록 해야 한다. 이렇게 하고자 한다면 비록 현재의 여건에서는 인력과 자원의 추가적 투자가 불가피하겠지만, 미온적 자세로 어영부영하기보다는 또렷한 목표를 갖고 한·아프리카협력포럼을 국가수반들이 참석할 수 있는 규모로 확대해 보다 효과적인 자원외교의 장으로 거듭날 수 있도록 만들어야 한다.

개선이 요구되는 또 다른 부분은 바로 무분별하게 집행되는 무상원조다. 2009년의 경우를 살펴보면 외교부가 집행한 3,960억 원 외에 교과부, 행안부, 공정거래위원회, 관세청 등 25개 중앙 부처가 947억 원을, 서울, 인천, 부산, 대구 등 지자체는 28억 9천만 원을 지원한 것으로 나타났다. 무상원조를 관리하는 외교부를 거치지 않은 기관만 무려 35개에 달하고 이렇게 부처별 생색내기 식으로 뿌려진 무상원조액수를 모두 한데 모으면 총 977억 원에 달한다. 이처럼 주먹구구식으로 각기 다른 부처에서 원조를 하다 보니 오히려 역효과가 나기 일쑤다. 특히 일부 지자체단체장들과 공무원들은 최소한의 전문성도 없이 전시성 원조를 반복하며, 장기간이 요구되는 계획 하에서 지속적이고 꾸준한 관리가 필수인 공적개발원조의 성격을 무시한 채 단발적 지원으로 끝나는 경우가 많아 혈세 낭비와 수혜국의 불만을 고조시키고 있다. 그중

한 가지 예로, 한국국제협력단(KOICA)은 남아공의 '국립기능훈련검증원'(INDLELA: Institute for the National Development of Learnerships Employment Skills and Labour Assessments)에 현지에서는 보기 어려운 고급 직업훈련용 기자재 등을 보내주었으나, 원조는 거기서 끝이 났다. 장비의 사후관리가 되지 않으니 주요 부품 및 자재의 조달이 원활히 이루어지지 않아 단순한 고장임에도 불구하고 수리가 불가능해서 결국 폐물로 전락하는 경우가 발생하는 것이다. 또 2011년 감사원의 자료에 따르면 2005~2006년 KOICA의 대표사업이라는 '국립소아병원 현대화사업'에는 240만 달러를 무상 원조하여 6천만 원 상당의 성인용 기관지 내시경을 지원하였다. 그러나 성인용이었기 때문에 소아들에게는 사용할 수 없어 활용도가 낮아 아쉬운 소리를 들어야 했다. 또 이 병원의 어린이 신경질환 검진에 필수적인 뇌파기록 장치를 2억 7천6백만 원을 들여 공급하였으나 해당장치의 자료판독을 위해서는 6개월의 교육이수가 필요했다. 그러나 장비만 공급했지 교육은 제공하지 않은 탓에 비싼 장비는 결국 무용지물이 된 문제 등이 지적되었다. 또 KOICA는 필리핀 다구판(Dagupan) 수산물 가공공장 건립사업에 220만 달러를 지원했으나 수산물 운송에 반드시 필요한 냉동탑차 등은 지원하지 않아 공장이 완공된다 하더라도 제대로 활용하기 어려울 것으로 예측하고 있다.

한국수출입은행은 라오스 루앙프라 지방국립대학교 설립사업에 2억 2,164만 달러를 지원했으나 현지 운영자들에게 충분한 교육훈련을 제공하지 않아 무려 18만 4,860만 달러에 달하는 IT 컨트롤시스템 4대가 바이러스에 감염되어 운영이 불가능한 상태이며, 41만 7,730달러의 학사관리시스템도 활용하지 못하고 있는 것으로 나타났다.

이처럼 대외지원 자원사업의 중간점검과 지속적인 모니터링의 부재

2011년 6월 탄자니아에 개관한 '고맙습니다 작은 도서관'. 출처: MBC 공동 캠페인 고맙습니다 작은 도서관.

로 국민의 혈세가 해외에서 줄줄 새고 있다. 위의 사례는 극히 일부에 지나지 않는다. 석유, 가스, 광물 등 다른 정부 산하기관에서 대외원조라는 명목으로 낭비되는 혈세는 실로 엄청나다. 선진국들의 경우, 대외원조에서 가장 중요시하는 부분 중 하나가 바로 '원조의 효과성'이다. 단순히 병원을 몇 개 건립해 주었는지보다 한 곳의 병원이라도 효율적으로 운영되어 실로 도움을 주고 있는지를 더 중요하게 따진다는 의미다. 한국도 원조기관 및 단체에 대한 철저한 사전검토와 사후관리 평가 시스템의 구축이 마련되어야 더 이상의 무모한 낭비 없이 수혜국으로부터 제대로 된 부메랑 효과를 볼 수 있을 것이다.

실제로 2007년 문화체육관광부와 문화방송, 세계관광기구 산하 스텝(ST-EP)이 추진하고 있는 '고맙습니다 작은 도서관'(TYSL: Thank You Small Library) 같은 소규모 지원사업이 무분별한 거대 지원사업보다는 장기적으로 훨씬 높은 성과를 가져올 가능성이 크다. 아프리카 어린이들이 한국에서 제공된 책과 문화를 접하며 성장하게 되어 미래에 유무형의 효과가 창출될 가능성이 높기 때문이다. 현재 KOICA를 중심으로 동남아시아의 여러 국가들에 집중된 지원프로그램의 장단점을 보완하여 아프리카의 현지환경에서 최상의 효과를 창출할 수 있는 프로그램 개발부터 진행되어야 할 것이다. 원조 규모보다는 초극빈생활에 시달리고 있는 아프리카 국가들에 대한 장기적인 배려와 이해가 담긴 지원을 통해 정(情)적인 유대감을 얻어내는 지혜가 필요하다.

이 밖에도 한국에는 아프리카 전문가 및 국제자원개발전문가 수가 굉장히 부족한 실정이다. 아프리카 연구에 대한 인식개선 및 자원개발 전문인력 양성을 위해 산·학·연 기관을 지정하고 지원을 아끼지 않아야 한다. 또 아프리카 자원부국들의 까다로운 법과 규제, 한국과는 판이하게 다른 사회분위기와 문화 등을 파악하기 위해선 공무원들의 해외연수나 임시파견이 꼭 필요한 부분이 분명히 있으나 수백 명의 공무원들은 초극빈국 대신 미국을 비롯한 선진국 또는 태국, 베트남 등의 관광지에서 연수를 수료하고 온다. 여기에 투입되는 세금만 매년 3백억 원이 넘는데 문제는 해당국의 연수를 가치 있게 여기지도 않을 뿐만 아니라 대부분은 골프에 전념하거나 관광으로 연수기간을 채우는 경우가 비일비재하다는 것이다. 자원관련 정책과 업무추진 과정에서 더욱 장려되어야 할 제도보다는 이런 식으로 개선하거나 아예 폐지해야 할 제도의 수가 극단적으로 많다는 현실이 한국 대외원조정책의 현재 성적을 여실히 보여주고 있다.

2. 한국형 국가위상제고정책(*NPP: National Prestiges Policy*)

☼ 패키지 딜(*package deals*) 성공률 높이기

기업들이 아프리카를 '시장'으로만 평가하는 것은 지극히 당연한 이치지만 정부차원에서는 기업보다 더 큰 청사진을 그려야 한다. 한국이 아프리카에서 중국과 외환보유고를 비롯해 많은 부분에서 직접적으로 경쟁하는 것은 불가능하다. 따라서 지원사업 및 투자의 수치(*quantitative*)에 연연해서는 안 되며 한국의 역량에 적합한 질(*quality*)적 지원에 선택과 집중을 아끼지 않아야 한다. 예를 들면, 한국이 가진 최고의 역량은 단연 IT분야다. 이미 동남아시아와 중앙아시아 그리고 아랍에미리트연합에서 검증된 한국의 IT와 금융까지 포함된 '경제발전 경험공유사업'(*KSP: Knowledge Sharing Program*)에 집중한다면 오로지 한국만이 전수할 수 있는 높은 가치의 원조를 실현할 수 있는 셈이다.

한때 세계에서 한국을 수식할 때 가장 널리 사용된 표현은 "한강의 기적"이었으나 현재는 "원조 수혜국(受惠國)에서 공여국으로 전환한 세계 유일의 국가"라는 수식이 늘 따라붙는다. 한국이 자립적 경제성장과 경제개발의 노하우가 있다는 장점을 적극 활용할 수 있는 위치에 있는 것이다. 한국은 2009년 11월 경제협력개발기구(OECD) 산하 '개발원조위원회'(DAC: Development Assistance Committee)의 가맹국 지위를 획득하였다. 한국의 DAC 가입은 1961년 OECD 출범 이후 원조 수혜국에서 원조 공여국으로 지위가 바뀐 첫 번째 사례로 국제사회의 원조사에 한 획을 그었다는 점에서 의미가 깊다. DAC 가입국 가운데 유일하게 개도국 경험을 갖고 있어 많은 개도국에서 한국을 '원조 공여국과 수혜국 간의 연결고리' 역할이 가능한 국가, 수혜국이 가난을 극복하는 데 가장 근본적인 도움을 줄 수 있는 국가로 본다. 특히 아프리카 국가들은 한국의 경제개발 경험을 국가재건의 가장 성공적 사례로 인식하고 자국의 경제대표단이 한국의 경험을 배우기 위해 수차례 방한할 정도로 적극적이다.

원조라는 것이 항상 그렇듯, 근본적으로 재정적 바탕이 마련되어야 한다. 아프리카에서 시행 중인 KSP의 확대를 위해서도 이를 지원할 기금이 필요한데 이를 위해서는 현재 한국수출입은행이 운영하는 대외경제협력기금(EDCF: Economic Development Cooperation Fund)을 KSP와 함께 운용할 필요가 있다. 일정 프로젝트에만 함께 운영하는 것은 조직의 특성상 조율과 소통 면에서 효율이 떨어질 가능성이 있으므로 완전한 통합이 이루어져야만 패키지 딜의 성사 가능성을 높일 수 있고 다른 아프리카 국가들에 미치는 파급효과도 클 것으로 예상된다.

☼ 교육 · 의료_ 물(物)적 지원에 정(情)적 지원 더하기

중국의 사례에서 보았듯이, 정(情)의 교류를 바탕으로 한 인적 네트워크의 축적은 상대국 국민의 마음속 깊이 공여국에 대한 공고한 믿음을 마련해 주며 이는 어느 순간 막강한 힘을 발휘한다. 이 같은 원조 전략은 비록 오랜 기간 집요할 정도의 노력과 투자가 요구되긴 하지만 아프리카의 천연자원은 단기간에 고갈되는 것이 아님을 명심하고 한국 또한 이를 백분 활용해야 한다.

정부는 해마다 우수한 아프리카 학생을 선발해 한국에서 다양한 문화체험과 장기간의 고등교육을 받을 수 있는 기회를 제공해야 한다. 우수한 인재들이 지한파(知韓派), 친한파(親韓派) 현지 전문가로 거듭날 수 있도록 교육의 기회를 제공하여 이들이 장기적으로 한국의 대 아프리카 정책진행 과정에서 긍정적 역할을 할 수 있도록 장려해야 한다.

또한, 아프리카 장학생을 선발하는 등 중국 대 아프리카 교육정책을 벤치마킹하는 것에서 벗어나 이를 보다 업그레이드 시켜야 한다. 예를 들어, 정부는 국내 대학과 아프리카 각국 주요 대학과의 학술교류협정 체결을 장려할 필요가 있다. 한국인 교수를 비롯한 교원의 아프리카 파견을 통해 현지 학생들에게 양질의 교육을 제공하는 동시에 언어, 문화, 음악, 사회, 예술 등 한국과 관련된 전반적인 부분을 소개하는 프로그램 마련에도 적극 지원해야 한다. 현지의 대학에 한국어과를 비롯한 한국 관련과목 개설이 점진적으로 확산될 수 있도록 지속적인 지원을 제공하는 것 또한 고려해 볼 수 있다.

추가적으로, 아프리카 현지에서 성인들을 대상으로 '직업군 관리 및 기술연수 프로그램'을 도입해 조리, 자동차정비, 용접 등 생계에 필요한 기술을 연마할 수 있는 기회를 제공하는 것도 필요하다. 이를 위해서는 '한국교육센터' 등의 전문기관이 설립되어 체계적이고 장기적으로 프로그램이 실행되도록 구성해야 한다. 현재 베트남 등에서 실시되고 있는 이와 같은 프로그램들은 호평을 받고 있으나 이를 아프리카에 도입시키기 위해서는 현지에 최적화된 모델을 찾기 위한 새로운 전략이 더해져야 한다. 교육분야의 지원은 아프리카 각국 국민들의 피부에 와 닿는 현실적인 접근이므로 중·장기적으로는 한국의 국가위상도를 높이는 데 기여할 수 있을 것으로 예상된다. 아프리카에 대한 교육적 기회제공은 중국의 국가 인지도를 뛰어 넘을 수 있는 유일한 기회일지도 모른다.

장기적 의료부문의 지원 또한 마찬가지다. 현재 한국에서도 단발적 지원은 수없이 많이 이루어지고 있으나 소규모 단체를 통한 개별지원도 워낙 많은지라 정확한 통계조차 파악되지 않고 있다. 예를 들어, 이태석 신부를 기리기 위해 제정된 '이태석 상(賞)'의 첫 번째 수상자는 아프리카에서 10년 이상 의료활동을 펼쳤고, 현재 마다가스카르에서 의료봉사활동을 벌이고 있는 이재훈 씨가 선정되었다. 그러나 외교부는 외부추천이 들어오기 전까지 이재훈 씨의 봉사활동에 대해 전혀 알지 못했다. 게다가 복지부와 KOICA의 해외 보건의료 사업은 서로 중복되는 경우가 다반사다. 따라서 정부 차원의 조직적이고 체계적이며, 장기적이고 일원화된 의료지원 시스템 구축이 절실하다.

한국은 현재 42개 의과대학에서 3천 명의 의사가 배출되고 있으며, 치과대학과 한의대 졸업생도 각각 8백 명에 이른다. 매년 5천 명에 육박하는 의료인이 신규로 배출되면서 의료시장은 이미 포화상태를 넘어섰고 이에 따른 부작용마저 심각하다. 예를 들어, 2005년 폐업한 의원은 1,613개, 2009년 1,487개, 2010년 1,559개나 되고 개원 대비 폐업한 의원 비중도 2005년 65.1%에서 2009년 74.9%, 2010년 77.9%로 높아졌다. 또 의원뿐만 아니라 병원의 폐업률도 높다. 2008년 병원의 폐업률은 17.1%에 달하며 지방만 따로 분리한다면 이보다 훨씬 높은 폐업률을 기록하고 있다. 시장에서 도태된 의료인의 규모가 상당하기 때문에 정부에서 이들의 일부만이라도 흡수해 장기적으로 아프리카의 의료지원 활동을 펼치는 데 전략적 계획을 세우는 것을 고려해 볼 수 있다. 예를 들면, 의료진이 아프리카에서 12개월 정도 근무한 후 한국으로 귀국하여 일정기간 휴식을 취한 후 희망사항에 따라 같은 국가 또는 다른 개도국으로 파견할 수 있도록 하는 아이디어를 발전시킨 의료로테이션 시스템 구축을 제안한다. 개별 의료활동을 펼치고 있는 의사들 또한 이 같은 의료 로테이션 시스템에 통합하여 지원 수준을 높여야 공여국으로서도, 봉사자로서도, 수혜국으로서도 모두 만족할 만한 방안을 찾을 수 있을 것이다.

세계보건기구의 추정에 의하면 총인구가 1,300만 명에 달하는 말라위의 경우 의사 수가 국민 4만 명당 1명 수준으로, 극심한 의료진 부족에 시달리고 있다. 2010년 말라위 의료위원회에 등록된 의사 수는 618명이라고 하지만, 2011년 영국 국제개발부가 조사한 것에 의하면 말라위의 실제 의사 수는 겨우 265명에 불과하다. 따라서 의료진이 이미 포화상태에 이른 한국으로서는 국가위상제고정책의 일환으로 아프리카에 의료진 파견 등의 지원을 제공함으로써 아프리카 국가들이 가장 절실하게 필요로 하는 지원을 할 수 있을 것으로 보인다.

KSP, 의료, 교육부문 원조에 대한 장기적인 관심과 한국 기업들의 자체적인 아프리카 지원활동은 한국에 대한 아프리카인들의 사고를 긍정적으로 변화시키는 데 가장 중요한 역할을 할 것이다. 중국이 수십여 년에 걸쳐 만든 아프리카와의 유대관계를 진정으로 따라잡고자 한다면, 중국보다 훨씬 앞선 노력이 필요함은 두말할 나위가 없다. 다시 말해, 그들의 타산적 상호의존성에서 더 발전한 자세, 즉 상호존중(*mutual respect*)을 바탕으로 한 '동반자 의식'(*partnership*)을 갖춘 태도가 한국의 대 아프리카 원조에 주어진 정답인 것이다. 이것이 바로 또 다른 이름의 '한국형 자원 외교'가 되어야 한다.

책을 맺으며

"원장님은 중국(의 정치관)에 대해서 되게 긍정적이신가 봅니다."
"아뇨…. 평생 그런 적은 한 번도 없었습니다."

이 책을 집필하다가 만난 대학원생들에게 '타산적 상호의존성'(8장)에 대해 이야기하던 중이었다. 미국과 중국의 비교 사례를 듣고 내용을 잘못 이해해서 나온 질문이었던지라 학생은 머쓱하게 웃으며 넘겼다. 조금 과한 오해이긴 했지만 정치와 무관한 교육대학원생들이었던지라…. 그저 책에 가져준 관심에 고마웠다.

답변에 대해 다시 곰곰이 돌이켜보니 지금까지도 중국의 정치관에 대해 우호적인 적은 없었지만 앞으로도 계속 그럴 것 같다는 생각이 들었다. 한국과 중국이 어떤 형태로든지 동반자관계를 구축한다는 것이 불가능하다는 관점이 갈수록 굳어지고 있기 때문에 아마도 우호적 감정이 들어설 자리가 없다는 것이 정확한 사고의 표현이라고 할 수 있겠다. 지난 수백 년간 중국인들의 DNA 속에 잠자고 있던 '세계의 중심에 선 대국'이란 민족적 자부심이 경제성장과 함께 서서히 고개를 들어 올리고 있다. 마치 한반도는 그저 '형님'(중국) 덕에 먹고사는 '동생'이라는 의미를 부여하려는 수작이 더욱 심해지고 있기 때문이기도 하다.

2010년 9월 30일 원자바오 총리는 국경절(國慶節) 기념연회에서 "중국은 국강필패(國强必覇, 나라가 강해지면 반드시 패권을 추구하게 된다)의 길을 가지 않을 것"이라는 공언을 했다. 이 상황을 다르게 연출해 본다면 "나는 배고픈 참새이지만 방앗간을 습격하지 않을 것"이라고 할 수 있지 않을까. 중국의 발언을 곧이곧대로 받아들이는 순진한 국가도 이젠 없을 것이다. 최근 몇 년간 무섭도록 집요하게 증강시켜 놓은 군사력을 비롯해 중화민족주의가 확산되고 있는 모습을 눈앞에 증거로 두고서 제대로 해석해 보자. 즉, 국강필패는 추구하지 않겠으나 '정치 · 경제 · 군사력으로 가장 막강했던 명 · 청 시대, 그 화려했던 시기의 영광은 반드시 재현하겠다'는 의미로 해석된다. 중국인의 사상 근저에 자리 잡은 중화민족주의로 인해 한 · 중 간 무역규모가 커질수록, 인적교류 등이 늘어날수록 오히려 마찰과 갈등 또한 늘어날 것이 분명하다. 가장 우려스러운 부분은 양측의 마찰시, 중국이 과연 적법한 절차를 따르거나 혹은 인도주의 차원에서의 사과나 재발방지 약속을 할 수 있을 것이냐는 점이다. 현재까지의 추세로만 본다면 중국은 대국의 거죽을 덮어쓴 소인배에 지나지 않는다. 남한테 당하고는 억울해서 밤잠도 못 이루는 우리 한국인들, 앞으로 속상할 일이 무지하게도 많을 듯싶다.

그렇다고 중국만 다그칠 처지는 사실 못 된다. 국내의 자원관련 연구를 하다보면 항상 안타까워서 마음이 상하는 것들이 몇 가지 있는데 그중 첫 번째는 일부 정부 고위관계자와 지자체단체장들의 어처구니없는 전시성, 외유성 '짝퉁외교'다. 원조를 목적으로 한 외교라는 것이 수혜국을 며칠 둘러보고 사진 찍고 곧바로 귀국하는 것이 전부다. 2009년 외교부를 제외하고 베트남에 무상원조를 실시한 기관이 22개에 달한다. 중복된 무계획 지원이 일반화되었다는 뜻이다. 언론 보도에 의하면 개도국에서는 한국의 원조 형태를 "한국형 5종 세트: 건축→기념식→리본 커팅→사진 촬영→방치"라고 비꼬는 표현까지 등장했다고 한다. 그나마 다행인 것은 짝퉁외교인지라 목적지도 가까운 곳(동남아시아)으로만 선택한다는 점이다. 장시간의 비행으로 오고가는 것만으로도 수고로운 아프리카는 자동으로 목적지 후보에서 탈락돼 불행 중 다행으로 짝퉁외교 대상은 되지 않았다.

또 다른 안타까운 문제는 그렇게 강조해왔던 개도국 장학생 선발을 다행히도 '진행'은 하고 있으나 '책임'을 지지는 않더라는 것이다. 개도국의 우수한 학생들을 한국으로 데려와 고등교육을 시키는 것까지는 좋은데 추가예산이 부족하다는 이유로 학업을 중단시켜버린 사태가 발생한 일이 있었다. 처음부터 아예 안 줬으면 그만일지 몰라도, 줬다가 중간에 뺏으면 오히려 더 욕먹기 십상이지 않은가. 이 문제의 핵심은 바로 부처 간의 조율과 소통불능이었다. 예산을 담당하는 재정부가 외교부에서 몇 명의 장학생을 선발했는지 전혀 알지 못한 채 관련 예산을 삭감한 것이다. 하나를 보면 열을 안다고, 국내의 원조정책이 어떻게 주먹구구식으로 이루어지고 있는지 보여주는 단적인 사례라고 할 수 있다. 이런 정책은 단지 혈세를 낭비하는 것뿐만 아니라 반한감정 확산으로까지 이어진다는 것을 부디 고려해 주었으면 하는 바람이다.

세 번째 안타까운 점은 국제자원개발전문가의 부족('전무'를 최대한 순화한 표현)이다. 석유나 가스, 광물 등 각 분야의 자원 전문가는 차고도 넘친다. 하지만 정작 자원부국의 정치·역사·문화·관습 그리고 주변국과의 정세 등을 지속적으로 파악할 수 있는 전문가는 없다. 이렇다보니 자원보유국에 엄청난 자금을 투자하고도 해당국의 정서, 주변국과의 분쟁, 정권교체 상황 등은 전혀 파악하지 못해 실컷 계약을 받아놓고도 무효화되는데 손도 쓰지 못하거나 재협상을 간청해야 하는 등 시간, 예산, 국가적 자존감의 낭비가 극심한 지경이다. 따라서 국제자원 정책전문가가 반드시 필요하며 지질학, 화학, 석유, 가스 등의 자원전문가들과 함께 자원보유국에 투입되어야만 한다. 이런 대책이 없다면 다 된 밥에 재 뿌리는 일은 반복될 것이며 정보부족으로 뒤통수 맞는 일도 허다하게 발생할 것이라 장담한다.

처음에는 이 책을 3부까지 구상하였으나 막상 집필에 들어간 뒤로 안타깝지만 2부로 마감했다. 3부에서는 한국의 자원개발 현황을 다루고자 했는데 저술하고 다시 보니 문제점만 가득한 것이 아닌가…. 3부를 싣고자 하니 이 책이 비판서로 오해받을 공산을 면치 못할 듯하여 폐기처분하고 간단하게 2부 9장으로 마무리 지었다.

자원개발은 단기간에 성과를 내기 어려운 분야다. 냄비근성이 강점이자 약점으로 지적되는 한국인에게 장기적으로 무엇인가를 느긋이 계획하고 준비하라는 것 자체가 어려운 요구인 줄도 안다. 그러나 다른 개발은 몰라도 자원개발만큼은 정부와 국회가 장기적 관점에서 관련정부 산하기관에 적극적인 지원과 만전을 기해 주었으면 하는 바람이다.

끝으로 중국의 자원민족주의와 아프리카의 대외정책을 연구하는 학자로서 한국이 중국의 자원외교를 비롯한 대 아프리카 정책의 장점을 벤치마킹하여 한국의 경제규모에 맞게 발전시켜 나가기를 강력히 희망한다. 향후 한국이 채택할 대외정책 중에도 철저히 효율성을 확인하고 장담함에도 다른 누군가(국가)에게 비판받거나 또는 누군가(국가)를 비난하게 될 일이 발생할 것이다. 그러나 분명히 명심해야 할 것은, 전 세계의 어떠한 국가라도, 국가 간의 관계에서 '정의-진리에 맞는 올바른 도리'란 것은 모호한 개념(*ambiguous notion*)일 뿐이며, 오로지 해당국의 내면에는 '자국의 이익추구'라는 이기적이고도 지극히 논리적인 개념만이 존재할 뿐이라는 것이다.

참고문헌

1. 국내문헌

감사원(2011), 〈검사결과 처분 요구서: 공적개발원조(ODA) 추진실태〉.

국민경제자문회의(2007), 《대 아프리카 경제협력의 전략적 추진방안》.

김동환(2011), 《희토류 자원전쟁》, 미래의 창.

대한광업진흥공사(2006), 《자원개발은 경제발전의 큰 힘》.

배수강(2009), 《중국의 대외정책과 상하이협력기구(SCO)의 발전》, 고려대.

산업자원부(2007), 《동북아 에너지 협력연구: 중국의 에너지자원 확보 외교 전략과 우리의 대응방안 연구》.

에너지산업해외진출협의회 아프리카연구회, 해외자원개발협회(2008), 《해외자원개발 아프리카 진출전략》, 해외자원개발협회.

외교통상부(2005), 《주요국 에너지 현황 및 에너지 외교》.

인터넷 기사

심나리(2011), "선진국 배운다 해외 가는 공무원, 행태는 30년전 그대로", 노컷뉴스, 6월 5일자 기사. http://www.nocutnews.co.kr/show.asp?idx=1818907 (검색일: 2011. 11. 28).

이헌진(2009), "높아진 국제위상, 커진 목소리", 동아일보, 9월 29일자 기사 http://www.donga.com/fbin/output?n=200909290153 (검색일: 2010. 05. 12).

허문영, 김윤종(2011), "PUMASSI/한국형 원조 노하우 찾아라: 1. 도와주는 것 좋은데", 동아일보, 1월 14일자 기사 http://news.donga.com/3/all/20110114/33933650/1 (검색일: 2011. 11. 28).

2. 외국문헌

Abegunrin, Layi(1984), "Soviet and Chinese Military Involvement in Southern Africa", *Current Bibliography in African Affairs*, Vol. 16, No. 3, pp. 195~206.

ADIE, W. A. C. (1962), "China, Russia, and the Third World", *China Quarterly*, No. 11(Jul~Sep), pp. 200~213.

______(1964a), "China and Africa Today", *Race & Class*, Vol. 5, No. 4, pp. 3~25.

______(1964b), "Chou En-lai on Safari", *China Quarterly*, No. 18(Apr~June), pp. 174~194.

______(1971), "The communist Powers in Africa", *Conflict Studies*, No. 10 (Dec~Jan), pp. 1~20.

______(1972), "China Returns to Africa", *Current Scene*, No. 10, Vol. 8, pp. 1~12.

African Development Bank(2010a), "AfDB High-Level Delegation Led by President Kaberuka in China", February 2, http://www.afdb.org/en/news- events/article/afdb-high-level-delegation-led-by-president-kaberuka-in-china-5579/(accessed March 5, 2011).

______(2010b), "African Economic Outlook Applauds Libya and Africa's Economic Rebound", August 6, http://www.afdb.org/en/news-events/article/african-economic-outlook-applauds-libya-and-africas-economic-rebound-7114/ (accessed March 8, 20100).

African Forum and Network on Debt and Development(2008), *Mapping Chinese Development Assistance in Africa: A Synthesis Analysis of Angola, Mozambique, Zambia and Zimbabwe*. Harare, Zimbabwe: AFRODAD. http://www.afrodad.org/downloads/publications/China%20in%20Africa%20Draft.pdf (accessed June 26, 2011).

Ai Ching-Chu(1964), "China's Economic and Technical Aid to Other Countries", *Peking Review*, No. 7, Vol. 34, pp. 14~18.

Albright, David, Edward(1975), "The Soviet Union, Communist China, and Ghana, 1955~1966". PhD diss., Columbia University.

Alden, Chris(2001), "Solving South Africa's Chinese Puzzle: Democratic

Foreign Policy-Making and the 'Two Chinas' Question", in *South Africa's Foreign Policy: Dilemmas of a New Democracy* (eds.) Jim Broderick, Gary Burford, and Gordon Freer. Basingstoke, Palgrave.

______(2005a), "China in Africa", *Survival*, No. 47, Vol. 3, pp. 147~163.

______(2005b), "Red Star, Black Gold", *Review of African Political Economy*, 32(104/5), pp. 415~419.

______(2006), "China and Africa: Special Report", *CLSA Asia-Pacific Markets* (Sep), pp. 1~27.

______(2007a), *China in Africa*. London, Zed Books.

______(2007b), "Emerging Countries as New ODA Players in LDCs: The Case of China and Africa", *Institut du Développement Durable et des Relations Internationales, Gouvernance Mondiale paper*, No. 1, pp. 1~14. www.iddri.org. Accessed 15 June, 2011.

______(2008), "South Africa and China: Forging Africa's Strategic Partnership", *China Brief*, No. 8, Vol. 13, pp. 9~11.

______ and Ana Cristina Alves(2008), "History and Identity in the Construction of China's Africa Policy", *Review of African Political Economy*, No. 35, Vol. 115, pp. 43~58.

______ and Martyn Davies(2006), "Chinese Multinational Corporations in Africa", unpublished paper presented at China-Africa workshop in Hong Kong on 11~12 November, pp. 1~11.

______, Chris, Large, Daniel and Oliveira, Ricardo Soares de. (2008), "Introduction: China returns to Africa", in *China returns to Africa: a rising power and a continent embrace* (ed.) Alden, C. Large, D. Oliveira, R. S. D , Columbia University Press.

Arique Nouvelle (1966), No. 962(Jan), pp. 13~19. Dakar.

ALGERIA: Helping Hands, TIME, Monday, Oct. 31, 1960 http://www.time.com/time/magazine/article/0,9171,938666-1,00 html (asseed August 14, 2010).

Alan, Lawrance(1975), *China's foreign relations since 1949*. London, Routledge.

Asche, Helmut and Schuller, Margot (2008), *China's Engagement in Africa-Opportunities and Risks for Development*, Africa Department, Eschborn: Deutsche Gesellschaft fur Technische Zusammenarbeit (GTZ) GmbH.

Bedeski, Robert. E. (1977), "The Concept of the State: Sun Yat-sen and Mao Tse-tung", *The China Quarterly*, No. 70 (Jun), pp. 338~354.

Biswas, Aparajita (1992), *Indo-Kenyan political and economic relations*, New Delhi, Kanishka Publication House.

Blum, William (2003), *Killing Hope: US Military and CIA Interventions Since World War II*, London, Zed Books.

BP. 2010. BP Statistical Reveiw of Warld Energy June 2010. http://www.bp.com/liveassets/bp_internet/globalbp/globalbp_uk_english/reports_and_publications/statistical_energy_review_2008/STAGING/local_assets/2010_downloads/statistical_review_of_world_energy_full_report_2010.pdf (accessed November 11, 2011).

Brea, Jennifer (2008), "Lessons Learned from China in Africa", *Ebony*, No. 63, Vol. 3, pp. 68~71.

Brenthurst Foundation (2006), "Africa-China-US Dialogue: Report of the First Meeting of the Trilateral Dialogue", *Brenthurst Discussion Papers*, No. 6, pp. 1~10.

Brown, L. Carl (2006), *Diplomacy in the Middle East: The International Relations of Regional and Outside Powers*, London, I. B. Tauris.

Business Line (2005), ONGC-Mittal combine loses bid for PetroKazkhstan -China' clinches deal for $4.8b, http://www.the hindubusiness line.com/2005/08/23/stories/2005082303280100.htm (accessed December 3, 2010).

Burns, William Joseph (1985), *Economic aid and American policy toward Egypt, 1955~1981*, Albany, State University of New York Press.

Cady, Gerald and Warner Rachel (1981), *Summary of Commentary in PRAVDA on Sub-Saharan Africa: June 22~July 21, 1981*, Washington D.C, the Federal Research Division of the Library of Congress, FRD.

Campos, Indira and Alex Vines (2008), "Angola and China: A Pragmatic Partnership", working paper presented at Center for Strategic and International Studies Conference on 5 December 2007, pp. 1~26. http://csis.org/files/media/csis/pubs/080306_angolachina.pdf (accessed 2 May, 2011).

Canby, Kerstin, James Hewitt, Luke Bailey, Eugenia Katsigris, and Sun Xiufang (2008), "Forest Products Trade between China and Africa: An Analysis of Imports and Exports," *Forest Trends report (Feb)*, pp. 1~36. http://www.forest-trends.org/documents/files/ doc_515.pdf (accessed 5 Ferbuary, 2011).

Carey, Kevin, Sanjeev Gupta and Ulrich Jacoby (2007), *Sub-Saharan Africa: Forging New Trade Links with Asia.* pp. 1~55. Washington, D.C., International Monetary Fund,

Carmody, Pádraig R. and Francis Y. Owusu (2007), "Competing Hegemons? Chinese versus American Geo-economic Strategies in Africa," *Political Geography*, No. 26, Vol. 5, pp. 504~524.

Chau, Donovan (2007), "The French-Algerian War: Communist China's Support for Algerian Independence", *Military Advising and Assistance: From Mercenaries to Privatization 1815~2007* (ed.) Stoker, D. J., pp. 111~124, New York, Routledge.

Chavan, RS (1979), *Chinese foreign policy: the Chou En-lai era.* New York, Sterling.

Chege, Michael (2008), *Economic Relations Between Kenya and China, 1963~2007*, http://csis.org/publication/economic-relations-between-kenya-and-china-1963-2007 (accessed September 16, 2010). Washington, D.C., Center for Strategic and International Studies.

Chen, Chuan, Pi-Chu Chiu, Ryan J. Orr, and Andrea Goldstein (2007), "An Empirical Analysis of Chinese Construction Firms' Entry into Africa", paper presented at the Symposium on Advancement of Construction Management and Real Estate, 8~13 August, Sydney, Australia. http://crgp.stanford.edu/publications/conference_papers/Chen_Chiu_Orr_Goldstein_Emp_analysis_Chinese_Afri ca. pdf (accessed 22 June, 2011).

Chiu, Becky and Lewis Mervyn (2006), *Reforming China's state-owned enterprises and banks*, Northampton, Edward Elgar Publishing, Inc.

Clark, John. F. (2001), "Realism, Neo-Realism and Africa's International Relations in the Post-Cold War Ear" in *Africa's challenge to international relations theory* (eds.) Shaw, T. M. and Dunn, K. C., London, Palarave Publishers Ltd.

Cooke, Jennifer (2008), *U. S. and Chinese Engagement in Africa*: Prospects *for Improving U. S. -China-Africa Cooperation*, Washington, D. C., Center for Strategic and International Studies.

Cooley, John K. (1965), *East Wind over Africa*: *Red China's African offensive*. New York, Walker.

Connell, Dan. (2005), "Eritrea: On a Slow Fuse" in *Battling terrorism in the Horn of Africa* (ed.) Rotberg, R. I., Washington D. C., Brooking Institution.

CQ Researcher (2009), *Issues in Race, Ethnicity, Gender, and Class*: *Selections From CQ Researcher*, CA, Pine Forge Press.

Danchie, S. J. (2010), *Toward More Balanced Trade within the Framework of the Forum for China-Africa Cooperation*: *The Impact of China on Africa's Trad*. http://www.globaltradealert.org/sites/default/files/GTA5_danchie.pdf (accessed 19 November, 2011).

Denise E. Zheng (2009), "China's Use of Soft Power in the Developing World: Strategic Intentions and Implications for the United States", in *Chinese Soft Power and Its Implications for the United States: Competition and Cooperation in the Developing World* (ed.) McGiffert, C., Washington D. C., Center for Strategic and International Studies.

Drew, Lawrence J, Qingrun, Meng and Weijun, Sun (1990), "The Bayan Obo iron-rare earth-niobium deposits, Inner Mongolia, China". *Lithos*. Vol. 26, No. 1~2 (Dec), pp. 43~65. Atlanta, Elsevier Press.

Dannreuther, Roland (2006), *International security*: *the contemporary agenda*, Malden, Polity Press.

Disney, Nigel(1977), "China and the Middle East," *MERIP Reports*, No. 63 (Dec), pp. 3~18 and 22.

Dobler, Gregor(2005), "South-South Business Relations in Practice: Chinese Merchants in Oshikango, Namibia", draft unpublished paper. http://www.eldis.org/vfile/upload/1/document/0708/DOC22353.pdf (accessed 2 June, 2011).

Ebinger, Charles K. (1976), "External Intervention in Internal War: The Politics and Diplomacy of the Angolan Civil War", *Orbis*, No. 20, Vol 3, pp. 669~699.

Eckstein, Alexander(1966), *Communist China's Economic Growth and Foreign Trade*. New York, McGraw-Hill.

Economic Commission of West African States, Sahel and West Africa Club and OECD(2006), "Atlas on Regional Integration in West Africa: Africa and China", (Dec), pp. 1~16.

Edinger, H. and Pistorius, C. (2011), "Aspects of Chinese investment in the African resources sector", http://www.saimm.co.za/Journal/v111n07p501.pdf (accessed 14 December, 2011).

Eisenman, Joshua(2005), "Zimbabwe: China's African Ally", *China Brief*, Vol. V, issue 15(July 5), pp. 9~11. the Jamestown foundation.

Eisenhower, Dwight David and Eden, Anthony(2005), *The Eden-Eisenhower Correspondence, 1955~1957*, Boyle, Peter. G, ed. NC, The University of North Carolina Press.

Far Eastern Economic Review(1964), *Asia Year Book*. Hong Kong: Far Eastern Economic Review.

Fenng, Tung(1958), "The Bandung Spirit Thrives", *Beijing Reiview*, Vol. 1 No. 4. pp. 6~8.

Fiscus, James. W. (2004), *The Suez Crisis*. New York, The Rosen Publishing Group, Inc.

Flood, C. E. (2007), "Chinese Oil Investment in Angloa and The Quest to Evade the Resource Curse", *Perspectives on Global Issues*. Center for Global Affair. http://www.perspectivesonglobalissues.com/arc

hives/fall-2009-energy-and-the-environment/chinaangola/ (accessed May 11, 2010).

French, H. W. (2004), "China in Africa: All Trade and No Political Baggage", *The New York Times*, August 8, http://www.heritage.org/Research/Lecture/Into-Africa-Chinas-Grab-for-Influence-and-Oil#_ftn6 (accessed May 10, 2010).

Frontier Advisory (2010), *Africa's Emerging Partnerships: The Role of China.* Johannesburg, Advisory Frontier.

George T. Yu (ed.), *The Second Sino-US African Studies Conference.* Urbana, IL, University of Illinois, pp. 158~169.

______(2001), "China's National Interest and its Relationship with Africa", *Africa Insight*, No. 31, Vol. 2, pp. 38~42.

Ghana Ministry of Information (1966), *Nkrumah's Subversion in Africa.* Accra-Tema, State Publishing Cooperation.

Gilks, Anne & Segal, Gerald (1985), *China and The Arms Trade.* New York, St. Martin's Press.

Gillham, FEM., Bell, TM., Arin, T., Matthews, GA., Rumeur, CL. and Hearn, AB. (1995), *Cotton Production Prospects for the Next Decade*, Washington D. C, The World Bank.

Goldman, Merle (1987), "The Party and the intellectuals" in *The Cambridge History of China: The People's Republic, Part I: The emergence of Revolutionary China 1949~1965* (eds.) MacFarquhar, R. and Fairbank, J. K., New York, Syndicate of the University of Cambridge.

Hartung, W and Moix, B. (2000), *Deadly Legacy: U. S. Arms to Africa and the Congo War.* World Policy Institute. http://www.grandslacs.net/doc/2290.pdf (accessed May 7, 2010).

Hedrick, James B. (2006), *Rare earths, 2005 minerals yearbook.* Reston, US. Geological Survey.

______(2007), *Mineral Commodity Summaries, January 2007,* Reston, U. S. Geological Survey.

______(2009), *Mineral Commodity Summaries, January 2009,* Reston,

U. S. Geological Survey.

Hellstrom, Jerker. "China's emerging role in Africa: A strategic overview", http://www. foi. se/upload/Kinaiafrika. pdf (accessed May 11, 2010).

Hinton, Harold, C. (1966), *Communist China in world politics*, Michigan, Houghton Mifflin.

Houghton Mifflin Harcourt (2003), *The Hoghton Mifflin Dictionary of Biography*. Austin, Houghton Mifflin Harcourt.

Howe, Russell Warren (1971), "A Suitor Amid Chaperons: China Bids for Africa", *New Leader*, No. 54, Vol. 23, pp. 9~11.

Hsiao, L. C. Russell (2008), "Chinese Soldiers and Arms Exports Embroiled in Zimbabwe's Electoral Impasse", *China Brief*, No. 8, Vol. 9, pp. 1~2.

Hsiaopong Liu (2006), "The Making of an Artificial Power: American Money and 'Chinese' Technicians on African Soil, 1961~1971". PhD diss., University of Chicago.

Hsu, Elisabeth (2002), "'The Medicine from China Has Rapid Effects': Chinese Medicine Patients in Tanzania", *Anthropology & Medicine*, No. 9, Vol. 3, pp. 291~313.

______(2007), "Zanzibar and Its Chinese Communities", *Population, Space and Place*, No. 13, Vol. 2, pp. 113~124.

Hua, Huang (2008), 'Huang Hua Memoirs: Contemporary History and Diplomacy of China.' http://www. globaltimes. cn/www/english/ Language/2009~05/430247. html (accessed September 15, 2010).

Huang Zequan (2006), "Extending a Hand", *Beijing Review*, No. 49, Vol. 8, pp. 12~13.

Hubbard, Paul (2007), "Aiding Transparency: What We Can Learn about China Exim Bank's Concessional Loans", *Center for Global Development Working Paper*, No. 126 (Sep), pp. 1~17.

Hull, Richard W. (1972), "China in Africa," *Issue: A Journal of Opinion*, No. 2, Vol. 3, pp. 49~50.

Human Rights First (2008), "Investing in Tragedy: China's Money, Arms, and Politics in Sudan", (March), pp. 1~46. http://www.human rightsfirst.info/pdf/080311-cah-investing-in-tragedy-report.pdf. (accessed 2 July, 2011).

Huwaidin, Mohamed. Bin. (2002), *China's Relations with Arabia and the Gulf 1949~1999.* London, Routledge.

Ian, Taylor (2002), "Taiwan's Foreign Policy and Africa: the Limitations of Dollar Diplomacy", *Journal of contemporary China,* No. 30, Vol. 11, pp. 125~140.

IEA. (2011), *World Energy Oulook 2011.* Vienna, IEA.

IMF. (1966), *Direction of Trade Annual.* Washington D.C., International Monetary Fund.

______ (2011), *World Economic Outlook.* Washington D.C., International Monetary Fund.

International Herald Tribune (2009), "As U.S. fights Taliban, China gets down to business", (December 31): pp. 1~15.

Jack, Homer. Alexander (1955), *Bandung: an on-the-spot description of the Asian-African Conference,* Bandung, Indonesia, Toward Freedom.

Jensen, Hans Grinstead and Ron Sandrey (2006), "A Possible SACU/China Free Trade Agreement (FTA): Implications for the South African Manufacturing Sector", *TRALAC Working Paper,* No. 8 (July), pp. 1~25. http://www.tralac.org/pdf/20060829_JensenSandrey_SACU-China_FTAManufacturing.pdf. (accessed 1 July, 2011).

Jesman, Czeslaw (1964), "The Chinese in Africa", *Atlas (Jan).* pp. 16~20.

Jian Junbo (2007), "China's Role in Africa", *Beijing Review,* No. 50, Vol. 6, pp. 14~15.

Jian Zhang and Jianbang Gan. "Who Will Meet China's Import Demand for Forest Products?" *World Development,* No. 35, Vol. 12, pp. 2150~2160.

Jiang, Chung-lian (2004), "Oil: A New Dimension in Sino-African Relations", *African Geopolitics,* No. 14 (Spr), pp. 65~77.

______ (2006a), "China's African Policy," *African Geopolitics,* No. 23 (July~

Sep), pp. 223~242.

______(2006b), "Les Relations de la Chine avec l'Afrique: Fondements, Réalitiés et Perspectives", *Monde Chinois*, No. 8 (Été/Automne), pp. 7~26.

Jiang, Julie and Sinton, Jonathan (2011), *Overseas Investments By Chinese National oil Companies: Assessing the drivers and impacts*. Paris, International Energy Agency.

Jian-Ye Wang (2007), "What Drives China's Growing Role in Africa?" *IMF Working Paper* WP/07/211 (*Aug*), pp. 1~30. http://www.imf.org/external/pubs/ft/wp/2007/wp07211.pdf. (accessed 15 Apr, 2011).

Kahin, George McTurnan Kahin (1956), *The Asian-African Conference, Bandung, Indonesia, April 1955*, Ithaca, New York, Cornell University Press.

Kamarck, Andrew M. (1958), The African Economy and International Trade, *The United States and Africa*, New York, Praeger.

Kapur, Harish (1985), *The End of an Isolation: China After Mao*. Geneva, Martinus Nijhoff Publishers.

Katsuhide, Takahashi (2006), "On the Credibility GDP Statistics in China Official Historical Data Reexamined", *Kobe University Economic Review*, No. 52, pp. 79~91.

Kau, Michael Ying-Mao and Leung, John K. (1986), *The Writings of Mao Zedong 1949~1976*, New York, M. E. Sharpe.

Kinfe Abraham (2005), *China Comes to Africa: The Political Economy and Diplomatic History of China's Relation with Africa*. Addis Ababa, Ethiopian International Institute for Peace and Development.

King, Kenneth (2006), "China's Partnership Discourse with Africa", unpublished paper presented at 16~17 October conference in South Africa hosted by NEPAD, pp. 1~13. http://saiia.org.za/images/upload/King_Chinese_Aid.pdf. (accessed 7 March, 2011).

______(2007), "Aid within the Wider China-Africa Partnership: A View from the Beijing Summit", unpublished paper, pp. 1~19. http://www.cctr.ust.hk/china-africa/papers/King,Kenneth.pdf.

(accessed 3 December, 2011).

Kirby, E. Stuart (1958), *Contemporary China*, Hong Kong, Hong Kong University Press.

Kohut, Andrew (2006), How the World Sees China. http://pewresearch.org/pubs/656/how-the-world-sees-china (accessed 27 November, 2011).

Kumar, Bhart (1982), "China's Policy Towards Arab-Israeli Conflict". *China Report*, No. 9, Vol. 18, pp. 17~24, Deli, China Study Centre.

Large, Daniel (2008), Beyond Dragon in the Bush: The Study of China-Africa Relations. *African Affairs*, No. 107, Vol. 426, pp. 45~61.

Lauterpacht, Elihu (1984), *International Law Reports*. New York, Cambridge University Press.

Lax, Howard L. (1983), *Political Risk in the International Oil and Gas Industry*. Boston, Westview Press.

Larkin, Bruce D. (1971), *China and Africa, 1949~1970: the foreign policy of the People's Republic of China*, Berkeley, University of California Press.

Le Vine, Victor T. (1967), "Political leadership in Africa: post-independence generational conflict in Upper Volta, Senegal, Niger, Dahomey, and the Central African Republic", *Hoover Institution on War, Revolution and Peace*. Stanford, Hoover Institution.

Lewis, Mervyn and Chiu, Becky (2006), *Reforming China's state-owned enterprises and banks*, Northampton, Edward Elgar Publishing, Inc.

Liang-Tsai, Wei (1982), *Peking Versus Taipei in Africa, 1960~1978*. Taipei, The Asia and World Institute.

Liao Cheng-chih (1960), "Liao Cheng-chih's Speech," *Peking Review*, No. 3, Vol. 13, pp. 11~13.

LI Anshan (2011), *Chinese Medical Cooperation in Africa: With Special Emphasis on the Medical Teams and Anti-Malaria Campaign*. Stockholm, Norkiska Afrikanistitutet.

Li-Chengwen (2007), "Interview with Li-Chengwen, Chinese Ambassador to Sudan", *Sudan Vision* (Khartoum), (30 October). http://www.

sudanvisiondaily. com/modules. php?name=News&file=print&sid=27543. (accessed 19 November, 2010).

Light, Margot(1988), *The Soviet theory of International relations*, New York, Wheatsheaf.

Li Xiaobing and Li Hongshan(1998), *China the United States: A New Cold War History*. Lanham, University of America Press.

Li, Yan(2007), "China and the United States Turn Swords into Plowshares in Africa", *Washington Observer*, issue 210. http://www. washingtonobserver. org/en/document. cfm?documentid=84&charid=3. (accessed 27 December, 2011).

Li Zhibiao(2007), "How African States Can Learn China's Experiences of Development (in Chinese)," *West Asia and Africa*, No. 4(Apr), pp. 49~54.

Lowenthal, Richard(1963), "China", Brzezinski, Z. K., ed. for *African and the Communist World*. New York: Stanford University Press.

Looy, JVD. (2006), *Africa and China: A Strategic Partnership?*, The Netherlands, African Studies Centre Leiden.

Lugt, Sannne van der(2011), "The Management of Chinese Foreign Direct Investment", http://www. ccs. org. za/wp-content/uploads/2011/04/Policy-Briefing-final_180411. pdf(accessed November 16, 2011).

Lu, Hanchao(2002), "Nostalgia for the Future: The Resurgence of an Alienated Culture in China", *Pacific Affairs*, No. 2, Vol. 75, pp. 169~186.

Lundestad, Geir(2010), *East, West, North, South: Major Developments in International Politics Since 1945*, London, SAGE Publications Ltd.

Michal Meidan(2006), "China's Africa Policy: Business Now, Politics Later", *Asian Perspective*, No. 4, Vol. 30, pp. 69~93.

Mazrui, Ali A' Amin(1978), *Political values and the educated class in Africa.* Berkeley, University of California Press.

McGiffert, Carola(2009), *Chinese Soft Power and Its Implications for the United States: Competition and Cooperation in the Developing,*

Washington D. C., Center for Strategic & International Studies.

Mequanent, Getachew (2011), The Rising Role of China in Africa and Possible Directions for Development Cooperation. http:aigaforum.com/articles/The_Rising_Role_China_in_Africa.pdf (accessed June 14, 2011).

Mitter, Rana (2008), *Modern China: a very short introduction*, New York, Oxford University Press.

Nwaubani, Ebere (2001), *The United States and Decolonization in West Africa, 1950~1960*. New York, University of Rochester Press.

Neuhauser, Charles (1968), *Third World Politics: China and the Afro-Asian People's Solidarity Organization, 1957~1967*. Harvard University Asian Center.

New York University Wagner School (2008), *Understanding Chinese Foreign Aid: A Look at China's Development Assistance to Africa, Southeast Asia, and Latin America*. New York, New York University.

Park, Yoon Jung (2009), "Chinese Migration in Africa", *Occasional Paper* No. 24, China in Africa Project. SAIIA. http://dspace.cigilibrary.org/jspui/bitstream/123456789/29711/1/SAIIA%20Occasional%20Paper%20no%2024.pdf?1 (accessed 29 November, 2011).

Politzer, Malia (2008), *China and Africa: Stronger Economic Ties Mean More Migration*, Washington D. C., Migration Policy Institute. http://www.migrationinformation.org/Feature/display.cfm?id=690 (accessed Feburary 9, 2011).

Powell, Anita. and Larson. Krista (2009), "Analysts Question $7B China-Guinea Mining Deal", Thestreet.com. Octber14. http://www.thestreet.com/story/10611472/analysts-question-7b-china-guinea-mining-deal.html (accessed May 11, 2010).

Prunier, G. (2009), *From Genocide to Continental War: the 'Congolese' conflict and the Crisis of Contemporary Africa*. London, Hurst & Co.

Radtke, Kurt Werner (1990), *China's relations with Japan, 1945~83: The Role of Liao Chengzhi*, Manchester, Manchester University Press.

Rami, Ginat (1994), *The Soviet Union and Egypt, 1945~1955*, London,

Routledge.
Rice, Edward. E. (1974), *Mao's way*. Berkeley, University of California Berkeley.
Schattan, Fritz (1966), *Communism in Africa*. New York, Praeger.
Shichor, Yitzhak (1971), *The Middle East in China's Foreign Policy, 1949~1977*. Cambridge, Cambridge University Press.
______(1979), *The Middle East in China's Foreign Policy 1949~1977*. Cambridge, Cambridge University Press.
Schneider, Friedrich and Ernste, Dominik (2000), "Shadow Economies Around the World: Size, Causes, and Consequences". *IMF Working Paper (Feb)*.
Shinn, David (2006), "Africa, China and Health Care", *Inside ASIA No. 3~4*. pp. 14~16.
Stanley Foundation and Aspen Atlantic Group (2007), "Africa at Risk or Rising? The Role of Europe, North America, and China on the Continent", *Policy Dialogue Brief*, pp. 1~16.
Starner, Frances L. (1965), "Algerian Fiasco", *Far Eastern Economic Review*, Vol. 49, No. 3, pp. 133~134 and 147.
St. Antony's College. Soviet Affairs Study Group. Central Asian Research Centre (1966), *Mizan: Supplement A: Soviet and Chinese reports on the Middle East and Africa*, London, Central Asian Research Centre.
Steinhilber, Jochen (2006), "China: A New Actor in the Middle East and North Africa Region?" *Dialogue on Globalization Occasional Paper*, No. 24 (Aug), pp. 1~22. Friedrich Ebert Stiftung, http://library.fes.de/pdf-files/iez/global/03917.pdf. (accessed 12 June, 2011).
Stephan, Harry, Michael Power Angus Fane Hervey, and Raymond Steenkamp Fonseca (2006), *The Scramble for Africa in the 21st Century: A View from the South*. Cape Town, Renaissance Press.
Steiner, H. Arthur (1955), "Constitutionalism Incommunist China", *The American Political Science Review*, Vol. 49, No. 1. pp. 1~21.
______(1961), "Communist China in the World Community", *International Conciliation*, No. 533 (May), pp. 389~454.

Sterling, Claire(1964), "Chou En-lai and the Watusi", *The Reporter*, Vol. 30, No. 6, pp. 22~24.

Stewart, Whitney(2001), *Deng Xiaoping: leader in a changing China*. Minneapolis, Lerner Publications Company.

Sudan Divestment Task Force(2007), "Petro China, CNPC, and Sudan: Perpetuating Genocide", (15 April), pp. 1~25. http://www.sudandivestment.org/docs/petrochina_cnpc_sudan.pdf. (accessed 24 April, 2011).

Sudan Vision Daily Newspaper(2006), "Leberia: Historic Exchange at FOCAC", (9 November), http://www.sudanvisiondaily.com/modules.php?name=News&file=print&sid=16270(accessed 14 November, 2011).

Sullivan, Michael J. (1994), "The 1988~89 Nanjing Anti-African Protests: Racial Nationalism or National Racism?", *China Quarterly*, No. 138 (June), pp. 438~457.

Sun Chao(2007), "The Current Situation of Darfur and the Likely Trend of Future Development", *International Strategic Studies*, issue 3(Jul), pp. 59~64.

Sun Qiaocheng(2000), "Sino-African Relationship at the Turn of the Century", *International Studies*, issue 15~17, pp. 19~34.

Sutter, Robert G. (1978), *Chinese Foreign Policy after the Cultural Revolution, 1966~1977*. Boulder, CO, Westview Press.

______(2008), *Chinese Foreign Relations: Power and Policy since the Cold War*. Lanham, MD, Rowman and Littlefield.

Swan, James(2007a), "Africa-China Relations: The View from Washington", remarks made at Columbia University in New York on 9 February. www.state.gov/p/af/rls/rm/80453.htm. (accessed 21 July, 2011).

______(2007b), "China and the U.S. in Regional and Global Relations: Panel Discussion on Becoming a Stakeholder: China in International Affairs", remarks made at Columbia University's Third Annual China Symposium in New York on 20 April. See at

www. state. gov/p/af/rls/rm/83474. htm. (accessed 1 Jan, 2011)
______(2007c), "Civil War and Genocide in Darfur: Chinese and Saharan Dimensions", remarks made at the American Enterprise Institute in Washington on 3 May. www. state. gov/p/af/rls/rm/84401. htm (accessed 1 January, 2011).
______(2008), "China-Africa Relations and the Global Village: Diplomatic Perspective", remarks made at Howard University in Washington on 1 April. http://www. state. gov/p/af/rls/rm/2008/102946. htm. (accessed 20 January, 2011).
Taylor, Ian(1997a), "The 'Captive States' of Southern Africa and China: The PRC and Botswana, Lesotho and Swaziland", *Journal of Commonwealth and Comparative Politics*, Vol. 35, No. 2, pp. 75~95.
______(1997b), "The Two Chinas Compete in Africa", *Contemporary Review*, Vol. 271, No. 1581, pp. 192~194.
______(1997c), "Mainland China-Angola Relations: Moving from Debacle to Détente", *Issues and Studies*, Vol. 33, No. 9, pp. 64~81.
______(1988a), "Africa's Place in the Diplomatic Competition between Beijing and Taipei", *Issues and Studies*, Vol. 34, No. 3, pp. 126~143.
______(1998b), "Botswana's 'Independent Foreign Policy': Gaborone-Beijing Relations", *Botswana Notes and Records*, Vol. 30, pp. 79~86.
______(1998c), "China's Foreign Policy towards Africa in the 1990s", Journal of Modern African Studies, Vol. 36, No. 3, pp. 443~460.
______(1998d), "The Evolution of Zambia's Relations with China", *Africa Insight*, Vol. 28, No. 1~2, pp. 47~52.
______(2000), "The Ambiguous Commitment: The People's Republic of China and the Anti-Apartheid Struggle in South Africa", *Journal of Contemporary African Studies*, Vol. 18, No. 1, pp. 91~106.
______(2001), "China's Relations with Sub-Saharan Africa in the Post-Maoist Era, 1978~1999", in *Politics and Economics of Africa*, Vol. I(ed.) Frank Columbus. Huntington, NY, Nova Science Publishers, pp. 83~105.
______(2007), "China's Environmental Footprint in Africa", China

Dialogue (2 February). www.chinadialogue.net/article/show/single/en/741-China-senvironmental-footprint-inAfrica. (accessed 27 June, 2011).

______(2011), *The Forum on China-Africa Cooperation (FOCAC)*. New York, Routledge.

Thomson, Alex(2004), *An introduction to African politics.* New York, Routledge.

Thompson, Drew(2005), "China's Soft Power in Africa: from the Beijing Consensus to Health Diplomacy". *China Brief.* Vol. 5, issue 21, pp. 1~5. Washington, D.C., The Jamestown Foundation.

Tijani, Hakeem Ibikunle(2008), "The United States' Economic and Political Activities in Colonial West Africa" in *The United States and West Africa: interactions and relations* (eds.) Falola, T. and Jalloh, A, New York, University of Rochester Press.

United Nations(1963), *Yearbook of International Trade Statistics and Yearbook of National Accounts Statistics,* various issues. New York, Unite Nations Publications.

______(1967), *Yearbook of International Trade Statistics and Yearbook of National Accounts Statistics,* various issues. New York, Unite Nations Publications.

______(2009), *Economic and Social Council: Economic Commission for Africa.* New York, Unite Nations Publications.

United States Consulate General (Hong Kong. China) (1967), *Survey of China mainland press,* American Consulate General.

Valkenier, Elizabeth K. (1969), "Sino-Soviet Rivalry in the Third World", *Current History,* Vol. 57, No. 338, pp. 201~206 and 240.

Van de Looy, Judith(2006), "Africa and China: A Strategic Partnership?" *African Studies Centre Working Paper 67,* Leiden, pp. 1~28.

______ and Leo de Haan(2006), "Africa and China: A Strategic Partnership?" *Strategic Analysis,* Vol. 30, No. 3, pp. 562~575.

Van der Wath, Kobus and Dirk Kotze(2006), "Africa and China: A Neglected Opportunity", *African Analyst, third quarter,* No. 1, pp.

43~59.

Yahuda, Michael B. (1978), *China's role in world affairs*, London, Croom Helm Ltd.

Walt, Stephen M. (1990), *The Origins of Alliances*, New York, Cornell University Press.

Wang, K. P. (1960), "Rich mineral resources spur communist China's bid for industrial power", *Mineral Trade Notes*, U. S. Department of the Interior, Bureau of Mines.

Ward, Halina (2009), *Resource nationalism and sustainable development: a primer and key issues*. London, International Institute for Environment and Development.

Wenran Jiang (2006a), "China Makes 'Great Leaps Outward' in Regional Diplomacy", *International Journal*, Vol. 61, No. 2, pp. 329~340.

______(2006b), "China's Booming Energy Ties with Africa", Inside AISA, Nos. 3 and 4 (October/December), pp. 6~7.

______(2006c), "China's Booming Energy Relations with Africa", *China Brief*, Vol. 6, No. 13, pp. 3~5.

______(2007), "Hu's Safari: China's Emerging Strategic Partnerships in Africa", *China Brief*, Vol. 7, No. 4, pp. 5~7.

______(2009), "Chinese Inroads in DR Congo: A Chinese 'Marshall Plan' or Business?" *China Brief*, Vol. 9, No. 1, pp. 8~11.

Weston, Burns (1981), "The Charter of Economic Rights and Duties of States and the Deprivation of Foreign-Owned Wealth", *The American Journal of International Law*, Vol. 75, No. 3, pp. 437~475.

Williams, Susan (2003), *Capitalism's Brutal Comeback in China*. Seattle, Red Letter Press.

Wilson, Dick (1964), "*China's Economic Relations with Africa*", *Race & Class*, Vol. 5, No. 4, pp. 61~71.

Wolfe, Alan (1984), *The rise and fall of the Soviet threat: domestic sources of the Cold War*. Washington D. C., Institute for Policy Studies.

Xiaohua Yu and Hengfu Zou (2008), "Lessons of Chinese Agricultural Development for Africa", paper prepared for African Green

Revolution Bellagio Conference, pp. 1~20. http://econ.gsm.pku.edu.cn/Hzou/paper/WorkingP/YuZou-Lessons%20of%20Chinese%20Agricultural%20Development%20for%20Africa.doc. (accessed 21 June, 2011).

Xin Ma and Philip Andrews-Speed (2006), "The Overseas Activities of China's National Oil Companies: Rationale and Outlook," *Minerals and Energy*, Vol. 21, No. 1, pp. 17~30.

Xinhua News Agency (2009), Sino-African trade passes $100 bln mark in 2008, Jan 27. http://news.xinhuanet.com/english/2009-01/27/content_10726493.htm (accessed May 11, 2011).

Xing Susu (2006), "Sino-African Cooperation in the 21st Century: A New Type of Strategic Partnership", *Foreign Affairs Journal*, No. 80 (June), pp. 47~56.

Xing Yuchun (2006), "New Trends in the Relationship between Major Western Countries and Africa", *China International Studies*, No. 4 (fall), pp. 49~64.

Xiong Guangkai (1997), "China's Defence Policy and Sino-African Relations", *International Strategic Studies*, No. 3 (July), pp. 1~5.

Xu Jiming (1992), "Prospects for Regional Conflicts in Africa after the Ending of the Cold War", in *Contemporary African Economic and Political Development: The Second Sino-US African Studies Conference* by George T. Yu (ed.). Urbana, IL: University of Illinois, pp. 158~169.

Xu Jinghu (2008), "Leap-forward Development Achieved in Sino-African Relations in the Course of China's Reform and Opening-up", *Foreign Affairs Journal* (Mar), pp. 32~38.

AAC	Asian-African Conference 아시아 · 아프리카회의
AAJA	Asian and African Journalists Association 아시아 · 아프리카 저널리스트 협회
AAPSC	Afro-Asia People's Solidarity Conference 아시아 · 아프리카 인민연대회의
ACFTU	All-China Federation of Trade Unions 중화전국총공회
APC	Armee Populaire Centraficaine 중앙아프리카무정부주의
APCs	Agricultural Producers Cooperatives 농업생산자협동조합
BIEC	Bureau for International Economic Cooperation 국제경제협력국(國際經濟合作局)
CAGR	Compound Annual Growth Rate 연평균복합성장률
CCP	Chinese Communist Party 중국공산당
CNPC	China National Petroleum Corp 석유천연가스집단공사
CPPCC	Chinese People's Political Consultative Conference 중화인민정치협상회의
CPSU	Communist Party of the Soviet Union 소련 공산당
CRS	Congressional Research Service 미 의회조사국
DAC	Development Assistance Committee 개발원조위원회
DBSA	Development Bank of Southern Africa 남부아프리카개발은행
DTFEC	Department for Trade and Foreign Economic Cooperation 대외무역경제협력부(對外貿易經濟合作部)
DWAA	Department of West Asian and African Affairs 서아시아 · 아프리카사(西亞非洲司)
ECA	Economic Cooperation Agreement 경제협력협정
EDCF	Economic Development Cooperation Fund 대외경제협력기금

EXIM Export-Import Bank of China 중국수입출은행(中國進出口銀行)
FDI Foreign Direct Investment 외국인직접투자
FLN Front de Libération Nationale 민족해방전선
FNLA Frente Nacional de Libertacao de Angola 앙골라해방민족전선
FOCAC Forum on China-Africa Cooperation 중국・아프리카협력포럼
FRELIMO Frente de Libertação de Moçambique, The Liberation Front of Mozambique 모잠비크 해방전선
GATT General Agreement on Tariffs and Trade 관세와 무역에 관한 일반협정
GPRA Government Provisionel de la Republique Algerienne 알제리 임시정부
GFC Global Financial Crisis 글로벌금융위기
HIPCs Heavily Indebted Poor Countries 악성채무빈국
IATA International Air Transport Association 국제항공운송회의
IEA International Energy Agency 국제에너지기구
IMF International Monetary Fund 국제통화기금
KANU Kenya African National Union 케냐아프리카민족동맹
KPP Korea Prestiges Policy 한국국가위상제고정책
KOAFEC Korea Africa Economic Cooperation 한・아프리카장관급경제회의
KOICA Korea International Cooperation Agency 한국국제협력단
LDC Least Developed Country 최저개발국가
MAAG Military Assistance Advisory Group 군사고문단
MEND Movement for the Emancipation of the Niger Delta 니제르델타해방운동
MPLA Movimento Popular de Libertacao de Angola 앙골라해방인민운동
NEFA North East Frontier Agency 인도 북동부국경지역
NEPAD New Economic Partnership for Africa's Development 아프리카발전을 위한 신경제파트너쉽
NLC National Liberation Council 민족해방위원회
NSC National Security Council 국가안보위원회

OFDI	Outward Foreign Direct Investment 해외직접투자
OECD	Organization Economic Cooperation Development 경제협력개발기구
ONGC	Oil and Natural Gas Corporation 인도국영석유회사
ONLF	Ogaden National Liberation Front 오가덴민족해방전선
OPIC	Overseas Private Investment Corporation 해외민간투자공사
PPP	Purchasing Power Parity 구매력평가
RCC	Revolutionary Command Council 혁명지휘위원회
SAFE	State Administration of Foreign Exchange 국가외환관리국(國家外匯管理局)
SAIC	South African Indian Congress 남아프리카인도인의회
SEATO	Southeast Asia Treaty Organization 동남아시아조약기구
SCA	Suez Canal Authority 수에즈 운하 공사
TIC	Transvaal India Congress 트란스발 인도의회
TICAD	Tokyo International Conference on African Development 도쿄아프리카개발국제회의
TYSL	Thank You Small Library 고맙습니다 작은 도서관
UAR	United Arab Republic 통일아랍공화국
UNITA	Uniao Nacional para a Independencia Total de Angola 앙골라전면독립민족동맹
UPC	Union des Populations du Cameroun 카메룬인민연합
UPU	Universal Postal Union 만국우편연합회의
USAID	U. S. Agency for International Development 국제개발처
USGS	United States Geological Survey 미지질조사소
USIA	United States Information Agency 미국국제공보프로그램
WFSW	World of Federation of Scientific Workers 세계과학자연맹
WFTU	World Federations of Trade Unions 세계평화위원회
WPC	World Peace Council 세계노동조합연맹
ZANLA	Zimbabwe African National Liberation Army 짐바브웨아프리카민족해방군
ZANU	Zimbabwe African National Union 짐바브웨아프리카
ZAPU	Zimbabwe Africa People Union 짐바브웨아프리카인민동맹

부록 - 중국·아프리카 지도

중국 지도

아프리카 지도

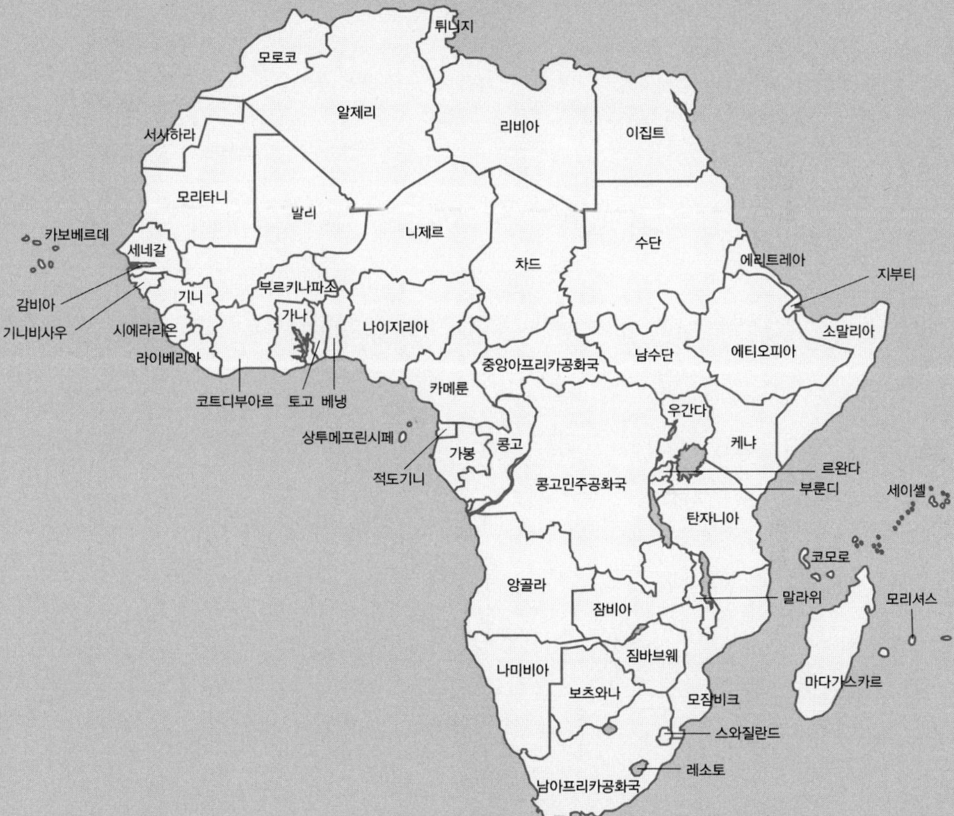
튀니지
모로코
알제리
리비아
이집트
서사하라
모리타니
말리
니제르
차드
수단
카보베르데
세네갈
에리트레아
지부티
감비아
기니
부르키나파소
기니비사우
시에라리온
가나
나이지리아
소말리아
라이베리아
남수단
에티오피아
중앙아프리카공화국
카메룬
코트디부아르
토고
베냉
우간다
상투메프린시페
케냐
콩고
가봉
르완다
적도기니
콩고민주공화국
부룬디
세이셸
탄자니아
코모로
앙골라
말라위
모리셔스
잠비아
짐바브웨
나미비아
보츠와나
모잠비크
마다가스카르
스와질란드
레소토
남아프리카공화국

김동환 (金東煥)

현 '국제전략자원연구원'(IISR) 원장. 남호주대학교에서 국제학(International Studies) 박사. 호주연구소(TAI), 호크연구소(HRI) 연구원을 거쳐 남호주대학교 국제학과 교수 역임. 현재 다수의 대기업 및 중소기업 해외자원 개발 기업들의 자문과 〈매일경제〉 자원정보 자문위원, 국제지역학회 이사 등을 맡고 있다. 저자는 냉전기간의 중국과 아프리카의 관계에 대하여 전문적으로 연구한 중국 외교정책 전문가이며, 아울러 국내에서 유일하게 중국의 희토류를 활용한 자원민족주의를 연구 중인 학자다. 세계 최초로 중국의 희토류 정책 전략을 분석한 연구를 저술하기도 했다. 또한 '국제학'과 광물 및 금속을 비롯한 '자원분야'를 융합시켜 '국제자원정치학'이라는 새로운 학문분야를 개척하고 있는 학자이기도 하다. 대표 저서로는 《중앙아시아》, 《희토류 자원전쟁》이 있다.

배수강 (裵秀剛)

동아일보 신동아팀 기자. 부산대 정치학 학사, 고려대 정치학 석사. 중국에 관심이 많아 중국 전역을 여행했고, 베이징 방송대 등 중국 내 여러 대학에서 연수했다. 동아일보 기자들의 중국연구모임인 '중국연구중심' 회원으로, 현재 월간 〈신동아〉(新東亞)에 '배수강 기자의 知中用中' 칼럼을 연재 중이다. 논문 "중국의 대외정책과 상하이협력기구(SCO)의 발전"은 '동방의 나토(NATO)'로 불리는 SCO를 중국 대외정책 변화와 연계한 분석으로 관심을 끌었다. 저서로는 《나도 1등하고 싶다》, 《멘토 52》 등이 있다.